房车产业规划与运营实务

主编◎罗云兵

中国旅游出版社

本书编委会

主　编：罗云兵

副主编：郝　杰　于小波　李俊客

编写组：刘宇香　文　磊　王　明　徐诗卉　任丹丹
刘　佳　马月灵　杨　洋

序

房车又称“车轮上的家”，兼具“房”与“车”两大功能，是一种可移动、具有居家必备的基本设施的车种。在科技进步和基础设施不断完善的支撑下，伴随着人类生活方式、消费理念、出行方式的改变，房车在全球范围内掀起一波新浪潮，与房车相关联的企业生产、产品服务、居民消费成为全新的经济增长点。房车产业带来的一系列投资、消费行为成为经济的新增长点的同时，也构成了房车经济的重要内涵。

泛华集团以中国新型城镇化发展创新模式为引领，积极践行生态文明、新型城镇化、乡村振兴、数字经济等国家战略，创造性地提出了“中国城市发展创新模式”“区域产业生态论”“城市数字化转型创新模式”等，创新 EOD 开发模式和产业育城模式，并在诸多城市广泛推广，取得了良好的示范效果和经济效益。泛华集团多年来致力于国内外城镇化发展规律及特点研究，在持续研究过程中我们发现国外房车产业已成为国民经济中的特色产业，房车发展融旅游康养业、创意休闲业、会议会展业、生产制造业于一体，呈现出总量规模大、产业链条长、联动效应广等特点，对当地经济增长起到重要的拉动作用，尤其是作为汽车诞生地的欧洲和“车轮上的国家”美国，其房车发展已有百年历史，已形成比较完整的房车产业链和相对完善的经销服务体系，房车营地也已形成完整的管理运营体系与星级划分标准。

在美国、加拿大、日本、韩国和一些欧洲国家，房车旅游已经成为一种大众化的旅游方式，而且房车作为一种家庭出行的生活方式，被贴上了经济实惠、方便、温馨、幸福等标签，所以对于更注重家庭和感情的我国，房车无疑会让更多人产生向往。当前，已成为全球最大汽车生产国和消费国的中国，尽管房车产业的发展滞后于欧美国家，房车保有量、房车营地数量都与欧美国家存在较大差距，但凭借自身丰富的文化和旅游资源、发达的公路系统、巨大的自驾消费群体、雄厚的物质基础和坚实的工业基础，通过房车旅游激发房车经济的发展已成必然之势，而房车经济对于中国经济增长的作用和意义正得到普遍共识和高度认同。

房车发祥于欧美，但未来房车新一轮的浪潮将在中国出现。首先，我国正进入工业化和城镇化的后期，经济发展模式由投资驱动转向消费驱动，消费方式及休闲方式正在向个性、自由、体验主题升级，房车旅游作为集自由、灵活、方便、舒适、安全和经济性于一体的新型旅游休闲产品，其市场空间无限；其次，房车产业本身也具有强大的产业联动效应，为中国汽车工业转型升级带来直接的动力，对关联产业的发展与转型形成间接推力，为中国消费拉动的增长方式提供新支撑；此外，工业 4.0、智能制造成为新一轮工业发展的主战略，大数据、人工智能等技术不断突破，互联网思维正在重构传统汽车生产、销售、租赁行为和旅游产品、业态、服务方式，集高端制造、新型消费于一体的房车经济将成为落实智能制造、互联网 + 模式的重要载体。

房车产业发展前景可观，但仍需冷静思考。目前，中国房车产业的发展面临一系列问题与瓶颈，如房车上牌、上路、驾照定级遇到的阻力，房车营地土地供给的困难，高速公路收费政策的影响，以及我国休假方式的制约，而且由于房车运营还未形成完整体系，造成购买房车及后续保养和维护成本也较高，房车露营成本相比酒店度假高……这些问题严重制约房车生产者、营地建设者和房车消费者的积极性。

中国房车产业从 20 世纪末开始发展，发展时间短，很多地方需要借鉴国外房车产业的发展经验，基于中国本土资源、国情和文化的实际情况，我们认为通过构建“房车 + 营地 + 运营”相互协同发展的房车产业格局，可以形成中国房车产业发展新模式。首先，房车可以为休闲旅游提供新工具、新载体；其次，营地为房车和户外产业提供应用场景、为地方特色经济提供展示交易新平台，而且房车营地属于低开发强度的生态旅游类项目，具有土地集约利用和生态发展的双重优势，成为落实 EOD 开发模式的特色载体；最后，运营打通房车产业上下游关键链条和通道，构筑关联产业网络，提供房车服务、营地服务、金融服务，形成房车相关人流、物流、信息流、资金流全要素有序流动的生态闭环。

此书对房车产业进行了创新性系统研究，从中外房车产业发展现状入手，深入剖析了中国新形势下房车产业发展新机遇、新挑战，充分发掘了房车产业在生态文明、全域旅游、乡村振兴、健康中国等国家战略领域的新价值，提出了新形势下中国房车产业的战略谋划及房车营地的产品规划设计，构建了一种全新的以运营为主线的房车产业发展模式，让人们更好地了解和关注房车以及房车产业带来的效益。本书的出版不仅完全贯彻了国家战略，也与泛华集团的企业战略一脉相承，虽然很多方面还需要进一步细化和深化，但总体来说，该书对房车产业的积极探索已经成为了一个良好的开端，希望为中国房车行业理论研究和具体实践提供有用的参考，为房车行业从业者开辟新的思路、新的思考，希望引起社会各界对中国房车行业发展的关注，从而进一步促进房车产业在中国的快速发展，为我国工业化和城镇化下半场高质量发展提供新动能！

2021年12月1日

前　言

人人都有房车梦

迎着轻拂的海风，在蔚蓝蔚蓝的海边，光着脚奔跑在金色的沙滩上；

在黎明前的峰顶，用高举的手臂，迎接初升的太阳洒下的第一缕晨曦；

走在光滑的青石板上，撑一把油纸伞，在迷蒙的雨雾里感受江南水乡的妩媚；

行驶在一望无际、浩瀚无边的大漠里，感受大漠孤烟、长河落日的恢宏与壮美；

漫步在欧洲中世纪的小镇，感受岁月的痕迹和时光的悠远；

而当夜幕低垂，在萤火虫的微光里，伴着漫天的星斗坠入梦乡……

生活不止眼前的苟且，还有诗和远方……

你一定也有过这样的梦想，或者，你的梦想已经成真，或正走在梦想成真的路上。曾几何时，旅行，对于大部分的国人来说还是很遥远的梦想，而今天，旅行，正在成为我们身边很多人的生活方式。

身未动，心已远。

一份随遇而安的心情，一段说走就走的旅程。

国人的旅行之路，最近几十年的发展，大约可以分为 5 个阶段。

改革开放之前，旅行大约是只有极少数人才可以享受到的“奢侈品”，人们不管是因为心情，还是因为经济情况，抑或是现实的交通、住宿等限制，都很难获得非常好的体验和感受。

改革开放之初，大部分的人还被束缚在土地上和单位里，经济条件也还没有很好地改善，出门住店需要介绍信，时间久了还要带粮票。那时候的旅行，可能是很多人在出差时的顺路观光，也是少数人的福利，并非大众的享受。

然后经济条件逐渐好起来了，旅游作为新的消费模式也慢慢流行起来，各类旅行社如雨后春笋般出现，国人才真正开始走出自己熟悉的地方，去看看外面的世界。但是大部分旅行社组织安排的行程，还停留在上车睡觉、下车看庙、拍拍照片、到此一游的模式。

接下来呢？个性化的需求开始多起来。人们不再满足于仅仅去著名的景点，而是寻找自己心灵喜欢的场景，目的地可能不是那么有名气，可能是文化的，可能是历史的，也可能是自然的，可以是座小山，也可以是片海，还可能仅仅是一家街角的小店……

随着经济的飞速发展，汽车进入人们的家庭，人们不再仅仅满足于旅游或旅行，而是开始了“度假”，这是一种全新的生活方式。自驾游、徒步游，山友、驴友、车友……各种方式层出不穷，人们不仅仅走出家门，更是走出国门，不再满足于旅行社的固定行程，开始自己发现目的地，寻找更个性的旅行和度假体验。

然后呢？

然后，房车就来了！一个崭新的旅行时代！

很多国人对房车的初识，大约源自一部冯小刚的贺岁电影，片中葛优饰演的男主角在美国没有房子，就住在一辆房车里，和美丽的女主角上演了一段美好的邂逅。网络上的数据说美国大约有 2000 万人住在房车里，这几乎已经是美国人口的 6%，数据的准确性有待考证。但是另外一个来自美国统计局的数字显示，在 2019 年约有 14 万辆面包车、房车或船被算作住房单元，“被算作住房单元”意味着他们的账单、信用卡地址都登记在这里，可能是相对真实的数字。而美国的房车保有量，到 2020 年，根据公开的数据统计，已经超过了 1200 万辆，平均不到十个家庭就拥有一辆房车。欧洲的情况和美国也大致类似，受制于区域和人口，略少于美国。但是总体来说，房车在美国和欧洲，从出现到进入百姓家，都已经超过百年的历史，对生活在那里的人们来说，开着房车去露营、去旅行是再平常不过、司空见惯的事情了。

但是对我们来说，房车仍然算是一个新鲜事物，它进入我们的视野也不过十几年的时间。但是我们有理由相信，就像汽车从进入中国的百姓家庭到普及只用了短短的十几年，房车也是一样，它不需要历经百年，在中国这片神奇的土地上，房车必定也会谱写自己的传奇。

前 言

自从汽车进入家庭，就有无数的人梦想把家安在轮子上，可以走遍天涯。把家安在轮子上，轮子之上的车厢便要承载一个家的功能。从本质上来说，房车是一种交通工具，它在汽车的基础上演变而来，使人们的出行更方便，同时也降低人们旅行的成本。但从另外一种角度来说，房车其实更是一种生活态度和生活方式。最近这几年，网络上“诗和远方”传唱四方，风头无两，所为何来？我想，大约是在压力巨大、忙忙碌碌的现代生活中，每个人的心里都有自己的诗和远方吧！但是说归说，诗和远方仍然在那里，大多数人的生活，也还是在既往的轨道上。前些年，一句“世界那么大，我想去看看”也催生出了一个网络红人，但是又有谁真的能潇洒地辞掉工作去看世界呢？而现在，很可能，房车可以让每个人距离诗和远方更近一些。

前文说过，美国有超过 1200 万辆房车，而我国，根据上牌量的统计，截止到 2020 年，全国的房车总量可能还不到 20 万辆，在这方面我们还存在着巨大的差距。

2018 年，中国改革开放 40 周年，改革开放上半场交出了近乎完美的答卷。同样的，经过 40 年的高速发展，我们国家的城镇化率从 1978 年的 18% 发展到今天的 63%。可以说，不管是从改革开放的时间上，还是从城镇化的进程上，我们都已经进入了发展的下半场，那么这个下半场和曾经的上半场有何不同呢？

如果说上半场我们是通过大干快上、通过投资、通过基础设施建设、通过艰苦奋斗、通过粗放式发展来取得辉煌成就的话，那么下半场，我们面临的就是全新的国内国际环境，需要用集约来取代粗放的发展模式，需要消费驱动，而不仅仅是投资驱动，需要运营驱动，而不仅仅是建设驱动。那么，房车，会不会在我们的新发展模式里有一席之地呢？

泛华城市发展智库一直以来专注于中国区域经济和新型城镇化的研究，近年来，我们持续地关注了国内房车及其相关联动产业链的发展，并专门成立了课题研究团队对房车及其关联产业进行系统研究，不仅仅站在旅行者使用房车的角度，还从房车及其相关联产业带动制造业、新文旅、区域经济，进而满足人民日益增长的物质文化生活需求等各个角度提出了有态度的观点，主要体现在以下几个方面：

一是第一次把房车及其关联业态作为一个产业进行了系统研究。我们知道，假如仅仅作为旅行者的工具，不管是房车还是营地，都是单一地、孤立地存在于文旅产业这个大分类里，但是这明显低估了房车及其相关业态的辐射和带动作用，所以本书作者将房车及其关联领域放到一个产业的视角进行研究，把房车对于汽车制造业、房车对于旅游业、房车对于乡村振兴等进行高度关联，并以此提出自己的观点，不管是对企业的经营者还是对政策的制定者，再到某一个具体细分领域的从业者，都有其独特的价值。

二是第一次将房车产业和区域经济的发展紧密地连接了起来。房地产逐渐走向饱和，制造业面临转型升级，消费行业亟待增加新的内容，这些都对地方经济的发展提出了新的挑战，而房车及其相关联的文旅、制造、消费等一系列内容无疑给区域经济发展提供了新的思路和新的赛道。试想一下，房车不仅仅作为一个旅行的代步工具，它还可以承担应急、商务、救援、临时住宿……营地不仅仅是个停车场，它还可以容纳会展、餐饮、展览展示，甚至成为地方特色产品的展示会客厅。

三是第一次提出了“运营”房车和营地的概念。在此之前，厂家生产房车、喜好者购买房车、旅游目的地根据人流车流建设停车场露营地，这都是相对独立的个体做出的相对独立的决策，但也正因为各自的独立，使得整个行业没有联动起来，各地虽然有越来越多的人认识到房车未来可能井喷的行情，有越来越多的地方建设了一些可供旅行者停放房车的营地，但是基本上都还是孤立的，没有形成网络和规模效应。本书第一次提出了建立运营平台、服务旅游人群和区域经济的观点，对未来整个行业的发展和整合具有重要的前瞻意义。

此外，针对后疫情时代、后现代化的人们，本书还提出，房车文化的深入将带动社会风气、大众文化向更高层级发展。爱分享、爱生活、爱家庭是房车爱好者群体画像的重要特质，这又和我们的中国梦、中华民族伟大复兴的宏伟蓝图息息相关。有什么样的人民，就有什么样的国家，爱生活、爱家庭、有责任、有担当的人们，不正是我们国家发展的栋梁吗？

当然，我们的产业现状不同于欧美，在发展的路径上也会有不同，这也正是本书提出的新的观点和思路。为消费者解决买车容易停车难的问题，书中创新性地提出了“房车银行”的概念；为用车一个月，停车一整年的问题，书中提出了车辆经营的理念，并同时结合景区的淡旺季，解决房车的忙闲问题；为房车价格高、使用时间少的问题，书中提出了房车金融的系统解决方案；为营地没有房车、房车不进营地的问题，书中提出了营地网络化运营和智能运营平台的解决方案。

我们用了 40 年走了欧美近乎 200 年的城镇化发展路程。短短 20 年，汽车从可望不可即的奢侈品走进平民百姓家，相信房车也会如此。今天的中国人追求更丰富的生活和更有品质的人生，房车将会是最好的工具和载体。今天的中国绿水青山是金山银山，冰天雪地也是金山银山，在通往绿水青山和冰天雪地的路上，在通往美丽乡村的路上，在通往美好明天的路上，一定有一辆一辆的房车在恣意行驶。

回到题目上来，我们的国家有发展的中国梦，我们每个人都有这样那样的梦，我相信每个人的心里都有属于自己的远方，也一定有一辆房车承载着这个远方，所以人人都有旅行梦，人人都有房车梦。希望所有的梦想成真，希望房车承载着区域经济高速健康地发展，希望人们开着房车行驶在追梦的路上。

目录
CONTENTS

01 房车的前世今生

1.1 房车及功能

1.1.1 何为房车

房车，英文全称 Recreational Vehicle，简称 RV，又称“旅居车”“车轮上的家”，兼具“房”与“车”两大功能，解决旅游出行中的起居生活需求，集住宿、餐饮、运输、娱乐为一体，是一种可移动、具有居家必备基本设施的车种，是人类社会发展到特定时期的产物。《中华人民共和国汽车行业标准》QC/T 776—2017 中对旅居车的定义是：车厢装有隔热层，车内设有桌椅、睡具（可由坐具转变而来）、炊事、储藏（包

图 1-1　美国公路上行驶的房车

括食品和物品）、卫生设施及必要的照明和空气调节等设施，用于旅游和野外工作人员宿营的专用汽车。房车集“衣、食、住、行”于一身，可以实现“生活中旅行，旅行中生活”。

1.1.2 房车功能设施

房车是由国外引进的设施车种，在现实生活中被称为“流动的家”，因此在具备交通工具功能之外，还重点打造家的理念。房车可分为驾驶区域、起居区域、卧室区域、卫生区域、厨房区域等，内部功能设施一般包括卧具、微波炉、电磁炉、冰箱、橱柜、沙发、餐桌椅、盥洗设施、空调、电视、音响、照明灯、氛围灯、卫星天线、换气扇、热水壶、热水器等家具和电器，生产厂家也可以根据客户需求安装个性化配置。

房车内部一般会设置洗涤池、净水箱、废水箱等供排水设施，合理布局管道系统，保证房车用水量；为保障电力充足，房车上一般会配备发电机组、生活蓄电池等，近几年部分房车厂商开始配置太阳能板和太阳能控制系统，解决房车电力不足的问题；为确保房车的行驶和使用安全，车厢内还会配备灭火器、烟雾报警器、CO 报警器、液化气安全探测器等。

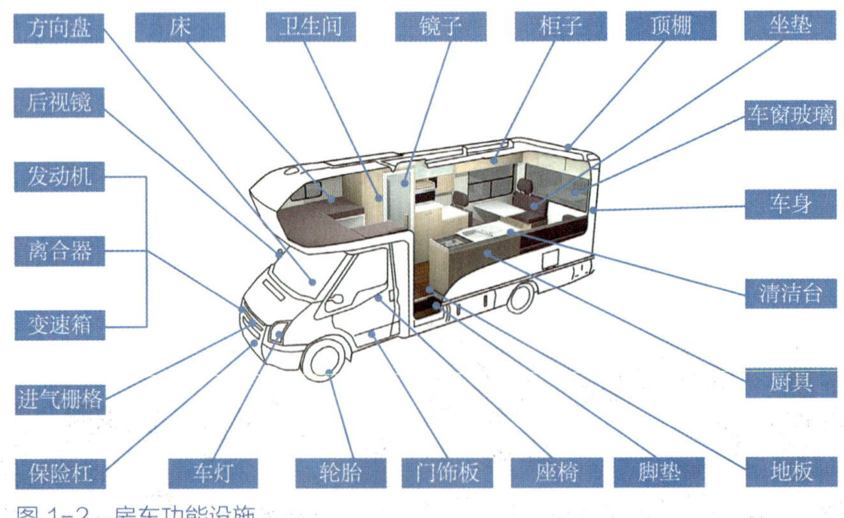

图 1-2 房车功能设施

1.2 房车百年发展史

房车发展历经百年，最早发源于欧洲吉卜赛人的大篷车，随着工业革命时代的来临，催生了发动机和汽车等新产品，人们开始追求更高层次的享受，让房车开始了新的旅程，在北美（美国、加拿大）逐渐发扬推广。

美国和德国在房车发展史上占有重要地位。第一次世界大战之后，房车开始应用于旅游。美国人把床、柜子及简易的烹饪设施等生活必需品安装在汽车上，在车内创造了居家环境，从此开启了房车时代，进入了房车旅游的萌芽阶段。1930 年后，房车首次作为商品进入市场，车内生活设施逐步改善，房车产品和露营装备越来越丰富，出现了最早的房车营地“罐头客营地”，房车进入发展阶段。“二战”以后，经济稳定发展，公路交通系统得到改善，房车技术不断创新，促使房车市场不断发展壮大，房车从改装车的模式逐渐形成自己独特的体系。

房车是欧美等发达国家日常休闲的重要工具和载体之一，经历百年的发展，已形成相对成熟的一系列生产厂商、服务机构、配套设施和法律标准等，构成产品多元、链条完整、配套完善的房车消费与房车经济的基础与支撑。

1.3 房车分类

房车基本与汽车同步在现代汽车发源地德国开始发展。20 世纪初拖挂式房车以灵活、便捷、价格便宜且可塑性强等特点成为当时德国房车市场上的主流车型；20 世纪 50 年代，自行式房车在大众面包车的基础上演变而来，内部装饰相对简单；到 70 年代，德国才在房车内设置淋浴和厕所，形成了现代意义上的房车。房车类型多样，主要是自行式和拖挂式两种，目前具体分类基本沿用欧美的房车分类标准。

1.3.1 美国分类

美国房车行业发展高度成熟，其标准也非常完善。美国将房车分为自行式 A 型、自行式 B 型、自行式 C 型、常规式旅居挂车、五轮式旅居挂车、折叠式旅居挂车、背驮式旅居车、移动的房屋。美国的房车需在美国交通部（DOT）和美国高速公路安全管理局（NHTSA）这两个部门登记，并且规定关于房车的各项技术标准需符合《美国联邦法规》（CFR）和美国汽车安全技术法规（FMVSS）。

表 1-1　美国房车分类

类别	特征图片	总重量	特点
自行式 A 型 Class A Motorhomes		54000 磅（约 24.5 吨）	在特别设计且不带驾驶室的底盘上全新建造的旅居车，外形结构类似国内在三类底盘上制造的客车
自行式 B 型 Class B Motorhomes		10000 磅左右（约 4.5 吨）	采用厢式客车或者货车改装的旅居车。它在原来厢式底盘车的基础上拆除一些座椅，通常会有一个升高的顶盖用以扩展头部空间
自行式 C 型 Class C Motorhomes		14500 磅左右（约 6.5 吨）	采用带驾驶室的二类底盘改装的后厢式旅居车，特点是在驾驶室顶上有一个前伸舱体部分，用以设置一个大的顶置床铺
常规式旅居挂车 Travel Trailers		4000～15000 磅（1.8～6.8 吨）	自身不带动力，需要其他车辆牵引行驶的挂车类旅居车。小汽车、SUV、皮卡或者重型卡车都可以用来牵引常规式旅居车
五轮式旅居挂车 Fifth –Wheel Travel trailers		4500～20000 磅（2～9 吨）	有一段鹅颈式前伸部分用以连接在卡车货厢底板上。自重通常较大，一般需要重型卡车来牵引，配置一般比较豪华，价格也不菲
折叠式旅居挂车 Folding Camping Trailers		1200～3500 磅（0.5～1.5 吨）	一种相对小型的旅居挂车，顶部可以通过手动或者液压方式升起，前后部是外伸式帐篷。大量使用帆布或者柔性材料作为墙体，自重比其他类型的旅居车要轻，价格也相对便宜
背驮式旅居车 Truck Camper		1500～4000 磅（0.68～1.8 吨）	安装在皮卡后车厢的可拆卸旅居厢体。安装了旅居车所需要的各种设施，如卫生间、床铺、灶台、餐桌等
移动的房屋 Park Models		—	移动的房屋在外形上像普通的房子而不像车，它具备移动性但又不能像车一样随意移动

资料来源：公开资料整理。

1.3.2 欧洲分类

欧洲房车主要也是分为拖挂式房车和自行式房车两大类，其中拖挂式房车分为标准房车、折叠式 / 帐篷房车、升降式房顶房车和运输式房车，标准房车为常见拖车类型，帐篷房车、升降式房顶房车与美国的折叠式旅居挂车功能基本相同。自行式房车分为集成式房车、半集成式房车、圆顶房车与露营车，与美国自行式房车 A 型、自行式房车 B 型、自行式房车 C 型功能基本类似。

表 1-2 欧洲房车分类

房车类型		特征内容
自行式房车	集成（Vollintegrierte）	完全集成在没有驾驶室的底盘上，除了底盘的五大系统（传动系统、行驶系统、转向系统和制动系统及底盘附件），其他全部由房车制造商设计并生产。一般驾驶室与休闲区域是连通的，拥有更加宽敞的空间感
	半集成（Teilintegrierte）	带有屋顶的移动别墅，原厂标准的驾驶室，后面是房车厂商改装增加的休闲区域，房车驾驶室与休闲区域一般会有过渡的区域
	圆顶（Alkoven）	驾驶室上方带卧室的房车，在房车结构中 Alkoven 代表基本车辆驾驶室上方的卧室
	露营车（VAN）	从面包车或者厢式货车改造而成，基本上只是改变内部结构和布局，有的车型增加开启式车顶或高顶，其他部分保持了原厂面貌
拖挂式房车	标准房车（Standard-Caravans）	车身外侧宽度为 2.30～2.50 米，内部高度为 1.90～2 米，且设备齐全。价格范围广泛，长度一般为 4～8 米
	折叠式 / 帐篷房车（Falt-/Zelt-Caravans）	可以展开巨大的帐篷，高质量的面料，相对复杂的折叠机构。一般在夏季使用，占用空间小，拖拽方便。通常配备休闲睡眠使用的空间，完整的厨房需要额外支付费用。使用越野底盘的帐篷房车可以适应更多路况
	升降式房顶房车（Hub- und Klappdach-Caravans）	通常很轻，宽度只有 2～2.20 米，不超过 5 米长。许多型号都比标准房车低，可以通过升降式或卧式车顶来提高车内高度。配置比较齐全，除了休闲睡眠区域，一般都具备卫浴间和完整的厨房
	运输式房车（Transport-Caravans）	车身尾部拥有开启车门，且尾部一般会布置成可变形的休闲对桌，可以放置摩托车等交通工具或作为休闲空间使用，拥有更大的承载力

资料来源：公开资料整理。

1.3.3 国内分类

目前，国内流行的房车分类方法一般来自美国，自行式房车和移动别墅沿用美国的自行式A型、自行式B型、自行式C型和移动的房屋，拖挂式房车将美国的常规拖挂、五轮式旅居挂车、折叠式旅居挂车、背驮式旅居车归纳为拖挂式A型、拖挂式B型、拖挂式C型、拖挂式D型。

同时，我国在出台的国家标准和汽车行业标准里也对房车进行了分类，将房车按照驱动方式分为自行式房车（具有自主动力，依靠自身牵引力前进行驶）和拖挂式房车（无动力系统，需要外力牵引行驶）①，其中自行式房车按车辆长度分为大型房车和小型房车，拖挂式房车按照车厢长度及总质量分为微型、小型、中型和大型。

表1-3 自行式房车分类

系列	小型	大型
车辆长	＜6米	≥6米
乘员数（乘员重量按68kg/人计算）	≤6人	≤9人

资料来源:《中华人民共和国汽车行业标准——旅居车》(QC/T 776—2017)。

表1-4 拖挂式房车分类

系列	微型	小型	中型	大型（半挂型）
车厢长度/m	≤3.5	≥3.5，且≤6	＞6，且≤8	＞8
总质量/kg	≤750	＞750，且≤2000	＞2000，且≤3500	＞3500

资料来源:《旅居挂车技术要求》(GB/T 36121—2018)。

1.4 相关机构

从影响房车行业的机构发展历程来看，国外早期房车机构的发展一般属于自发式

① GB/T 22550—2008《旅居车辆术语及其定义》。

组织，如美国食品公司建立的露营俱乐部，后期为了促进房车行业良性发展，一些非营利性联盟组织逐渐出现。国内早期主要是房车生产企业成立房车俱乐部，后来汽车、文旅相关协会组织成立房车分支行业协会，推动房车事业发展。

美国比较有影响力的房车机构主要包含房车工业协会和房车经销商协会。其中，房车工业协会覆盖面广、业务领域多而细，与联邦、州立法者和监管机构合作，负责房车行业研究、数据分析、行业审查业务，审核房车制造商对管道、供暖、消防和生命安全以及电气系统规范的遵守执行情况，下设房车技术研究所为协会成员制造商、零部件和售后市场供应商提供机动车辆安全标准教育、房车培训、技术服务等，组织房车技术挑战赛，寻求有利的商业环境发展，扩大房车消费市场。房车经销商协会主要通过教育培训、会员服务、行业领导力和市场扩张计划促进房车销售和使用，提升协会成员房车经销商的正面形象，积极协调经销商与制造商问题，影响经销商所在州和联邦立法。

德国房车工业协会融入大量政府业务职能，统计房车行业数据，负责房车制造的技术和标准化，建立行业安全和环境政策法规，承担行业媒体职能，引导德国房车出口，扩展房车展览影响力。协会成员几乎涵盖所有德国和欧洲的房车制造商以及来自各行各业的重要供应商和服务提供商、公共机构、展览公司和联盟联合会。

澳大利亚房车工业协会是澳大利亚房车和露营行业的最权威机构，业务涉及房车行业运营、营销、研究、宣传、合规、认证、培训和行业数据库维护，支持相关社交媒体。协会成员囊括整个房车供应链中的 3500 多家企业。

加拿大房车协会是非营利性组织，协会成员由房车制造公司和部件供应商的代表组成。协会与认证公司合作，制定专门用于房车的标准和规范，致力于提升房车质量和安全性。

国内有影响的房车协会基本隶属于汽车、旅游等协会组织，行业规模较小、业务模式较雷同，与国外房车协会相比业务覆盖面较窄，缺乏金融、保险、教育培训等服务内容。其中，汽车工业协会房车委员会是中国汽车工业协会领导下的产品型分支机构，实行单位会员制，主要业务包括开展调查研究、组织业内交流活动、协调有关部门组织制定修改行业标准并宣贯、收集和反馈行业服务质量信息、研究房车行业的发展趋势，为政府制定行业发展规划、产业政策等提供依据及建议，提高企业市场竞争力，促进房车行业发展。还有一些社会机构如 21 世纪房车网作为行业媒体，为房车在中国的大众化普及做了大量基础性工作。

表 1-5 各国房车相关机构介绍

机构	特色	对房车行业发展影响
美国房车工业协会	美国房车行业的代表机构，业务涉及制造、销售、立法、标准、教育、服务等	美国房车行业最具影响力的组织机构，提供支持房车市场的关键媒体、法律、金融和其他咨询服务和产品，培养了大批房车技术工程师，推动扩大了房车市场，为行业营造了良好的营商环境
美国房车经销商协会	代表美国房车经销商的立场，业务主要贴近市场和消费端	推动房车制造商与经销商的共同发展，举办房车展会与经销商大会，发起房车消费市场调研，针对房车行业宣传交流，处理政府关系和行业关系
德国房车工业协会	负责房车制造技术和标准化问题、消费者安全和环境政策法规、行业媒体、统计分析	推动德国房车技术进步和标准化，建立房车行业相关政策法规，引导德国房车出口，带动欧洲房车产业发展
澳大利亚房车工业协会	业务涉及房车行业运营和管理	服务澳大利亚整个房车行业，包括广大房车使用者
加拿大房车协会	加拿大房车制造商和零部件供应商的代表	制定房车生产和制造标准，提升生产制造企业的产品质量和安全性
中国汽车工业协会房车委员会	中汽协的分支机构，5A级社会组织，82 家会员单位，面向行业和政府服务	组织行业调查研究、技术交流、行业政策研讨、房车租赁研讨、团体标准起草、房车设计研讨、房车博览等会议活动，在房车行业内承上启下，起到了积极的推动作用
中国汽车流通协会房车分会	提供定期房车贸易流通等细分领域数据统计	围绕年报统计、政府事务、标准引进与制定、人才培训、行业交流与推广、销售和服务体系建设咨询、新技术引导 7 个方面推动房车产业发展
中国旅游车船协会自驾游与露营房车分会	主要针对自驾游、房车、露营旅游等业务的研讨、培训、调研、发展规划	对自驾游目的地、旅游线路、自驾车旅居车营地等进行等级划分认定，首次在国内房车旅行行业推广，创新行业管理

资料来源：公开资料整理。

02 重新认识房车

2.1 国外房车产业特点

国外发达国家房车产业发展的起点领先中国近一个世纪，已经形成比较完整的房车产业链和相对完善的经销服务体系。各国房车生产企业经过充分的市场竞争，呈现出了集团化、规模化的生产格局，而且企业针对细分市场定制化程度发展也比较高。同时，国外发达国家的房车营地发展也比较成熟，已形成完整的管理运营体系与等级划分标准。

2.1.1 全民房车时代

欧美发达国家房车盛行，已经成为人们日常休闲旅游的交通工具，已进入全民房车时代，房车产业呈现出国民化的特征。据美国房车工业协会发布的产业调研数据，美国有 2 万多个露营地遍布全国 50 个州，有 1/12 的美国家庭至少拥有一辆房车，有 1000 万人常年居住于房车内，基本上 1/3 的旅游住宿设施、1/3 的旅游时间、1/3 的旅游土地以露营形式存在。澳大利亚房车产业始于 1927 年，且在 8 个州和地区之间良性竞争发展，85%的澳大利亚人有房车度假和在营地度假的经验和经历，国内有 1600 多个露营假日公园，配电及非配电营位 17 万个，营位平均出租率达 54%，每年产值达 1.14 亿美元，总体收入以每年 10%的速度增长[①]。

2.1.2 全产业链条完整

随着房车产业的发展，大部分欧美发达国家已形成集生产、销售、运营、露营地、俱乐部、展销于一体的房车完整产业链。美国是房车发展最成熟的国家，相关政策、行业法规、房车制造技术、相关设施的经营管理等都较为完善，拥有数百家房车生产企业和零部件制造商，涵盖了房车整车和所有零部件总成件的生产，有 7000 多家经销店为房车行业服务，并且专注于房车教育、商贸、保险、展览等服务行业的新模式不断涌现，房车的消费场景层出不穷，已经形成成熟的房车产业生态环境。

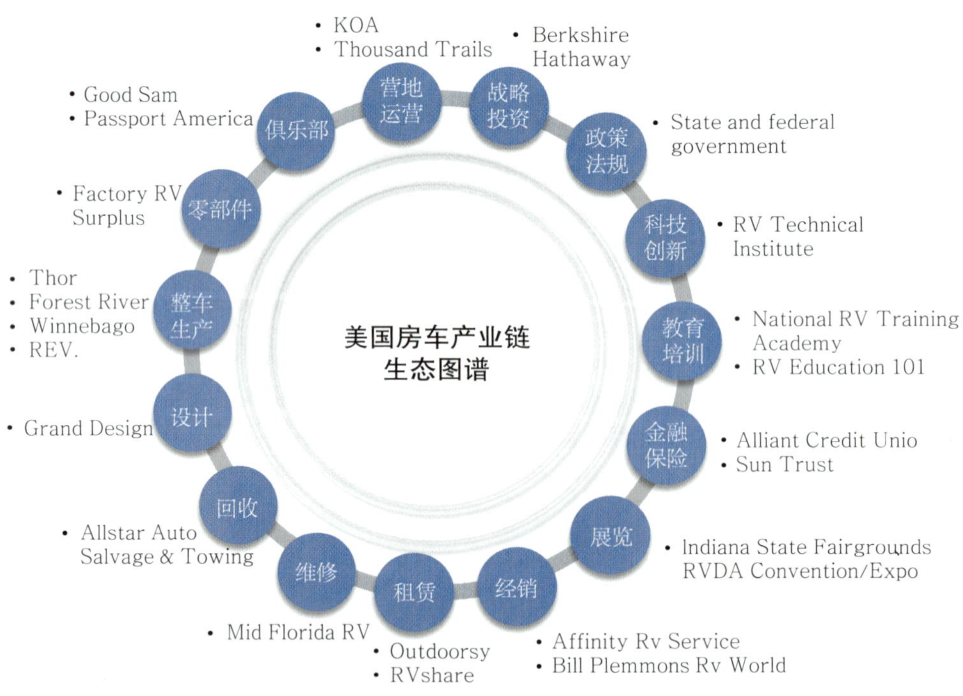

图 2-1 美国房车产业链图谱

2.1.3 行业集中度较高

国外房车产业发展呈现集群化特征，企业房车品牌众多，已形成集团化、规模化

① 澳大利亚房车工业协会产业报告。

格局。“二战”之后，国外房车企业不断涌现，产能爆发式增长。随着市场竞争加剧，很多企业被兼并、融合，促进创新技术的内部流通，研发平台、人力资源、营销网络的共享不断提升房车行业运营效率，供应链管理下的大规模集中采购使得房车企业生产成本降低、产品质量提升，房车产业链各个细分领域的多元化经营不断增强房车企业抵抗风险的综合能力。

德国房车产业从20世纪60年代发展至今，已经形成Erwin Hymer、Knaus Tabbert、Hobby三大房车制造集团。其中，Erwin Hymer集团拥有Bürstner、Carado、Dethleffs、Eriba、Etrusco、Hymer、Laika、LMC、Buccaneer、Compass、Elddis、Xplore等房车品牌；Knaus Tabbert集团拥有Knaus、Tabbert、Weinsberg、T@B、Morelo等房车品牌；Hobby集团拥有Hobby、Fendt等房车品牌。

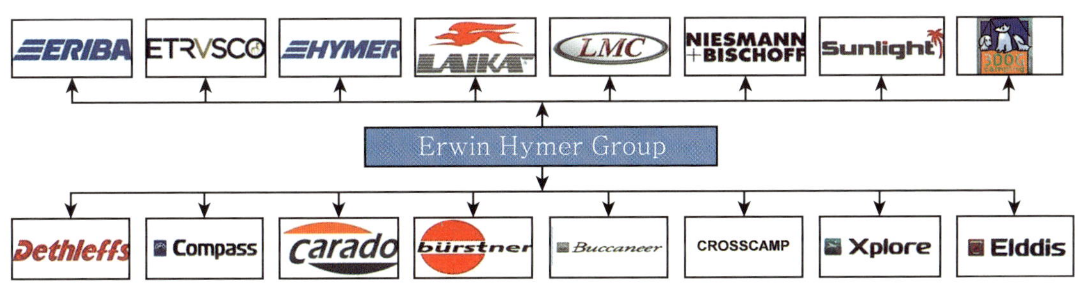

图2-2 海姆房车集团旗下品牌

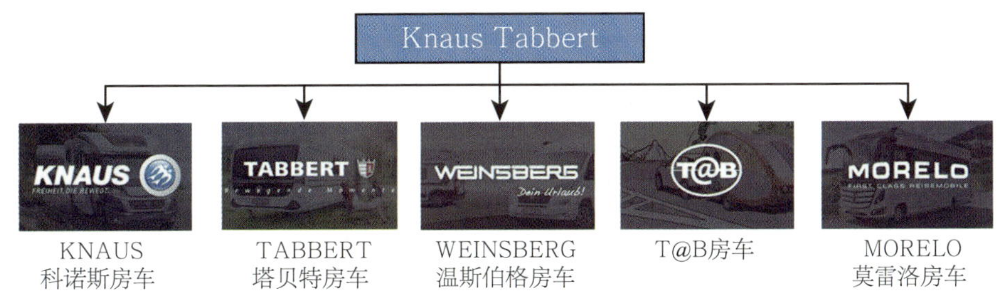

图2-3 Knaus Tabbert房车集团旗下品牌

美国房车行业集中度也比较高，大约20家房车制造商占据了99%以上的市场份额，其中Thor、Forest River、Winnebago、REV四大房车集团所生产的自行式房车占据了87%的市场份额，Thor、Forest River、Grand Design、Winnebago四大房车集团所生产的拖挂式房车占到了市场份额的 92%。

2.1.4 定制化服务普及

在发达国家的房车市场，房车企业部分房车产品已经走过了经济性、实用性的量产阶段，开启了结合客户需求模块化定制、专业施工、个人改装、定制咨询、定点检测等生产和服务模式。欧美国家不断涌现保持成本优势且接受轻量化定制的专业化房车供应商，如英国的 Young Conversions、Middlesex Motorcaravans 等和美国的 Magnum Mobile、Roadpro 等定制厂商。日本房车历经 30 多年的积累，沿袭了其汽车工业的优势和特点，结合客户的实际需求，房车多以实用、简约为主，空间利用率高、精致小巧。

表 2-1 欧美特色房车模块定制厂商列表

国家	厂商	特色
英国	Young Conversions Ltd.	随买随建改装套餐
英国	Middlesex Motorcaravans Ltd.	找适合改装的车辆
英国	Eberspächer	燃油加热系统和热水箱制造商
美国	Magnum Mobile	移动特种车辆定制服务的领导者
美国	Roadpro	电气配件供应商
美国	Atwood	组合加热器备件专家
德国	Wohnwagen & mobile	提供大众 T4 房车的全套装备
德国	AL-KO KOBER GROUP	复杂通风和空调设备的制造商，并且提供房车轻量化底盘设计
德国	Reimo	提供房车预装套件
德国	Hafele	房车家具配件、建筑五金

2.1.5 经销体系完善

国外发达国家房车经销不仅提供房车产品销售，还为房车行业提供租赁、维修、咨询、金融、保险、配件、露营用品等相关个性化服务，已形成精细化的服务体系。从 20 世纪初发展至今，欧洲出现了大型房车露营用品连锁经销商 Frankana 和颇具规模的房车俱乐部 The Caravan Club，分别提供房车零配件及露营用品销售、房车租赁、营地旅游咨询、金融保险等服务项目，服务网络与服务范围均非常广泛。加拿大房车经销商协会是一个全国性质的协会，除了提供房车销售咨询、金融、保险等服务外，还致力于行业教育和培训，提供房车职业技师奖学金，为加拿大房车服务技师的专业教育提供资金支持。美国房车经销商数量众多，已形成了庞大的房车经销网络，其中 ROUTE 66 房车网络在美国 150 多个地点布局有 1200 个经销商服务站，提供房车零件和配件的销售、机械故障维修等服务。

2.1.6 营地发展成熟

房车露营地在欧美国家很普遍，并发展成熟，具有完善的营地建设体系、管理运营体系与星级划分标准。欧洲已建立起与房车配套的 60000 多个房车露营地，以及 3000 多个俱乐部露营地，拥有超过 85 万名俱乐部会员。美国房车营地更是遍布全美各地，且种类众多。美国依托国家森林（NF）、地区 / 城市公园（CP）、州立公园（SP）、工程部队（COE）等建设不同类型营地，而且营地也有不同的管理权属，还有只提供给军人使用的军事营地等。

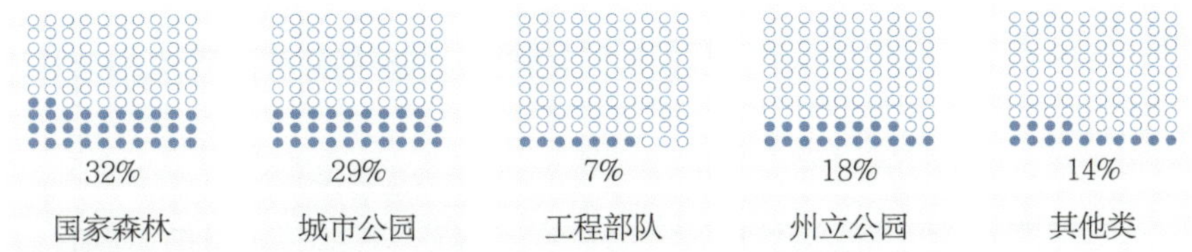

数据来源：根据公开资料整理。

图 2-4 美国营地类型及占比

2.2 典型案例

2.2.1 Thor——世界最大的房车制造商之一

Thor Industries，Inc. 雷神工业股份有限公司，简称雷神。公司总部位于美国印第安纳州埃尔克哈特，主要业务是在北美和欧洲生产制造房车。2020 年，员工总数达到

2.2 万人，年营收为 81.67 亿美元。

雷神成立于 20 世纪 80 年代，当时 Wade FB Thompson 和 Peter B. Orthwein 收购了业内最知名的品牌 Airstream。尽管 Airstream 的形象令人尊敬，但在 20 世纪 70 年代后期的经济衰退期间，它的表现并不好。通过专注于提高质量同时降低成本，Airstream 在新雷神管理下的第一年就恢复了盈利。1986 年，雷神在纽交所成功上市并陆续收购了制造拖挂房车和五轮房车的加拿大公司 General Coach、中小型巴士制造商 ElDorado Bus、拖挂房车制造商 Dutchmen Manufacturing、A 级和 C 级房车制造商 Four Winds、拖挂房车制造商 Komfort Corporation、房车初创公司 Thor California、巴士制造商 Champion Bus、房车制造商 Keystone RV、A 级房车制造商 Damon 及 Breckenridge、房车制造商 Crossroads RV、中小型巴士制造商 Goshen Coach、拖挂房车制造商 Heartland RV、美国第二大救护车制造商 SJC Industries，Inc.、客车制造商 Krystal Infinity、LLC、拖挂房车制造商 Bison Coach。之后，出售了巴士业务，紧接着收购创新型房车制造商 Livin' Lite、Wakarusa 的房车生产园区、房车制造商和经销商 KZ，Inc.、拖挂房车制造商 Cruiser RV、挤压铝专业部件制造商 Postle、房车制造商 Jayco、欧洲最大的房车制造商 Erwin Hymer Group（EHG）。

雷神公司通过资本运作、战略收购和创新管理，逐渐成为世界上最大的房车制造商之一。

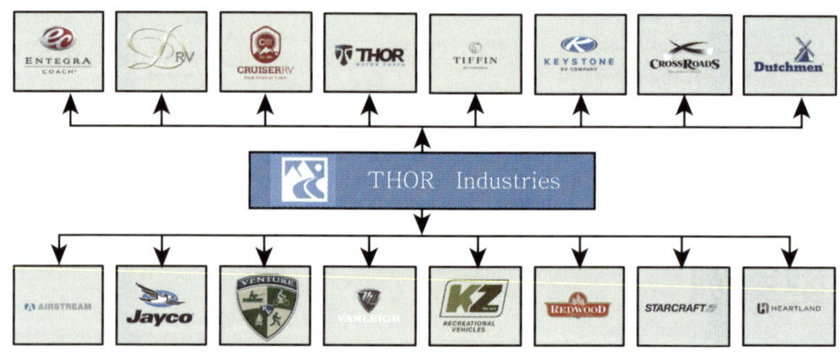

图 2-5 Thor 集团旗下品牌

2.2.2 Hobby——欧洲最大的拖挂式房车制造商

Hobby 房车集团是欧洲最大的拖挂式房车生产企业，拥有 50 多年房车生产历史，产品在欧洲市场占有率很高，是房车行业领导品牌之一。

Hobby 的德国福克贝克工厂年产拖挂式房车 1.05 万～1.35 万辆、自行式房车年产 1000～2800 辆，其中 40% 的拖挂式房车用于出口，30% 的自行式房车用于出口。2020 年，总收入达到 2.3 亿欧元。

Hobby 房车注重全球化布局，不断拓展海外市场，全球拥有 350 家经销商，分布在欧洲，以及智利、日本、新西兰、韩国和中国。在产品应用规范、产品设计路线和产品技术标准方面有着独特的理解和创新，实行标准化、模块化生产，不接受定制，同型号产品通常分为高、中、低三种类型的配置，基本可以满足不同客户的需求。注重员工培训，拥有自己的专职技工培训学校，培养工人的忠诚度，很多工人在工厂工作 25 年以上，经验丰富，技能熟练。

2.2.3 Oberrhein 露营地——设施丰富多样的河畔型营地

Oberrhein 露营地区位条件良好、周边资源丰富。营地位于德国最温暖的地区库法尔茨的莱茵河畔，占地 36 公顷，距离巴登机场仅几公里，距离世界著名的巴登温泉小镇 15 公里。周边欧罗巴公园有大型的室内水世界，大约相距 40 公里处的斯特拉斯堡和卡尔斯鲁厄市，不仅风景优美，还提供各种有趣的节日和文化活动，布局有电影院、剧院和艺术与媒体中心等。

（1）营地整体布局

Oberrhein 露营地整体布局功能分区较为明确，主要有管理区、露营区、陆上活动区和水上运动区，各功能区联系便捷。管理区位于营地入口处，包括营地入口、办公室、维修中心等，提供管理、急救、维修等服务功能；露营区位于水域的四周，根据露营形式的不同分为长久露营地、旅游露营地、单层住宿公园、度假区、帐篷露营地等多种不同形式；陆上活动区主要集中在营地入口处，包括网球、高尔夫、迷你高尔夫和其他娱乐活动设施；水上运动区位于营地中心位置的水面上，包括垂钓、帆板、帆船、划独木舟、电动船，还设置有冲浪学校供游客学习体验。无论从露营区类型设置还是娱乐活动设施的布置，均以丰富多样的类型满足不同露营者的休闲娱乐需求。

图 2-6　Oberrhein 露营地总图示意

（2）营地功能设施及活动

营地共有 745 个营位，包括房车营地、帐篷营地等不同类型营地。住宿空间包括优质度假屋、普通度假屋、移动房屋、迷你旅馆、出租大篷车等。营地活动有冲浪、乘帆船、打网球、打迷你高尔夫、划独木舟、徒步、骑自行车还有定制现场音乐、小型乐队、大型露天音乐会、赛马场等。营地氛围休闲舒适，除了一系列的美食、商店、运动设施和游戏项目外，还设有专业的儿童托管中心。

（3）营地经营及管理

提供灵活的营位出租方式，优化营位使用效率。营地的营位设置不同的租赁方式，不同时段有不同的优惠活动，有长时间出租的度假区和永久露营地可满足长时间度假居住游客的需求，也有具有较大灵活性的旅游营地，游客可以随时租用，收费也相对低廉。

对接游客消费需求，设置多元复合功能，塑造营地吸引力系统，释放游客消费活力。在每个露营区域内都有标准化的卫浴设施、洗衣房、房车排污站、购物、餐饮等服务设施，满足游客日常生活的需要。在娱乐运动区域内开辟多种运动场地，供游客使用。

2.2.4 Bellefonte 露营地——联动周边的 KOA 连锁营地

Bellefonte 营地是私人拥有加盟 KOA 的露营地，位于美国宾夕法尼亚州贝尔丰特镇，占地 35 公顷。区位条件较好，交通便捷，距离宾夕法尼亚州州府哈里斯堡 141 公里，大约 1 小时 40 分钟车程，距离大学城斯泰特科利奇镇 20 分钟车程，且有明显的交通标识系统，方便露营者到达。

（1）周边资源丰富有特色

Bellefonte 营地周边具有丰富的特色资源，利于联动开展各种活动。

历史人文建筑资源。贝尔丰特镇列入美国历史名迹名录，镇上建筑充斥着维多利亚风情，小镇每年 8 月份第三个周末都会举办一年一度的艺术和工艺品展销会。

特色民俗文化资源。宾夕法尼亚州境内阿米什人保持着传统的农耕火种的生活方式，拒绝一切现代的科技及交通工具，马车及油灯延续至今。每逢周三和周六，阿米什人穿着传统的服饰，驾驶马车到贝尔丰特镇中心区举办农产品市集，售卖自己种植的蔬菜、水果以及烘烤的点心。

特色旅游小镇资源。周边斯泰特科利奇镇是一座位于山谷中的休闲小镇，素有“欢乐谷”之称，著名的宾夕法尼亚州立大学就坐落在镇上。每年都有来自世界各地的人来此游学，尤其是秋季举办的全美大学生足球联赛，吸引很多宾州或其他州的美式足球爱好者来观看比赛，该赛成为小镇每年最重要的活动之一。

独特的生态资源。距离营地 16 公里的宾州秃鹰州立公园，占地约 2400 公顷，公园内拥有很多户外娱乐设施，包含露营、登山、钓鱼、游泳、划船和徒步穿越等活动。距离营地 24 公里有著名的全美唯一全水洞穴的宾夕法尼亚石灰岩洞及野生动物园。

周边人文资源。距离营地 37 公里有洛克海文市派珀航空博物馆。

周边商业资源。距离营地 48 公里有著名的户外服装品牌 Woolrich 工厂，可以到工厂店进行购物。

（2）营地整体布局

Bellefonte 营地分为东、西两区，东区营地方形布局，有 96 个房车营位、12 个木屋、4个度假小屋、26个帐篷营位，营地的营位区由横向6条主路及北部由5条纵向公路分隔开；西区营地菱形布局，有30个房车营位，营地由5条横向的道路分隔而成。

营地由管理办公区、休闲运动区（四个运动区）、露营区三部分组成。其中，管理办公区设置在营地的入口，主要负责营地的预订、登记、咨询等服务。露营区分为房车营位区、木屋露营区、度假小屋露营区、帐篷露营区以及集体露营区。四个运动区分别是球类运动区、儿童游乐区、游乐休闲区（专业的儿童游学、研学及童子军活动等）和钓鱼休闲区。

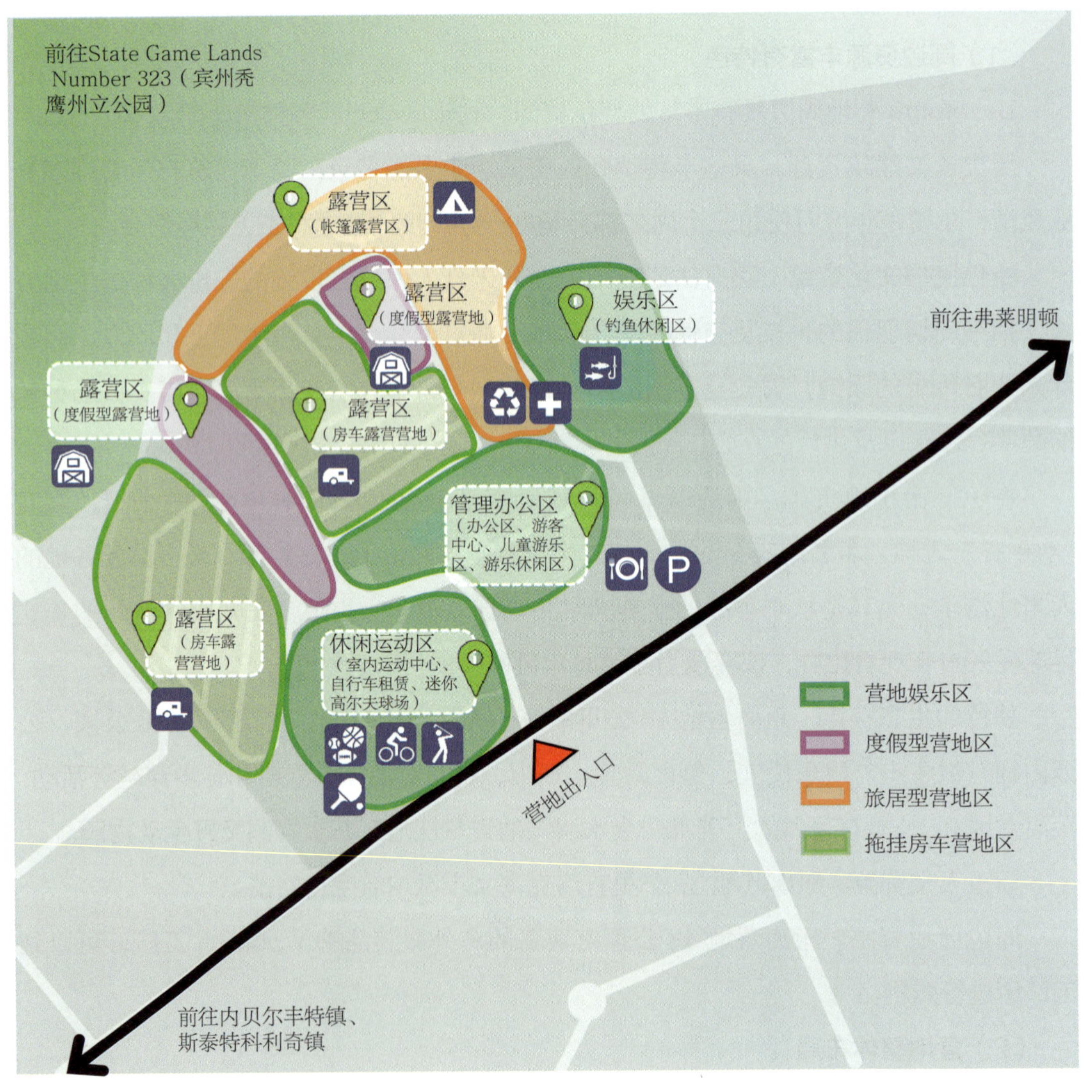

图2-7 Bellefonte营地平面示意图

（3）营地经营及管理

Bellefonte 露营地早在 1968 年就已经加入 KOA，营地建设之初聘请宾州州立大学的专业人士进行设计指导，并根据 KOA 的营地建设标准及提供的设计平面图不断完善营地建设。Bellefonte 露营地每五年与 KOA 签订一次加盟合同，营位及木屋出租费用的 10% 上缴给 KOA，作为品牌、管理、宣传、推广以及指导的加盟费。Bellefonte 营地 84% 的收入来自营位的出租，其余收入来自商店和其他经营的收入。营地的主要支出为水电气等费用、保险费用以及员工工资，其中水电气占 30%，保险费占 15%～20%，员工工资仅占 5%。

2.2.5 Elkhart——世界“房车之都”

阿尔卡特郡（Elkhart）位于美国印第安纳州的北部，成立于 1830 年，总面积 1212 平方公里，总人口约为 20.63 万。阿尔卡特郡地理位置优越，位于五大湖地区，向西距离芝加哥 180 公里，向东距离底特律 327 公里。交通便利，物流成本低，主要由公路和铁路交通连接通往美国大城市。

图 2-8　Elkhart 区位示意图

（1）区域产业基础

印第安纳州北部劳动力资源丰富，且美国阿米什人有着特殊的文化传统，勤劳而手艺精湛，为阿尔卡特郡房车生产行业提供了大量受过良好教育的高素质人才和技术工人。

印第安纳州汽车相关制造业非常发达，汽车产业产值在全美各州排名第二，拥有超过 600 家汽车制造相关公司，本田（Honda）、丰田（Toyota）、通用汽车（General Motors）和斯巴鲁（Subaru）均设有组装厂，且阿尔卡特郡的电子元件制造业也比较发达，为其发展房车制造业提供了技术、人才、零部件、管理经验等充分的软硬件条件。

阿尔卡特郡教育、医疗、文化和旅游资源别具特色，拥有九所高等教育院校，其中几所在美国国内达到一流水平，此外还有出色的医疗设施，如阿尔卡特综合医院和戈申医院，开展爵士狂欢节、花圃艺术展、文化节等美国知名度较高的文化活动，已成为美国著名的旅游城市。

（2）房车产业现状

阿尔卡特郡房车制造业非常发达，并且已经形成了特色旅游业、房车展览业以及房车相关的后市场商贸服务业。

阿尔卡特郡是美国重要的房车工业基地，房车产量占美国房车工业的 65%[①]，每年和房车有关的产值达 80 亿美元，从业人员 2.5 万人。该市集中了众多的房车制造厂、经销商、回收厂商以及零件和配件商店，现有房车相关制造商 30～40 家，品牌数量大约有 100 个，制造商包括 Keystone、Forest River、Thor Motor Coach、Nexus、Heartland Recreational Vehicles、Newmar RV、Renegade RV、Jayco Inc.、Winnebago、Grand Design RV 等。

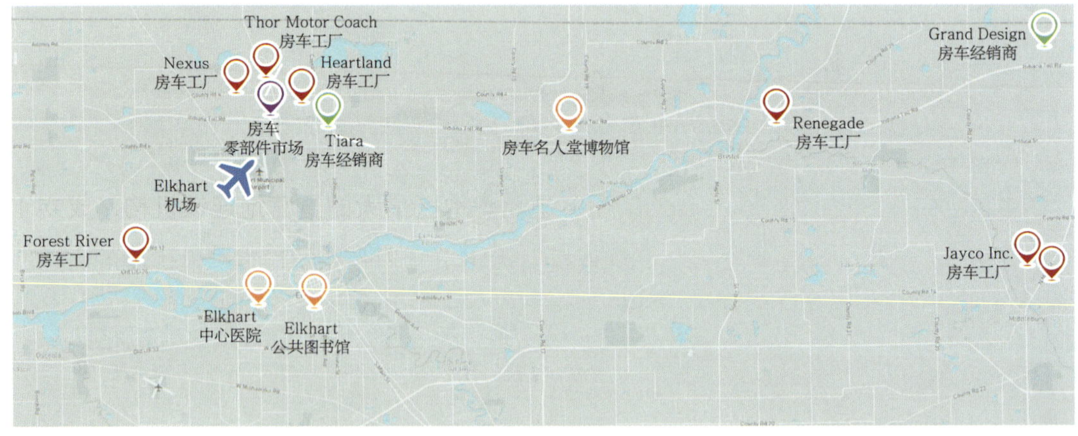

图 2-9　Elkhart 房车相关产业布局图

① 数据来源于美国房车工业协会。

阿尔卡特郡房车展览业发达，有世界最大的“旅行房车博物馆”，其展示房车品种繁多，收集并保存了房车和露营车的完整历史，收藏有世界最早和最大的房车，包含向人们展示最新房车款式的“房车旅行”馆、房车公司工业发展历程展馆以及世界最大的有关房车文化与照片的房车、房车制造图书馆。同时，印第安纳州每年举办两场房车博览会，其中中西部房车超级秀在阿尔卡特郡的房车博物馆举行，在展会期间游客还可以参观房车工厂，近距离了解房车生产制造和发展历程。

图 2-10　Elkhart 房车名人堂博物馆

图片来源：房车博物馆官网。

当地政府非常重视房车产业的发展，各大房车生产企业享有政府提供的税收减免优惠。在房车延伸产业层面，推动建立房车博物馆、房车展览馆等大量公共服务设施，鼓励房车经销商、供应商、回收厂等多种业态的服务。

2.2.6　KOA——北美地区最大的露营地连锁机构

KOA（Kampgrounds of America）是北美地区最大的露营地连锁机构，成立于1962 年，总部位于美国蒙大拿州毕林斯市，为来自世界各地的游客提供优质的家庭露营服务。目前，KOA 共有 500 多家连锁露营地遍及美国和加拿大各地区，营位总数达到了 6 万多个。

（1）机构业务

KOA 营地对露营者实行会员制，会员需要每年缴纳会费，可以享受一定折扣的露营优惠价格，还可以享受道路救援、房车租赁、折扣促销等优惠活动。KOA 连锁营地有小木屋、房车、帐篷、豪华移动房屋等多种住宿选择，住宿费用占 KOA 营地总营业收入的一半左右，其中主要收入来源是房车停车费用。KOA 营地提供丰富完善的便利设施及项目，包括接待中心、会议中心、零售店、餐厅、酒吧、室内外健身娱乐项目、公共沐浴、卫生间、洗衣房、游泳池、亲子水上娱乐项目、小木屋、有线电视、篝火圈、小型烧烤炉、自行车租赁、迷你高尔夫球场、游泳池、划船、钓鱼、徒步等。营地中特色的“黄衫军”工作人员既是服务人员，还提供特色导游服务内容，游客可以向其咨询营地周边的著名景区和特色美食。

营地还提供线上线下便捷服务及活动，网上营地预订系统方便快捷，同时能够提供最新的营地和房车资讯，连锁营地不定期举办活动，为游客制订线路和攻略提供参考等服务。

（2）机构运营管理模式

KOA 实行差异化加盟策略确保营地特色经营。KOA 实施特许加盟经营制度，加盟对象涵盖了现有营地和新建营地两大类型。KOA 对现有营地主要提供员工教育培训、营地规划设计提升、统一营销等服务，对新建营地则提供从营地管理、规划提升、营销培训及硬件产品供给全系列服务。同时，KOA 始终坚守着“客户至上”的经营理念，每年都会对露营游客进行问卷调查，不断调整和适应客户及市场需求，进行相应调整和改进。

KOA 量化营地评选标准并对每个营地进行检查和监督，确保营地管理服务水平。KOA 对营地加盟对象的指标进行了量化，通过硬性指标的量化，不仅简化营地加盟筛选的流程，又能确保在实现数量快速扩张的同时不降低营地管理服务水平。KOA 每年针对露营地进行的检查多达 600 多项，有专业的设计人员对营地的整体规划布局进行把控，对加盟商进行培训，商业发展顾问会到现场对营地加盟商进行运营培训和指导。

KOA 开发智能管理软件，全面提升营地管理效率。KOA 自主研发的营地智能化管理软件系统 Kamp Sight 包含了营地预订、用户支付、财务管理和市场营销的内容，可以极大简化营地经营者的日常管理工作，让营地管理变得高效和专业，还能够实现对加盟营地经营数据的实时动态分析，进行统一管理和服务。

2.2.7 Outdoorsy——美国最全面的房车租赁平台

Outdoorsy 是一个将房车车主与其他露营者联系起来的点对点的房车租赁平台，

成立于 2014 年，位于美国得克萨斯州奥斯汀，目前员工人数 200 人左右。Outdoorsy 平台注册的房车超过 31000 辆，其中包括传统房车、露营车、可牵引露营车和卡车。

（1）平台业务

基于北美房车使用率较低的问题，Outdoorsy 推出特定的库存管理模式、房车租赁、车辆管理、商业保险等服务业务，还提供门锁服务、紧急路边援助、快速启动电池增压、更换轮胎、房车牵引等服务。

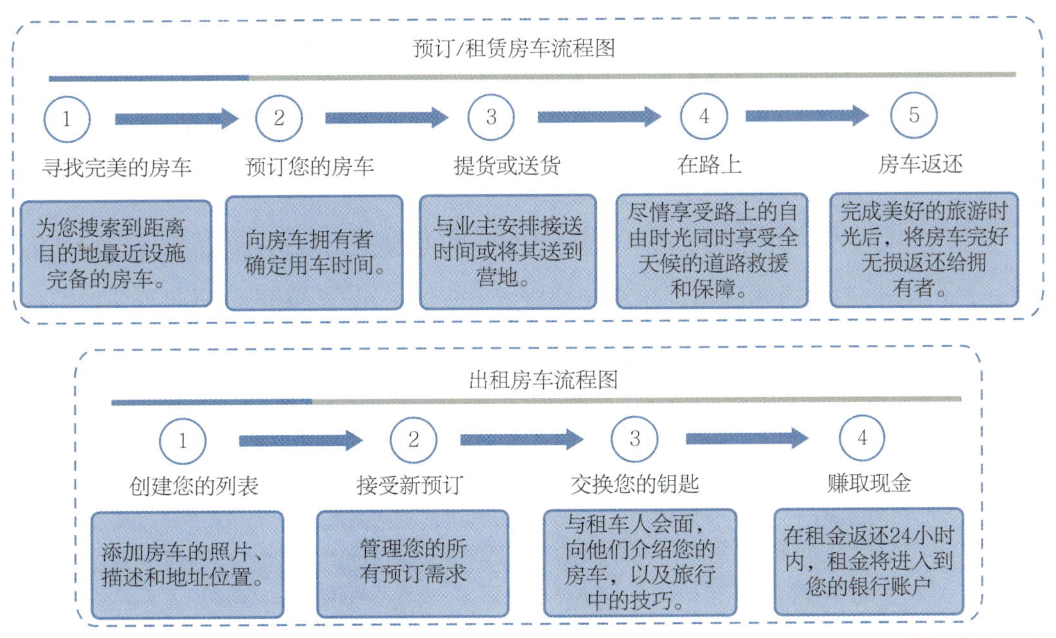

图 2-11　平台流程示意

（2）平台运营模式

Outdoorsy 出租在车主和经销商处选择经过验证的房车（美国车管所 DMV 检车），房车级别和种类众多，并且价格相对亲民。Outdoorsy 在加拿大和美国拥有庞大的服务维护网络，包括超过 40 万个服务设施，还提供故意破坏、火灾、被盗等保险服务。通过平台出租房车，车主可获得全部预订费用租金的 80%，Outdoorsy 平台保留 10% 的总预订费用，剩余 10% 用于保险和路边援助服务等，以保护游客在旅途中免受潜在问题的影响。

2.3 产业价值

2.3.1 美国：产业高度成熟带来巨大经济贡献

美国作为目前世界上使用房车最多的国家，驾驶房车旅行已经成为美国民众休闲旅游生活中的一部分，房车销量、保有量及用户群体数量等都为世界首屈一指。经过长时间的产业发展和市场积累，美国房车市场已发展到高度成熟阶段，房车种类齐全，专业的房车租赁公司、房车经销商和露营地众多，房车生产制造、零配件供应、销售服务等产业链发展成熟。2018 年，美国拥有 100 多家房车制造商，300 家房车零件制造商、分销商或供应商，有 16000 个公共和私人露营地和停车设施，有 900 万个家庭拥有房车，拥有房车的家庭达到很大比例[①]。

美国房车产业带来的经济贡献也是巨大的，每年美国出口房车总价值约为 10 亿美元[②]，每年生产 50 多万辆房车，年零售额接近 180 亿美元[③]。美国有超过 23000 家企业参与房车行业，提供近 60 万个直接就业机会，每年为美国经济贡献近 120 亿美元的税收，房车产业每年在美国产生约 1140 亿美元的经济影响[④]。

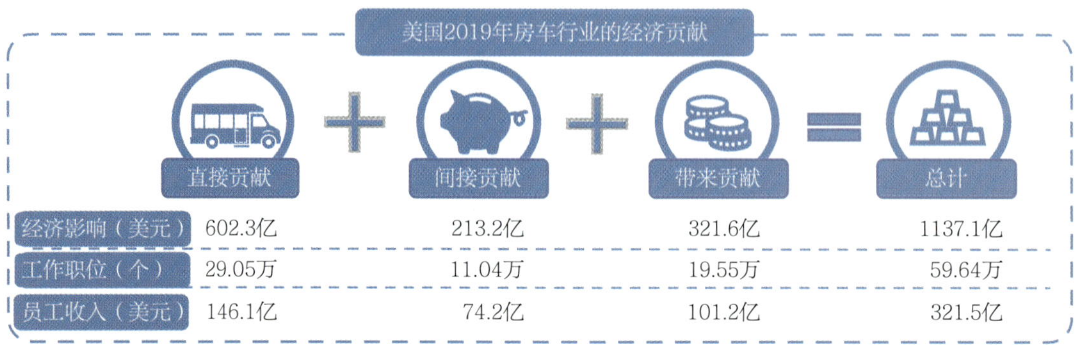

	直接贡献	间接贡献	带来贡献	总计
经济影响（美元）	602.3亿	213.2亿	321.6亿	1137.1亿
工作职位（个）	29.05万	11.04万	19.55万	59.64万
员工收入（美元）	146.1亿	74.2亿	101.2亿	321.5亿

图 2-12　美国 2019 年房车行业的经济贡献

数据来源：《2019 年房车产业经济影响报告》by RVIA。

注：直接贡献来源房车工业生产（房车制造、销售、租赁、维修、金融、保险、存储、后市场服务等），间接贡献来源地方房车企业营运开销（从当地的供应商购买商品服务如房地产、设备、电气），带来贡献来源房车后市场以及员工就业（产业链上的工人或者雇员生活开销等）。

---

① 美国房车工业协会统计报告。

② 美国商务部统计。

③ 德国市场研究数据库公司 Statista。

④ 美国房车工业协会发布的《2019 年房车产业经济影响报告》。

2.3.2 加拿大：链式增长贯穿产业各个环节

加拿大凭借自己的地理环境和众多的国家公园优势，使得房车旅行在加拿大成为很受游客欢迎的旅行生活方式。加拿大房车产业发展比较迅速，已形成集生产、销售、运营、露营地、俱乐部、展销于一体的完整产业链。截至 2019 年，加拿大的房车保有量约为 137 万辆，家庭房车拥有率高达 14%，2016 年，加拿大有 12 家房车生产商、670 家房车经销商、4000 多个房车露营地[①]。

2019 年，加拿大房车制造业产值达到 4.16 亿加元，零售和服务业产值达 6.19 亿加元，房车旅游业产值达 34 亿加元，短途交通业产值达 7 亿加元[②]，房车行业销售额达 62 亿加元，直接和间接地提供了大约 67200 个工作岗位，带来了 48 亿加元的经济附加值。

2019年加拿大房车行业总消费额

	生产制造业	零售与服务业	短途交通产业	旅游业
	$4.16亿	$6.19亿	$170亿	$340亿
附加值（加元）	3.14亿	7.46亿	150亿	220亿
工作职位（个）	4800	11300	17700	33400
员工收入（加元）	2.03亿	4.73亿	6.20亿	120亿
政府收入（加元）	0.87亿	1.64亿	5.84亿	110亿

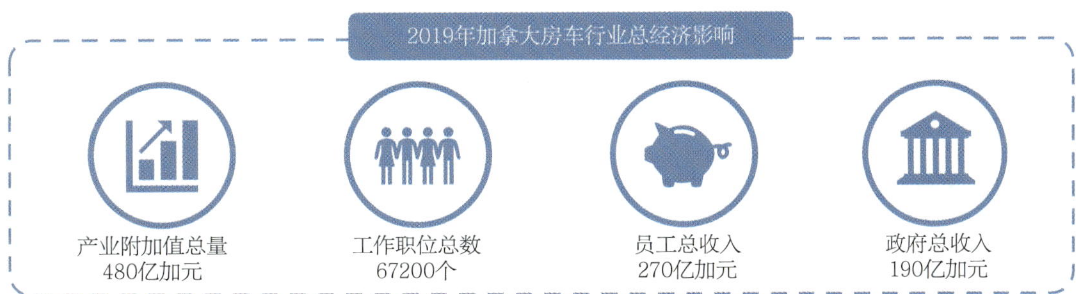

图 2-13　2019 年加拿大房车行业总消费额及总经济影响

数据来源：《2020 年加拿大房车产业经济影响报告》by RVDA & CRVA。

① 加拿大房车经销商协会统计数据。

② 《2020 年加拿大房车产业经济影响报告》。

2.3.3 德国：房车增长远超其他消费

德国作为汽车工业强国，在房车生产制造方面拥有较强实力。德国拥有 100 多家房车制造商、供应商等企业机构，2019 年房车销量超过 8 万辆，出口房车 5 万多辆，露营营地 3000 余个，能提供约 20 万个房车停车位①。

房车产业是德国经济中的特色基础产业，产值占比大约 0.3%，增长率大约为 GDP 的 2 倍左右。2019 年德国房车行业销售额突破 117 亿欧元，包含新车、二手房车市场的销售，房车露营配件的销售等②。2018 年，房车行业对德国经济的贡献值达 140 亿欧元，受益者包括终端零售商，餐馆和休闲相关业务从业者、露营地的经营者等③。德国的房车展览业也非常发达，2019 年德国杜塞尔多夫国际房车参观人数达 27 万人。

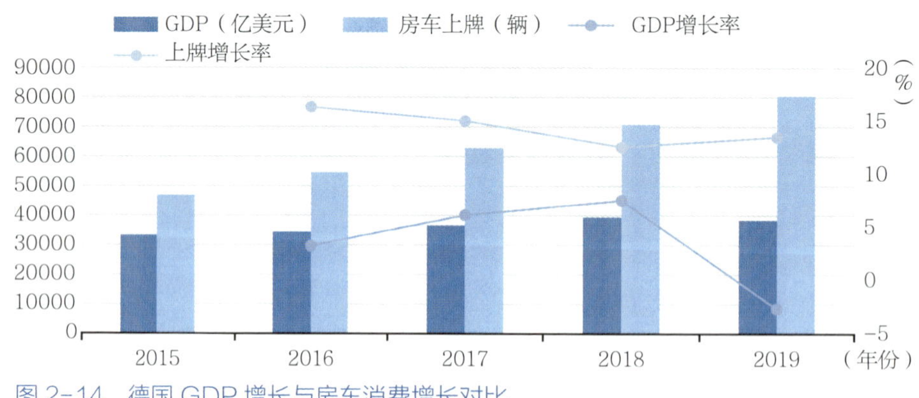

图 2-14 德国 GDP 增长与房车消费增长对比

2.4 房车产业大有可为

综观国外房车产业发展，房车产业已成为包含劳动密集、技术密集、知识密集、资金密集型各类企业在内的长链产业，拥有包括研发、设计、生产、销售、消费、维修保养、运营管理等诸多直接关联环节，融旅游业、创意休闲产业、生产制造业于一

① 德国房车工业协会公布的数据。

② 德国房车工业协会的数据统计。

③ 德国经济科学机构旅游业调研。

体，具有联动效应和辐射效应，经济带动作用明显。

经济贡献大：2019 年美国的房车产业产值占 GDP 的 0.55%，德国房车产业产值占比 0.3%，加拿大房车产业占比 0.51%。

增长速度快：近些年，美国、德国、加拿大 GDP 增长乏力，和房车产业形成了鲜明的对比，其中德国房车消费增速是每年 GDP 的 2 倍。

发展韧性强：在新冠肺炎疫情期间，美国、德国、加拿大经济出现了不同程度的负增长，房车产业逆势而上，表现出良好的发展韧性。

拉动效应高：以房车生产为中心，拉动了车辆维修保养、旅游露营、租赁零售、会展餐饮等行业的发展，美国和加拿大带动产值大约为一倍，德国大约三分之一。

房车在中国

3.1 发展现状

3.1.1 发展历程

我国的房车产业发展起步较晚，但是速度比较快，经历了初步萌芽、房车制造迅速发展、房车消费市场拓展、政策密集出台等几个阶段。

1999 年，房车开始在中国萌芽，电影《不见不散》中首次出现了房车的身影，中国出现了首家从事房车研发、租赁、经营的企业——金黄河旅行房车公司。

2000～2005 年，房车制造业迅速发展，部分车企如宇通客车、中汽商用车、香山改装车厂等纷纷涉足房车制造业。中天高科通过引进美国技术，实现自主创新生产，成立了首家房车旅游俱乐部。

2006～2015 年，房车制造技术日益成熟，更关注内部空间设计、个性化舒适度。房车消费市场逐步开拓，开始举办各种房车展览会并设计房车旅游线路等，房车营地建设开始成为新兴投资热点，如长三角地区及山东省、海南省均发布房车露营旅游规划，提出建设房车露营地。

2016 年至今，国内政策密集出台，房车制造规模不断扩大，房车营地数量不断增加，房车产业进入快速发展阶段。国务院、国家体育总局、文化和旅游部等相关部委不断出台房车露营相关政策，鼓励加快自驾车房车营地建设，开发自驾车旅居车旅游，各地政府也纷纷布局规划房车营地、提出房车产业发展目标，如 2017 年山东省提出“百千万”工程，计划到 2020 年全省建设 200 处房车自驾露营地、房车保有量达到 1000 辆、房车 / 木屋 / 集装箱房间数量达到 10000 个。

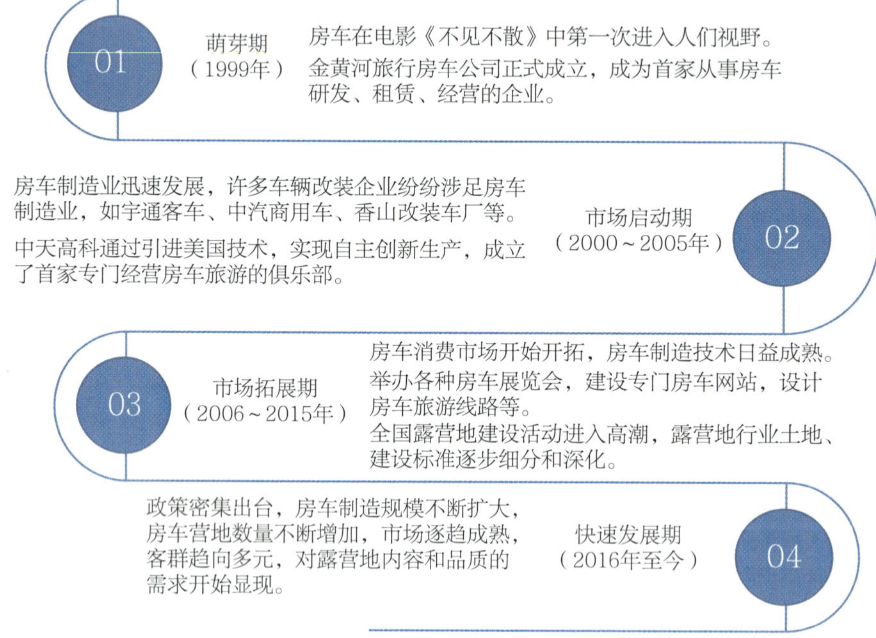

图 3-1　国内房车产业发展历程示意图

回顾国内房车产业发展历程，从 1999 年至今，房车产业在中国已经发展了 20 余年。截至 2020 年年底，国内房车市场保有量约 21.82 万辆，与发达国家相比差距巨大，与中国经济地位不相匹配。但从近些年的房车生产制造、销售租赁情况和露营地的建设速度来看，房车产业发展比较迅速，未来随着技术进步、消费市场的扩大、规模化生产等，中国房车产业必将迎来井喷发展的局面。

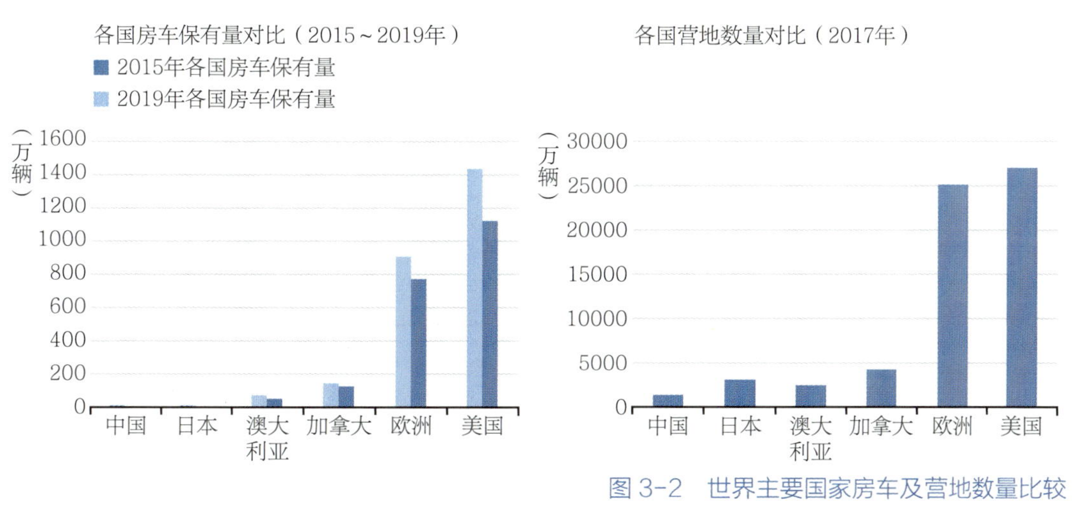

图 3-2　世界主要国家房车及营地数量比较

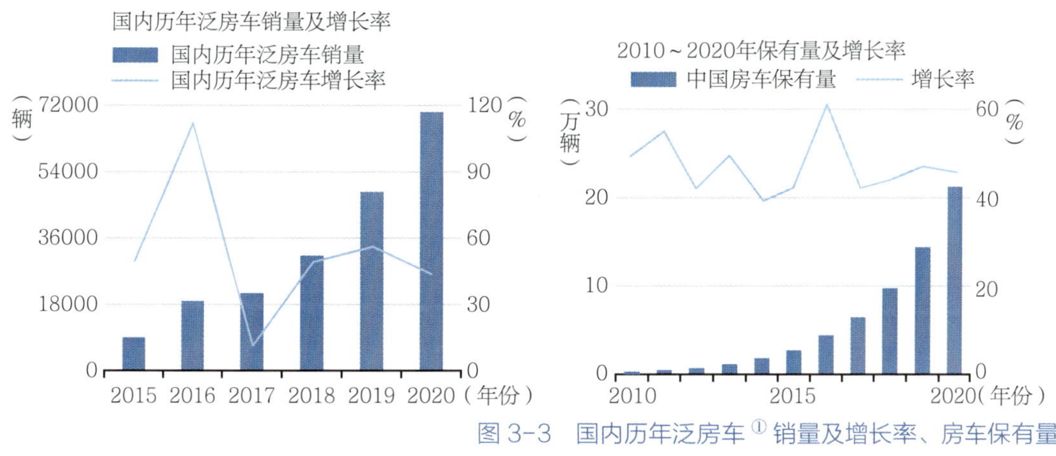

图 3-3　国内历年泛房车[①]销量及增长率、房车保有量

3.1.2　房车制造

（1）房车制造处于成长期

自 2001 年第一辆拥有自主知识产权的房车问世，中国房车制造已经走过 20 年的发展历程，步入成长期规模化发展阶段，在市场需求推动下，房车产量正以每年约 25% 的增速增长。

---

① 泛房车销量含国家工信部上牌数据及交强险数据以及进出口海关贸易数据等，包括上牌旅居车、营地房车、帐篷房车与商务房车，以及个人私改房车、床车等数据。（数据来源：21 世纪房车网）

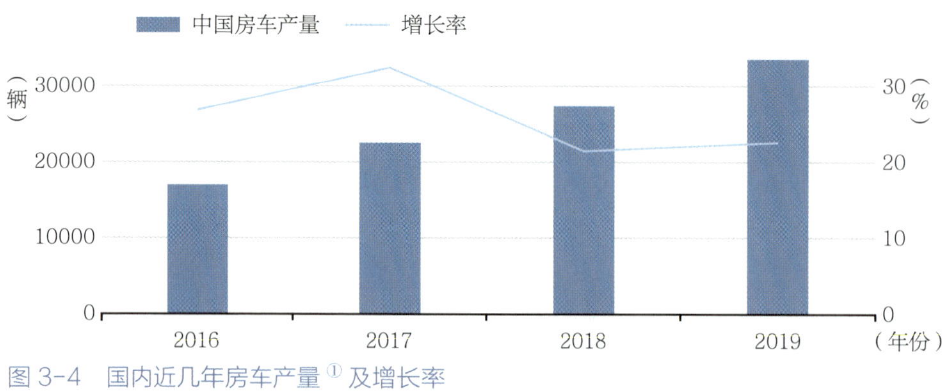

图 3-4　国内近几年房车产量[①]及增长率

（2）房车制造企业规模化集中

经过多年发展，国内房车生产厂家现已达到 100～200 家，出现了一批有一定生产能力的房车制造厂商，如中天高科房车、青岛春田房车、河南新飞房车、江苏旌航房车、山东荣成康派斯新能源房车、湖北十堰汇斯诚专用汽车、江苏中欧欧旅房车、上海上汽大通房车、河南洛阳德野专用车辆等企业，不断创新提升房车制造工艺、外观设计等，形成百余个自主品牌。全国房车生产企业集中于江苏省、山东省、湖北省、河南省，4 省均拥有超过 10 家的房车企业。企业发展呈现基地化趋势，山东荣成、江苏溧阳、浙江桐乡已成为我国房车集中生产基地。

3.1.3　房车租售

（1）房车租赁从小众市场走向大众视野

2019 年，全国从事房车租赁的企业有 487 家，租赁市场运营车辆有 5000 余台，租赁房车出行的总人数达到 7.25 万人次，房车租赁行业产值超过 1.5 亿元；2020 年，全国从事房车租赁的企业达到 512 家，租赁市场运营车辆达到 9000 余台，房车运营车辆增长率达到 80%，租赁房车出行总人数达到 7 万人次，预计房车租赁行业产值达到 1.7 亿元[③]。涌现出一批已搭建完整房车租赁业务服务网络的房车租赁公司和房车俱

① 数据来源：2021 中国自驾车旅游发展国际峰会、前瞻网、路程网、房车猫等。

② 工信部数据统计。

③ 数据来源：21 世纪房车网。

乐部，如上汽大通房车生活家、港中旅、蜗途房车等。

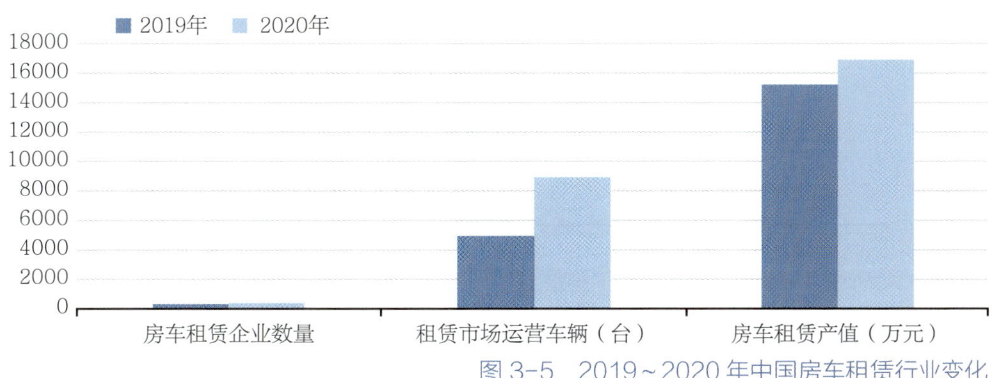

图 3-5　2019～2020 年中国房车租赁行业变化

（2）房车销售高速增长

我国房车以出口外销为主，国内房车销量高速增长。我国房车市场主要是出口外销，每年大约实际产量的 2/3 用于出口，出口目的地国家包括澳大利亚、韩国、美国、南非等，具有巨大拉动效应的房车产业的出口贸易带动国内产业发展显得尤为重要。

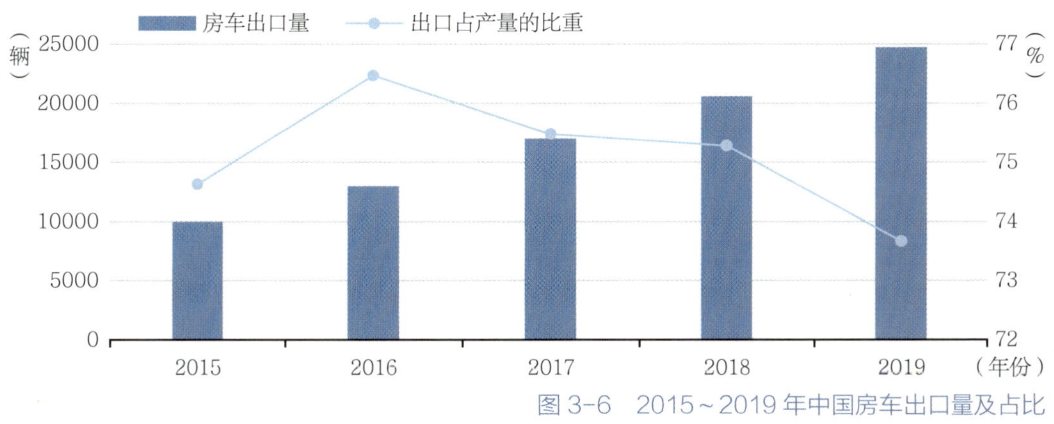

图 3-6　2015～2019 年中国房车出口量及占比

除去受疫情影响的 2020 年，近五年，国内房车上牌量连续多年保持高速增长，年复合增速达到 18%。从房车上牌的区域分布来看，华东地区房车上牌量最多，占据房车市场 40% 的份额，其次是华北、华中、东北、西南等地区。

图 3-7　2016~2020 年中国房车上牌量及增速

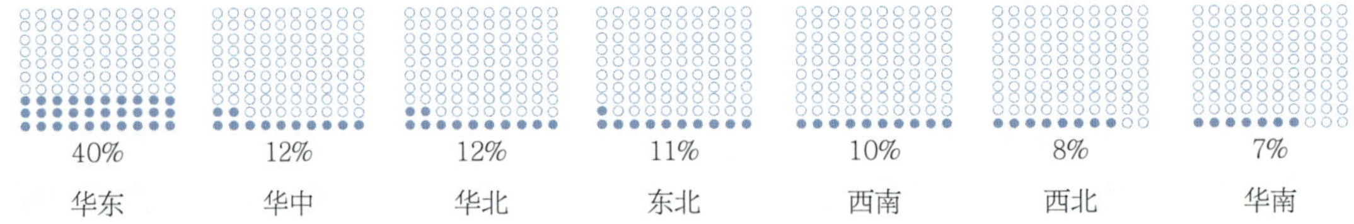

数据来源：前瞻网。

图 3-8　2020 年国内各区域房车上牌量占比

3.1.4　营地建设

（1）营地发展迅猛

国内房车营地总体数量较少，与欧美发达国家相比差距较大，中国每百万人拥有的房车营地数量为 0.29，是美国的 0.57%，是欧洲的 0.86%，但发展迅速，2015~2019 年，我国的营地（包含房车营地及自驾营地）建设量每年增长，从 2015 年的 415 个到 2019 年的 1778 个[①]，年复合增长率达到 34%。国内营地分布不均，主要的露营地仍然集中在北京、河北、江苏、浙江等地，东部沿海地区较多，而陕西、河南、广西、贵州、新疆、内蒙古等旅游资源多的省份，房车露营地数量较少，露营地数量尚不能满足房车旅游发展的需求。

① 露营天下 2019 年统计。

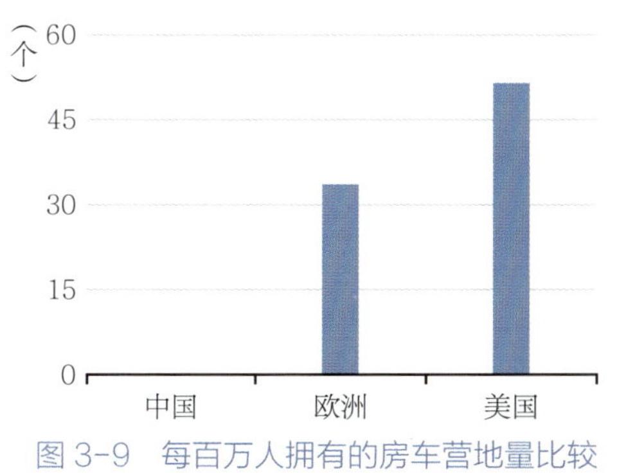

图 3-9 每百万人拥有的房车营地量比较

图 3-10 中国历年房车营地数量

（2）营地设施质量不高

国内营地总体质量不高，相关配套服务和设施尚不够完善，一定程度制约了房车消费的发展。营地要满足户外旅居的需求，首先需设置停车位、饮用水、照明电、排污及安全防卫等为房车提供全套补给的服务设施，同时还需考虑丰富多样的休闲娱乐、文化体验、体育运动等场所。目前，国内很多房车营地只能提供简单的水、电、网络等房车停靠和补给服务，缺乏类型多样的功能配套设施，无法满足消费者多样化的需求。在北京现有的房车汽车露营地中，接近一半的露营地存在配套设施不足、周边设施质量不达标的问题，且露营地仍然以“木屋帐篷”为主，房车租赁率低于一半，能够提供房车上下水设施的只有 80%①。为规范营地发展、提升营地服务品质，2019 年文化和旅游部出台了关于营地质量等级划分的行业标准，2020 年启动首批营地等级认定工作。

3.2 发展困境

目前国内房车行业面临着制度制约、价格影响、运营阻碍等发展困境，需要通过体制机制创新、模式创新等不断进行突破。

3.2.1 制度制约

车辆管理制度要求严格。我国对房车牌照办理、上路行驶和停靠等方面均有一定

① 《北京汽车房车露营地调查报告》。

的限制，旅居挂车要求分时分段进入城区或在城市快速路、高架路及主要桥隧道通行，在有些地方如北京、上海更是全面限制机动车牌照，对于房车上牌更难，房车消费者常常陷于困境之中。而且，对于房车的牵引及驾驶也有要求，如驾照 C 本仅可以满足 6 米以内尺寸的房车，拖挂房车的准牵准驾政策仍然区域不同步等。

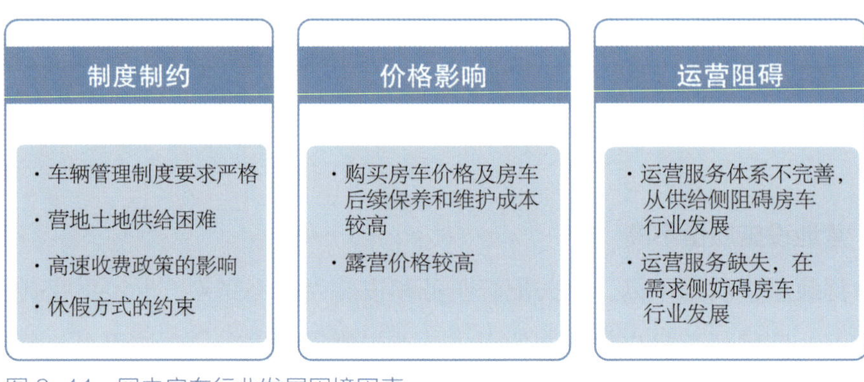

图 3-11　国内房车行业发展困境因素

营地土地供给困难。关于露营地的土地性质，一直没有大的政策松动，基本农田不允许，一般农田也不行，没有建设用地或旅游用地指标，项目就无法合法、合规地正常运营。途居露营有很多项目已经和政府签约但无法办齐手续，导致迟迟无法正式开工建设。在 2020 年首批申报 4C 级、5C 级的营地中，82% 的营地缺乏完备的土地使用证明文件①。

高速收费政策的影响。我国高速公路发展主要是采取“分散决策、自主融资、用者自付”的模式，先让承包方贷款修建高速路，然后再通过收过路费还清贷款，导致高速公路收费过高，而且收费频次很高，只有在法定节假日短暂的几天实行高速免费政策。美国由于高速公路收费方式是通过燃油税、购置税、使用税等方式收取，且高速公路修建时间较长已过收费期，整体上高速收费的路段不到 10%。

休假方式的约束。中国人的休假安排集中在法定节假日，而欧美休假安排相对灵活，可以连续出游的天数较长，更适合房车出行。欧美大部分国家实施 20～30 天的月休假制度，休假时间较长，休假日期灵活，便于进行较远距离旅游。与国外鼓励带薪

① 《中国自驾车、旅居车与露营旅游发展报告（2020～2021）》。

休假不同的是，中国的带薪休假实现困难，我国采用的是每周 2 天或 1 天的公休日休假制度，法定节假日休假时间比较分散，时间也较短，即使有长假，很多人会安排回家探亲，即使出行也会遇上高速公路拥堵的局面，很不利于组织长期远足旅游。

3.2.2 价格影响

购买房车及后续保养和维护成本较高。从房车本身的价格上来看，原装进口豪华配置的高档房车，价位从几十万元到上千万元不等，国内自行生产的房车价格在 20 万～200 万元人民币，目前企业主攻的市场车型集中在 20 万～40 万元自行式房车以及 10 万～15 万元拖挂式房车上[①]。并且由于房车车型较大，内部配置的电器比较多，后期全方位的保养和维护费用会比小轿车高很多。中国人均 GDP 刚刚迈入 1 万美元的门槛，房车消费能力尤显不足。

露营价格较高。目前，我国营地收费方式繁多，价格差异过大，据相关企业统计，正规营位最低价格 159 元 / 晚，人均露营花费达 1765 元 / 晚。在国内，各种交通基础设施便利、服务完备、价位不同的酒店广泛存在，同样的价格可能有比房车更舒适的出行住宿体验，还可以享受更完善的配套服务。在美国，房车露营更节约成本，房车度假相比酒店度假便宜 60% 以上。

3.2.3 运营阻碍

运营服务体系不完善，从供给侧、需求侧两方面阻碍房车行业发展。从供给侧来说，由于缺乏房车销售服务体系、供需结合的房车生产应用体系、房车营地联盟体系等，造成房车与营地脱节，严重制约房车生产者和营地建设者的发展积极性。从需求侧来说，由于现有房车托管运营平台及金融服务平台不成熟、房车用户社群影响力有限、营地运营管理制度未体现激励机制、售后服务体系不健全等问题，未能对房车消费者提供保姆式一站化服务，没有解决消费者的后顾之忧，导致房车消费者积极性也不高。运营服务体系不完善造成使用需求与供应能力信息不对称，造成房车旅游用户和购买房车用户群体数量偏少、适合房车出游的专业线路和服务供给不足，导致整体

① 《中国自驾车、旅居车与露营旅游发展报告（2020～2021）》。

房车市场需求不旺盛，造成有市场无服务、有车辆无人租、有营地没车停、有线路无人知、有产能低销量的房车产业发展困境。

3.3 发展新机遇

随着国内房车产业发展面临的时代背景、市场需求、要素条件、政策环境的变化，房车产业迎来新的发展机遇。

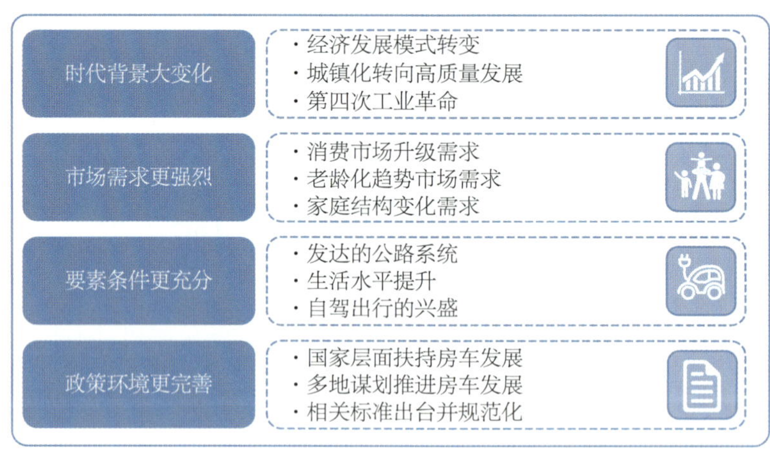

图 3-12 国内房车产业发展机遇

3.3.1 时代背景大变化

经济发展由投资驱动转向消费驱动、城镇化下半场转向高质量发展、后工业化发展阶段新技术新业态的涌现，经济发展动力和社会运行机制正在发生深刻变革，为房车产业提供了前所未有的发展机遇。

（1）经济发展模式转变

我国长期依赖大规模固定资产投资推动经济的发展模式，造成了严重的产能过剩，同时也给能源利用和环境带来很大的压力和负面影响。随着经济发展进入新常态，投资已无法成为推动经济增长的主要动力源，消费对经济增长的支持作用逐步增强，消费逐渐作为经济增长的动力发挥作用，经济发展方式从投资驱动逐渐向消费驱动的转型升级。

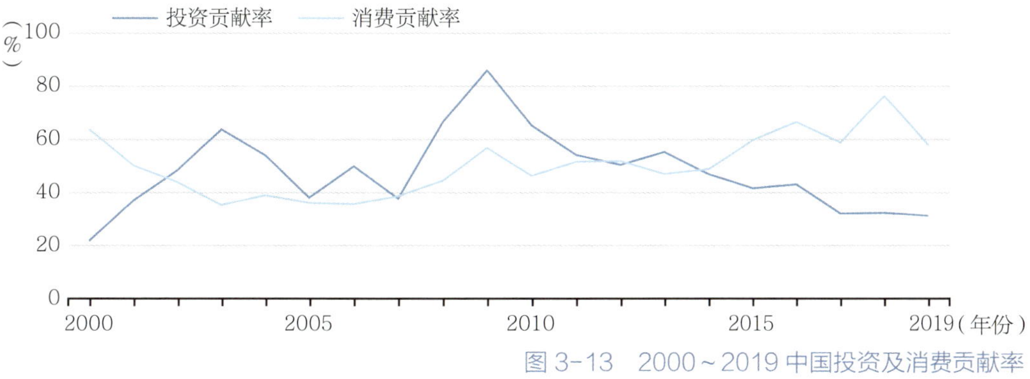

图 3-13 2000～2019 中国投资及消费贡献率

我国经济持续快速增长，2020 年 GDP 总量已达到 100 万亿元，成为全球第二大经济体，我国已经历了农业占比不断下降、工业和服务业占比不断提升的过程，产业动力转换较为明显，正由第二产业向第三产业转变，第三产业规模不断扩大、市场主体大量涌现、比重持续上升，成为拉动经济增长的主动力和新引擎。在第三产业当中，旅游休闲产业快速发展，已成为拉动经济增长的新动力。

（2）城镇化转向高质量发展

从 1978 年到 2020 年，我国城镇人口从 1.72 亿人增加到 9.02 亿人，城镇化率从 17.92% 提升到 63.89%。改革开放 40 多年，城镇化上半场是高速且相对粗放发展时期，追求速度注重经济发展，城镇人口和城市数量明显增加，交通拥堵、环境污染、资源紧张等“城市病”问题突出，产业发展动能不足，基础设施、公共服务设施欠缺。城镇化下半场将从数量增长转向高质量发展，以人为本更注重人的需求，注重高质量的产业重塑、基础设施、公共服务、人居环境、城市管理和高品质的生活。

城镇化下半场将着力推进能源革命，不断完善能源基础配套设施，构建更快捷、高效、覆盖面广的能源供给系统，有利于房车行业利用新能源技术，产生更优的能源和环境效益。同时，下半场还将围绕强化数字转型、智能升级、融合创新，布局建设新型基础设施，建设安全高效的信息基础设施，发展工业互联网和车联网，也有利于房车行业与互联网、智能电网、充电基础设施网相互交融发展，利于房车自动驾驶、车路协同技术的应用。

（3）第四次工业革命

我国经济的工业化阶段基本完成，逐渐向后工业化阶段过渡。后工业时代，第四次工业革命正以前所未有的态势重塑世界经济格局，大数据、人工智能等技术不断突破，数字化的进程不断深化，人工智能、机器人技术、物联网、自动驾驶汽车、3D 打印、区块链等新科技新技术的不断应用，催生了个性化定制、共享化生产、智能化产品、服务化延伸、网络化协同、数字化管理等新产品、新模式、新业态。

在第四次工业革命背景下，房车产业可考虑应用北斗、无人驾驶、人工智能、5G、工业物联网等突破性新技术，打造集合车辆监控、设备指令下发、商家管理、车辆管理、用户管理、数据支撑、营地管理、订单管理、车辆运营分析等模块的智慧房车运营平台，发展模块化、轻量化、定制化房车产品设计和关键零部件研发与应用。同时结合新能源汽车和智能网联车相关技术，发展智能网联房车，提高房车使用的智能性、舒适性、可操作性和安全性，推动智能房车产业发展。

3.3.2 市场需求更强烈

个性化、多样化消费需求迭代升级，高端旅游休闲度假消费回流，老龄化群体逐年扩大，家庭结构的变化，正向激励着房车行业的发展壮大。

（1）消费市场升级需求

中国成为世界上最大的工业制造国和消费国，中国社会的消费呈现出高积累低消费、消费数量扩张、消费质量提升三个发展阶段，从国际发达国家的发展规律来看，人均 GDP 达到 5000 美元以上之后，消费需求会更加追求个性化、差别化，人均 GDP 到 1 万美元左右，消费升级进一步加快体现，消费升级的需求、表征也更明显。2011 年，中国人均 GDP 跨过 5000 美元门槛，进入品质消费升级阶段；2019 年，中国人均

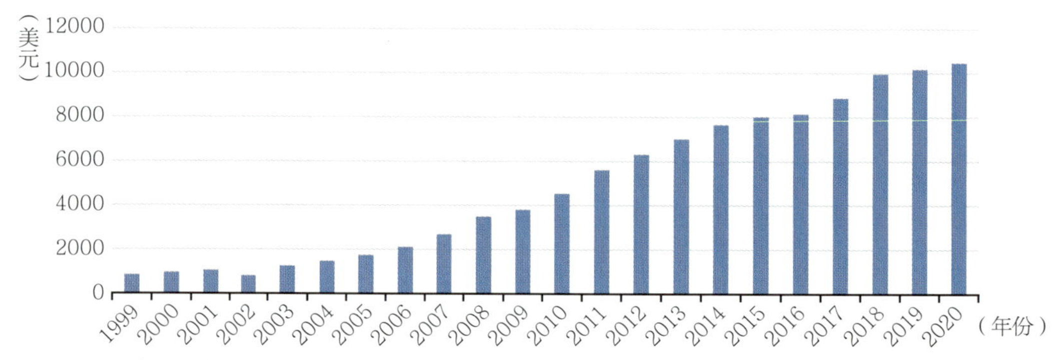

图 3-14 中国历年人均 GDP

GDP 首次突破 10000 美元，消费从量变转向质变，消费升级需求加快释放。

中国消费已经从“排浪式消费”升级到“个性化、情绪化”消费，城镇化下半场休闲时代的消费升级，带来新需求浪潮。随着经济技术的发达，城镇化的不断发展，在物质生活水平提高的同时，人的精神压力也逐渐增加，人们开始向往悠闲无争、亲近自然的生活，对旅游体验的需求越来越高，要求可以满足大众更时尚、多元、个性化的消费需求，而具有简便、自由、绿色、环保等特点的房车旅游正与之契合。

（2）老龄化趋势市场需求

我国是世界上人口最多的国家，也是逐渐步入老龄化社会的国家，且老龄化呈现出加速发展的态势。自 20 世纪末进入老龄化社会以来，老年人口数量和占总人口的比重持续增长，2020 年，我国 65 岁及以上人口有 1.91 亿人，占比达到 13.5%[①]。未来一段时间，老龄化程度将持续加深，预计到 2050 年，我国老年人口数量将达到 4.8 亿人，消费潜力将增长到 106 万亿元，占 GDP 比例将达到 33%[②]。

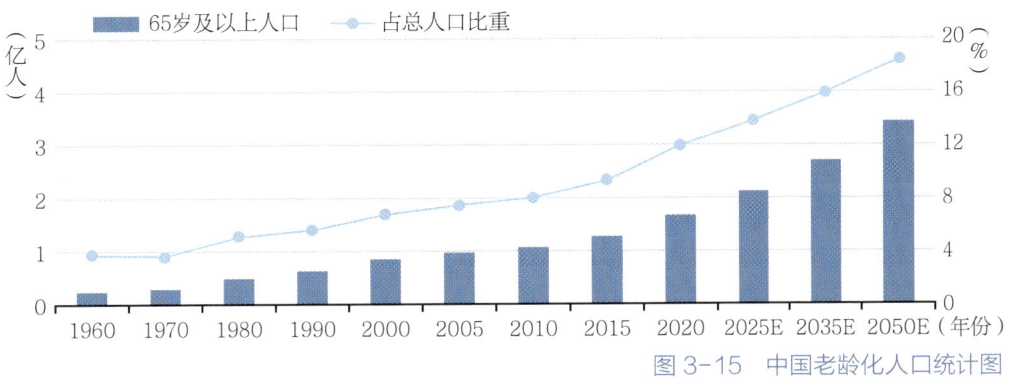

图 3-15　中国老龄化人口统计图

我国是全球退休年龄较早的国家之一，随着 20 世纪 60 年代和 70 年代婴儿潮人口退出劳动市场，将会涌现大量过了奋斗期的有充足时间和金钱供其支配的“有钱有闲”银发一族。同时，这部分群体受教育程度也较高，对于生活品质和生活质量有着较高追求，并且随着中国预期寿命的延长，大部分退休老人身体健康、精力充沛，拥有驾照和丰富驾驶经验的比例较大，将会成为房车的潜在消费群体。

① 第七次全国人口普查。

② 中国老龄产业发展报告。

（3）家庭结构变化需求

我国家庭户规模从 20 世纪 80 年代开始就一直不断缩小，1980 年家庭规模平均为 4.61 人，2000 年家庭规模平均为 3.44 人，2010 年家庭规模平均为 3.10 人，2020 年平均每个家庭户的人口下降到 2.62 人[①]。而在近几年继全面实施二孩政策、三孩政策开放之后，将会有效扩大家庭户的规模，多子家庭在中国家庭中所占的比例会越来越明显，家庭结构的变化将对出行工具的需求也会有所改变。

随着 2016 年开放二胎政策之后，少儿人口比重明显回升，促使国内的亲子市场开始快速成型并发展，以家庭为中心的亲子游消费逐渐成为市场主流，亲子游市场规模快速增长，2015～2019 年，国内亲子游市场规模的年复合增长率达到了 32.9%[②]。房车旅游可以带来更欢乐与舒适的家庭体验，让亲子旅行丰富多彩，刚好符合这种多子家庭的旅游需求。

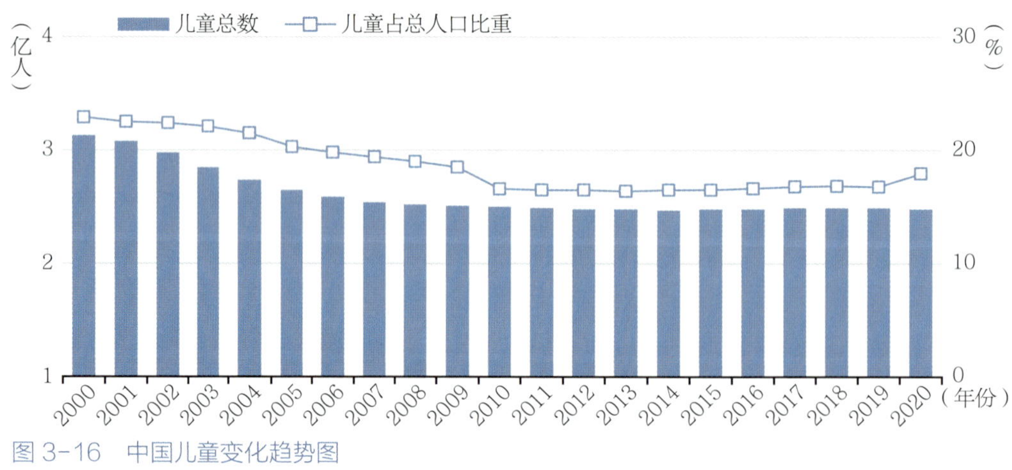

图 3-16　中国儿童变化趋势图

3.3.3　要素条件更充分

我国已经进入旅游发展的大众休闲度假爆发阶段，发达的公路系统、雄厚的物质基础、丰富的自然资源和人文资源、广阔的市场空间以及自驾出行的盛行都成为房车发展的优势和条件，为房车产业发展奠定了一定的基础。

① 历次全国人口普查结果。

② 同程研究院的综合测算。

（1）发达的公路系统

我国交通基础设施建设取得了举世瞩目的成就，交通基础设施存量已居世界前列。数据显示，截至 2020 年年底，中国公路里程为 519.81 万公里，高速公路通车里程达到 16.10 万公里，公路网络已四通八达，中国高速公路的建设规模世界第一，为房车的普及奠定了基础。

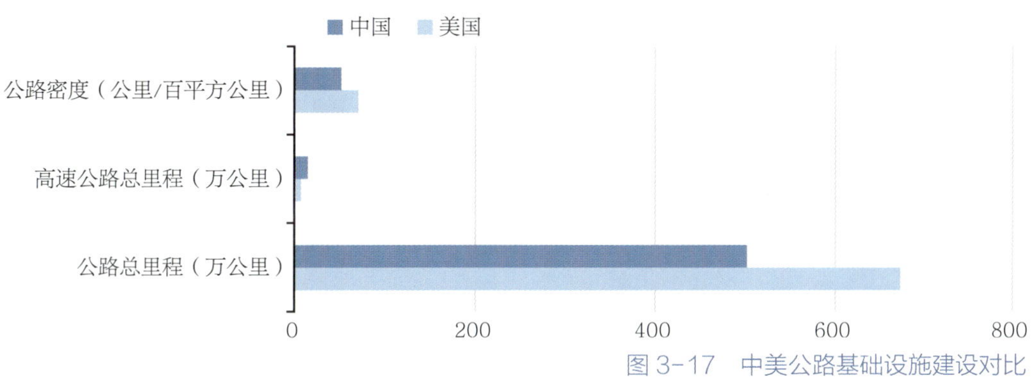

图 3-17　中美公路基础设施建设对比

（2）生活水平提升

随着社会进步，人民生活水平进入全面小康，人均可支配收入不断增长，近五年来，我国城乡居民恩格尔系数显著下降，人民生活水平明显提高。2020 年，全国居民恩格尔系数为 30.2%，同时，中国目前有 3320 万户中产阶级家庭，其中，一直保持这一水平的有 2000 多万户，新增 1000 多万户①。

图 3-18　中国人均 GDP 及城镇居民人均可支配收入变化

① 胡润研究院统计。

（3）自驾出行的兴盛

汽车在我国逐渐普及，自驾游成为旅游主体市场。2020 年，国内私车占全国汽车保有量的 80% 左右，汽车类消费占社会消费品零售总额超过 10%。新冠肺炎疫情加速推动自驾游进入全面高速增长周期，2020 年，我国自驾游规模为 22.4 亿人次，从 2007 年开始，全国自驾游占国内出游总人数比例连续四年超过 60%[①]。

图 3-19　国内历年汽车保有量变化

图 3-20　全国历年自驾游总人数及占比

3.3.4　政策环境更完善

近年来，房车相关政策逐步透明规范，国家及地方持续为房车产业发展提供相关政策支持，为房车产业发展营造良好的政策环境，引导房车产业健康有序发展，使之适应中国社会和经济发展的需要。

① 中国旅游车船协会的自驾游比例抽样调查数据。

（1）国家层面扶持房车发展

国家从2009年开始把房车旅游纳入国家鼓励产业项目，不断出台相关政策法规。2011年、2013年陆续出台有关房车营地建设政策，2014年提出房车上路及服务方面的相关规范。此后政策逐渐细致规范，2016年从基础设施、节能减排、营地数量等多角度进一步落实营地建设，2017年将房车旅游与交通运输等产业融合，2018年强调房车旅游全产业链的发展，引导房车营地与“一带一路”、长江经济带等融入式发展等。

表 3-1 国家历年发布的房车相关政策文件

时间	部委	政策文件	相关要点
2009.12.1	国务院	国务院关于加快发展旅游业的意见	把房车等旅游装备制造业纳入国家鼓励类产业目录，要求积极发展自驾车观光游、特色房车游等
2011.12.26	国家旅游局	中国旅游业“十二五”旅游发展规划纲要	积极鼓励发展自驾车旅游，完善自驾车营地、房车宿营地等与休闲旅游新需求相适应的设施和服务
2013.2.2	国务院	国民旅游休闲纲要（2013~2020年）	发展自驾车和房车营地，邮轮、游艇码头等旅游休闲基础设施建设
2014.1.1	国家体育总局	汽车露营营地开放条件和要求	中国汽车露营营地标准化
2014.8.22	国务院	关于促进旅游业改革发展的若干意见	积极发展休闲旅游度假，建立旅居全挂车营地和露营地建设标准，完善旅居全挂车上路通行的政策措施
2015.11	国务院	关于加快发展生活性服务业促进消费结构升级的指导意见	适应房车、自驾车、邮轮、游艇等新兴旅游业态发展需要，合理规划配套设施建设和基地布局
2015.8.4	国务院	关于进一步促进旅游投资和消费的若干意见	加快自驾车房车营地建设，制定全国自驾车房车营地建设规划和自驾车房车营地建设标准
2015.12	国土资源部、住建部、国家旅游局	关于支持旅游业发展用地政策的意见	在支持自驾车、房车营地旅游发展建设的用地政策方面提出了诸多利好

续表

时间	部委	政策文件	相关要点
2016.11.8	国家旅游局、发改委、工信部等十部委	关于促进自驾车旅居车旅游发展的若干意见	到 2020 年，重点建成一批公共服务完善的自驾车旅居旅游目的地，推出一批精品自驾车旅居车旅游线路，建成各类自驾车旅居车营地 2000 个
2017.2.3	国务院	“十三五”现代综合交通运输体系发展规划	积极引导交通运输新消费，大力发展自驾车、房车营地，配套建设生活服务功能区
2018.12.4	文化和旅游部	关于提升假日及高峰期旅游供给品质的指导意见	加大乡村民宿、自驾车房车营地、一日游等产品建设，着力开发自驾车房车游等旅游新业态
2019.6.6	国家发改委、生态环境部、商务部	推动重点消费品更新升级 畅通资源循环利用实施方案（2019～2020 年）	积极探索住行一体化消费模式，统筹规划建设旅居车停车设施和营地，完善配套水电、通信等设施，促进旅居车市场发展
2019.8.23	国务院办公厅	关于进一步激发文化和旅游消费潜力的意见	着力开发商务会展旅游、海洋海岛旅游、自驾车旅居车旅游、体育旅游、森林旅游、康养旅游等产品
2021.4.29	文化和旅游部	“十四五”文化和旅游发展规划	完善自驾游服务体系，推动自驾车旅居车营地和线路建设，依托铁路、邮轮、房车营地及自驾游等产品和线路，推动形成多程联运的一体化格局

（2）多地谋划推进房车发展

地方各级政府高度重视房车产业，紧随国家政策的步伐，根据实地情况，纷纷将房车旅游纳入发展规划，提出了适合各地房车旅游发展的细化政策，促进房车旅游行业规范化发展。部分地区制定专项的房车旅游发展规划，为当地房车旅游产业发展指明方向、提出目标任务，有力地推动了各地房车旅游产业发展。

上海市提出加快旅行房车制造业发展，打造闵行房车旅行车制造基地，建设若干个旅游综合服务中心，部分具有房车营地功能；福建省、浙江省都将房车露营地列为旅游业重点打造项目之一；江苏省也明确加大对房车等旅游装备企业的扶持力度。

表 3-2 地方发布的房车相关政策

地区	政策	核心要点
上海	上海市“十四五”时期深化世界著名旅游城市建设规划	推出长三角高铁旅游、内河旅游、房车（自驾车）旅游等产品
贵州	交通与旅游融合发展试点工作2020	通过1～2年时间，构建高速公路为主的驿站服务型房车营地示范点；力争通过3～5年时间，构建山地房车旅游产业平台、营地体系、旅游路线等
云南	“十四五”现代服务业发展规划	推动一批高等级自驾车旅居车营地建设
新疆	自治区综合交通（公路）发展战略（2018～2030）	健全交通服务设施旅游服务功能。加强旅游交通服务设施改造，增设道路观景台、临时停车带、旅游宣传中心、停车场、自驾车房车营地等服务设施
山东省	省十四五规划	扩大游艇、房车、医疗旅游等高端消费； 济南推出自驾体验游、房车露营等新模式
浙江省	综合交通运输发展“十四五”规划	促进交通与旅游业融合发展，发展房车旅游、自驾游、游艇等服务产品
	旅游业发展“十四五”规划	建设布局合理、公共服务完善的自驾车旅居车旅游目的地200个，其中：创建国家级自驾车旅游目的地3～5个、省级自驾车旅游目的地10～15个，建成自驾车、旅居车营地50个以上、旅游驿站1000家（个）以上，创建高质量、结构合理的5C、4C、3C自驾车旅居车营地；研究完善旅居车政策制度；鼓励发展自驾车旅居车租赁产业
河南	旅游产业转型升级行动方案2018	支持自驾车租赁企业品牌化、网络化发展。鼓励宇通客车等企业自主研发生产旅居车装备
天津	促进旅游业发展行动计划2019	支持体育研学游、中医药养生游、房车露营游等中高端业态；鼓励社会资本参与建设游艇码头、自驾车（房车）营地等项目；自驾车（房车）营地达到三星级及以上标准的，按项目建设经费的30%给予一次性补助，单个项目最高不超过400万元
	完善本市促进消费体制机制进一步激发居民消费潜力实施方案	推进自驾车、房车露营地建设

（3）相关标准出台并规范化

随着我国房车产业的快速发展，关于房车类型、牌照、驾照、制造改装、营地建设及服务规范等国家或行业标准正在逐步出台或完善，但与欧美发达国家相比较，我国尚未形成系统完善、内容全面的房车产业标准体系。目前，国内涉及房车相关标准的有 3 个单位，全国汽车标准化委员会整车分技术委员会（TC114/SC19）、全国汽车标准化委员会专用汽车分技术委员会（TC114/SC7）、全国汽车标准化委员会挂车分技术委员会（TC114/SC13），分别负责房车基础通用类标准、自行式房车标准和拖挂式房车标准。

表 3-3　房车国家标准

标准名称	标准编号	发布 / 批准日期	实施日期
休闲露营地建设与服务规范第 1 部分：导则	GB/T 31710.1—2015	2015-10-13	2016-05-01
休闲露营地建设与服务规范第 2 部分：自驾车露营地	GB/T 31710.2—2015	2015-06-02	2016-01-01
休闲露营地建设与服务规范第 3 部分：帐篷露营地	GB/T 31710.3—2015	2015-10-13	2016-05-01
休闲露营地建设与服务规范第 4 部分：青少年营地	GB/T 31710.4—2015	2015-10-13	2016-05-01
汽车和挂车类型的术语和定义	GB/T 3730.1—2001		
旅居车辆术语及其定义	GB/T 22550—2008	2008-11-28	2009-06-01
旅居车辆旅居挂车居住要求	GB/T 22551—2008	2008-11-28	2009-06-01
旅居挂车质量和尺寸术语及其定义	GB/T 22552—2008	2008-11-28	2009-06-01
道路车辆旅居挂车和轻型挂车的连接球尺寸	GB/T 25980—2010		
道路车辆牵引旅居挂车或轻型挂车的牵引连续装置机械强度试验	GB/T 25988—2010		
旅居挂车技术要求	GB/T 36121—2018	2018-05-14	2018-12-01

表 3-4 房车营地行业标准

标准名称	标准编号	行业	发布 / 批准日期	实施日期
自驾游管理服务规范	LB/T 044—2015	文旅	2015-07-27	2015-11-01
自驾游目的地基础设施与公共服务指南	LB/T 061—2017	文旅	2017-05-22	2017-11-01
自驾车旅居车营地质量等级划分	LB/T 078—2019	文旅	2019-09-04	2019-09-04
自驾游目的地等级划分	LB/T 077—2019	文旅	2019-09-04	2019-09-04
汽车自驾运动营地建设要求与开放条件	TY/T 4001.1—2018	体育	2018-10-26	2019-01-01
汽车自驾运动营地服务管理要求	TY/T 4001.2—2018	体育	2018-10-26	2019-01-01
汽车自驾运动营地星级划分与评定	TY/T 4001.3—2018	体育	2018-10-26	2019-01-01
生态露营地建设与管理规范	LY/T 2791—2017	林业	2017-06-05	2017-09-01
旅居车	QC/T 776—2017	汽车	2017-01-09	2017-07-01

3.4 房车产业未来可期

3.4.1 爆发期阶段特征

美国房车产业从 20 世纪 20 年代开始，经历了探索萌芽期、市场启动期、高速爆发期和应用成熟期。在探索萌芽期，国家公园体系逐步发展和成长，房和车开始结合，露营俱乐部开始出现，城市和乡村露营逐渐流行；在市场启动期，涌现大量的拖挂车制造商以及车身制造商、零配件供应商和分销商，开始建立全国和地方的制造商协会，举办房车零售展会，许多运动和休闲俱乐部开始联合组建大型露营协会和联合体；在高速爆发期，大量知名房车企业开始成立，车型种类增加，房车制造技术和生产工艺发展突飞猛进，房车出游普及开始，公共露营地蜂拥发展，经营性露营地快速崛起；在应用成熟期，州际公路蓬勃发展，刺激房车旅行出现第二次热潮，房车设施更加齐全和舒适，房车工业协会等行业组织成立，房车旅游进入产业化时期。

从美国房车产业的发展历史看，技术基础、工业支撑、生活方式、消费理念的转变，将带动房车市场由小变大、房车产业由弱变强。我国即将进入工业化和城镇化的后期阶段，居民的可支配收入和消费意愿不断提高，以高速公路为主体的全国交通网络体系不断完善，旅游经济、休闲经济、体验经济成为全新的消费增长点。2020 年中国城镇化率 63.89%、人均 GDP 10503 美元、公路里程 519.81 万公里、小汽车保有量 2.81 亿辆，与美国房车产业高速爆发期特征比较契合，预期中国房车产业即将进入高速爆发期，房车时代即将到来。

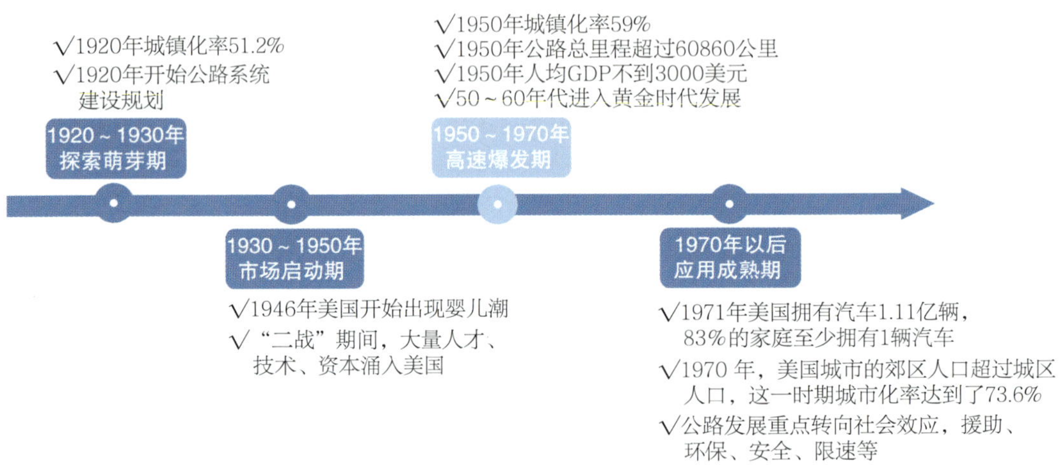

图 3-21　美国房车产业发展历程

3.4.2　市场空间预测

我们预测，到 2025 年，全球房车市场总销量可达 84 万辆，销量市场空间可达 300 亿美元，未来 5 年年复合增长率达 2.8%，直接带动的经济影响可达 1900 亿美元；到 2035 年，全球房车市场总销量可达 104 万辆，销量市场空间可达 370 亿美元。

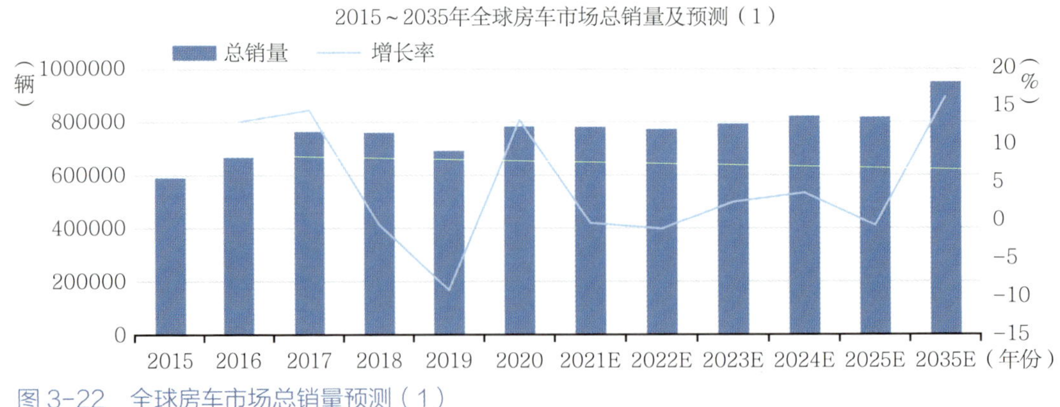

图 3-22　全球房车市场总销量预测（1）

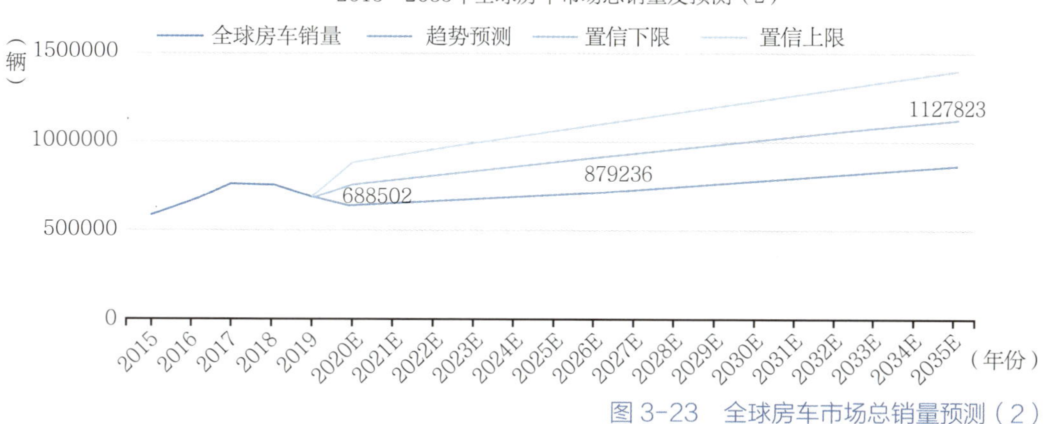

图 3-23　全球房车市场总销量预测（2）

我们预测，到 2025 年，中国泛房车市场总销量可达 15 万辆，销量市场空间可达 370 亿元，未来 5 年年复合增长率达 20.6%，直接带动经济影响可达 2300 亿元；到 2035 年，中国泛房车市场总销量可达 33 万辆，销售市场空间可达 800 亿元。

同时，房车行业内人士以及各种专业研究机构也对房车市场进行了预测，有的估计在未来几年中国房车市场将达到 30%～40% 的稳步增长，每年市场规模可以达到 20 万～30 万辆，有的预测房车市场未来几年可能达到年产销量 5 万～6 万辆的市场规模。

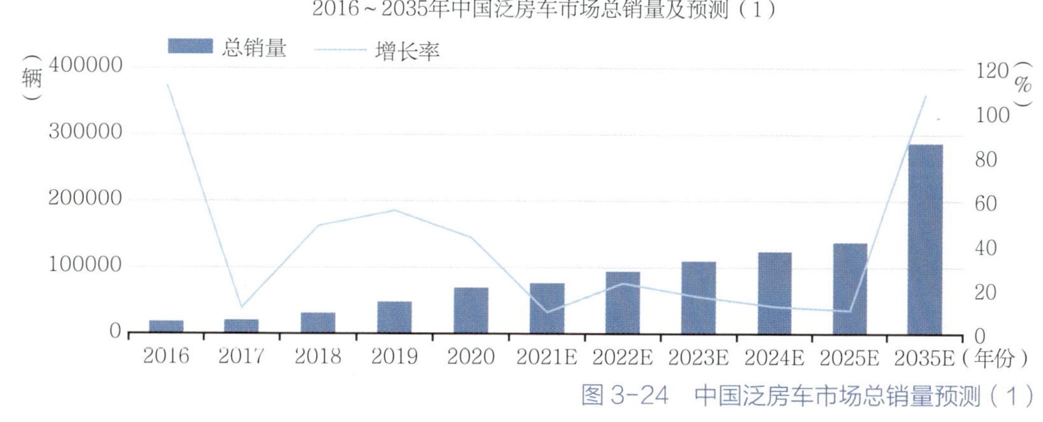

图 3-24　中国泛房车市场总销量预测（1）

图 3-25 中国泛房车市场总销量预测（2）

3.4.3 房车保有量预测

保守估计，预测到 2025 年，中国房车保有量较现在要翻一番，可达 42 万辆。到 2035 年，房车保有量可达 84 万辆。

改革开放以来，我国经济产业持续快速增长，已成为世界第二大经济体。纵观中国经济产业发展历程，经历了计划经济时代重工业优先发展，改革开放后三产服务业迅速发展壮大以及“非典”后电商产业崛起，大数据、人工智能、康养休闲等成为拉动经济增长的主动力和新引擎的经济结构提升过程。产业发展阶段较为明显，后疫情

图 3-26 中国房车保有量及预测（1）[①]

① 基础数据来源：21 世纪房车网。

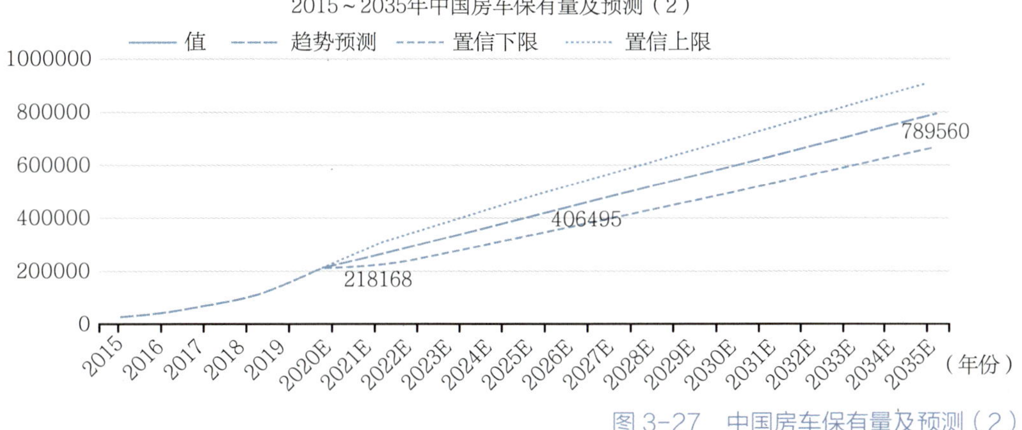

图 3-27　中国房车保有量及预测（2）

时代，房车旅行热度被激发出来，房车产业市场主体是否会大量涌现？房车产业是否会产生巨大的社会效益和经济效益？房车产业能否成为新一轮经济发展特色增长点？这些都是令人期待的！

中国房车新谋划

4.1 挖掘新价值

房车产业在汽车制造、全域旅游、乡村振兴、健康中国、生态文明等领域的新价值值得充分挖掘。通过创新产品供给、提升服务品质、拓展产业生态、完善配套设施，促进文旅、农旅、交旅融合、产业新旧动能转换，助力乡村振兴、生态文明等国家战略实现。

房车新价值

房车+ 汽车制造	房车+ 全域旅游	房车+ 乡村振兴	房车+ 健康中国	房车+ 生态文明

· 转型升级新方向 · 拓展汽车新生态	· 创新旅游产品供给 · 提升旅游服务品质 · 完善全域旅游配套	· 促进农旅融合发展 · 助力乡村文明建设 · 带动乡村设施建设	· 健康服务新载体 · 旅居养老新模式	· 低碳开发微干扰 · 保护与发展共赢

图 4-1 房车新价值图谱

4.1.1 房车与汽车制造

汽车制造业产业链较长且涉及多个重要行业，其发展程度可以作为衡量一个国家工业发展水平的重要指标。改革开放后，我国汽车产业发展迅速，已经形成了汽车产品品种日趋齐全、生产能力不断扩大、技术水平日益提高、营销网络不断完善、基本能满足国民经济建设和市场需求的比较完整的工业体系，逐渐成长为我国产业结构升级和经济持续增长的核心产业，在促进经济发展、增加就业、拉动内需等方面发挥着重要作用。

我国汽车产业发展的规模水平较高，2000 年之后产销量基本达到年均近 30% 的高增长率，然而到 2018 年产销量均出现下滑，并持续至今。汽车产业面临着市场空间下行、产能过剩、需求下降的问题，同时还存在着关键核心技术掌握不足、创新体系仍需完善、国际品牌建设滞缓、汽车保有量较大等实际情况带来的资源、环境、能源等问题。面对经济发展形势的深刻变化，加快汽车产业经济结构战略性推进调整成为必然。

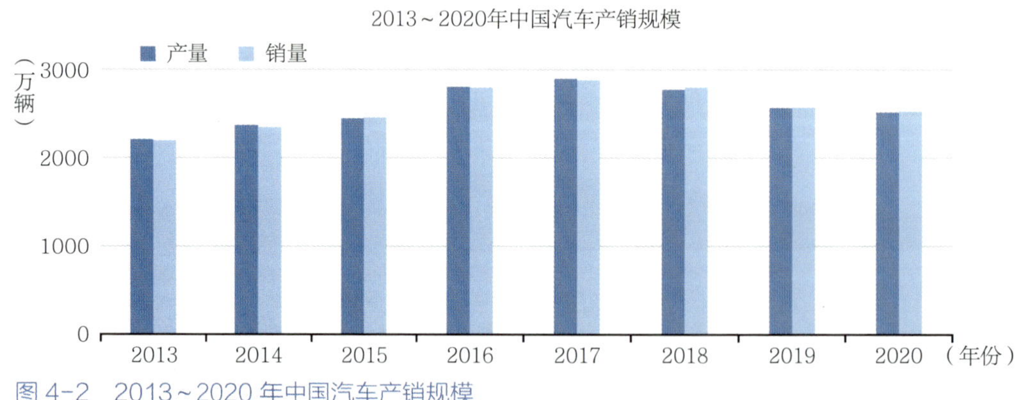

图 4-2　2013～2020 年中国汽车产销规模

（1）转型升级新方向

未来汽车产业将着力提高自主创新能力，推动产业结构调整，产品发展向商务车、乘用车并重的方向发展，向低附加值、中附加值、高附加值并重的方向转变，满足多层次汽车消费的需求。作为汽车领域的又一细分市场，房车产业通过丰富的产品类型满足不同客户群体需求，必将对汽车产业结构升级起到重要作用，将是中国汽车产业扩容增级的出路行业，将成为汽车产能转化、提升自身竞争力的方向和载体之一。

（2）拓展汽车新生态

我国汽车产业呈现出以新能源汽车与智能网联汽车为重点的政策形势，新能源汽车在一定程度上对汽车发展的能源供给问题提出解决方案，而智能网联汽车则是围绕提升交通安全与效率提出新的解决方案。新能源汽车市场发展为房车露营旅游发展提供了新机遇，新能源汽车部分充电桩及场地可用于房车用电及停靠，为房车内各项设备提供稳定持续的电力，提升用户对房车的使用体验度，非常有利于房车市场的发展。工业 4.0、智能制造成为新一轮工业发展的主战略，互联网思维正在重构传统的汽车生产、销售、租赁等行业，对汽车的消费更注重体验感、个性化，集高端制造、新型消费于一体的房车将成为落实汽车智能制造、互联网 + 模式的重要载体，影响着汽车行业新生态的塑造。

4.1.2 房车与全域旅游

2015 年全域旅游概念第一次被提出，2017 年国务院《政府工作报告》中提出发展全域旅游，2018 年国务院办公厅发布了《关于促进全域旅游发展的指导意见》，标志着全域旅游正式上升为国家战略，全域旅游到了全面实施阶段。2019 年国务院《政府工作报告》中再次提出发展全域旅游，壮大旅游产业。全域旅游是大众旅游时代我国旅游业转型升级的重要战略选择和旅游业发展战略的一次新提升。

全域旅游具有全局性、空间性、带动性、整合性、共享性等特征，通过对区域内旅游资源、相关产业、生态环境、公共服务、体制机制等进行全方位、系统化的优化提升，实现区域资源的有机整合和产业的融合发展。全域旅游追求旅游质量的提升，追求旅游对人们生活品质的提升，与房车旅游追求个性化、特色化、定制化满足人们旅游体验升级的特点不谋而合，同时具有显著流动性特征的房车旅游还可以促进全域旅游的扩展和延伸。

（1）创新旅游产品供给

房车旅游的发展是大众旅游时代的客观要求，在大众旅游时代，旅游散客化和个性化的特征日益明显。房车旅游以房车为载体，以房车营地为目的地，形成一系列房车生活与休闲娱乐旅游活动，为人们出游度假提供了一种全新的选择和体验，改变传统旅游消费模式，打造新型旅游产业形态，满足广大旅游者个性化旅游休闲需求。房车旅游通过联动区域特色资源要素，健全景点观光、文化体验、休闲度假、康体养生等旅游产品结构，创新特色乡村游、工业旅游、研学旅游、养生基地、户外运动基地等全域旅游产品，满足游客多样化的市场需求，促进景点旅游向全域目的地旅游的转变。

（2）提升旅游服务品质

房车旅游通过整合联动区域旅游资源，可以促进全域旅游质量得到提升、范围不断延伸。通过房车营地服务模块多元化的发展，丰富产业要素，提升要素配置，设置丰富的营地活动，促进全域旅游服务升级，打造旅游综合目的地，满足游客的全方位体验需求。同时可以利用房车旅游串联区域旅游资源，解决游客在景区内和景点间“行、停、休、娱、购”等问题，打破景区界限，拓展旅游空间，新增旅游服务项目，提高旅游服务质量，使旅游环境与社会公共环境共享共融，提升旅游环境的开放化，成为“景点旅游”向“全域旅游”转变的新动力，促进单一景点景区建设向综合目的地服务转变。

（3）完善全域旅游配套

房车营地是可以满足房车的补给及供人们休息休闲的场所。房车营地的智慧化运营平台、综合服务中心、旅游咨询服务点、房车维修保养中心、房车补给中心、停车场、旅游厕所等服务体系可以完善全域旅游能源通信、智慧化设施、环保环卫、娱乐环境设施等基础配套设施，从更宽广的领域支撑全域旅游发展条件。同时围绕区域道路交通网络，构建网络化营地服务体系，把营地标识纳入全域旅游公共交通标识体系，打造全域旅游流动风景线，完善全域旅游道路交通设施。

4.1.3 房车与乡村振兴

2017 年习近平总书记在党的十九大报告中首次提出乡村振兴战略，2018 年中共中央国务院印发《乡村振兴战略规划（2018～2022 年）》，2019 年自然资源部办公厅发布《关于加强村庄规划促进乡村振兴的通知》，2021 年中共中央国务院发布《关于全面推进乡村振兴加快农业农村现代化的意见》，同时《乡村振兴促进法》于 2021 年 6 月 1 日正式生效。

乡村振兴是包括产业振兴、人才振兴、文化振兴、生态振兴、组织振兴的全面振兴，总体要求是产业兴旺、生态宜居、乡风文明、治理有效、生活富裕，以提升人居环境、基础设施和公共服务质量为价值取向。乡村振兴的关键是产业振兴，促进农业产业链条延伸以及农业与工业、现代物流、文化创意、旅游观光、电商的深度融合，实现工业品下乡、农产品进城。乡村振兴重点建设美丽乡村和文明乡村，改善乡村生态环境，传承农业文化，满足农民群众对美好生活向往的需求和多层次的精神文化产品需求。乡村是房车游客进行全生态旅游活动和特色文化体验的最佳目的地，而通过房车旅游打造复合营地，聚集人流、拉动消费，还可以促进乡村旅游和农业发展、推进乡村文明建设、完善乡村基础设施建设。

（1）促进农旅融合发展

国家鼓励发展休闲农业和乡村旅游，要求依据各地具体条件开发休闲农庄、特色民宿、自驾露营、户外运动等乡村休闲度假产品。房车露营和乡村旅游结合有利于盘活乡村存量资源，可以利用农村闲置房屋、集体建设用地、“四荒地”、可用林场和水面等乡村休闲空闲场地建立具有休闲娱乐、农事活动、科学教育、民俗体验等功能的房车营地，增添乡村的特色住宿、露营、娱乐、文化体验功能，融合农文教旅，开辟新的乡村特色旅游发展途径。通过赋能特色农庄、乡村景点，增加市场吸引力，同时，建设房车营地吸引人流，把具有消费能力和需求旺盛的城市居民吸引到农村，为农业发展、农产品的销售搭建大平台，刺激农村的消费市场。

（2）助力乡村文明建设

充分挖掘当地历史文化、民俗风情，释放广大乡村的特色文化资源优势，建设融合当地文化元素的房车营地，在房车外观、材料，室内装饰和餐饮休闲体验项目上体现乡村文化特色。将房车营地与特色民俗村联合营销，开发乡村特色文化，激活乡村文化消费市场，在一定程度上可以促进乡村文化的振兴，增加文化自信心，形成具有乡村特色文化的旅游精品，进一步保护和利用乡村传统文化，促进乡村文化兴盛。

（3）带动乡村设施建设

房车营地的发展可以带来大量的资本，资本的投入又可以带动周边基础设施的完善，改善农村人居环境，助力生态宜居美丽乡村的建设。房车营地建设涉及停车场、电力、上下水、游步道、标识系统等基础配套设施，可以满足乡村旅游发展的需求。

房车营地深入开发不但能够促进乡村环卫、垃圾桶、废弃物及污水处理工程的建设和规划布局更加合理，同时可以加快农村基站等新型基础设施的建设，使得手机网络、数据漫游、宽带等现代化、智能化通信工具更便捷。

4.1.4 房车与健康中国

美国著名经济学家保罗在《财富第五波》一书中曾预言，健康产业将成为继 IT 产业之后的全球“第五波财富”，掀起了各国发展大健康产业的热潮。随着中国经济实力和人民生活水平显著提升，我国也越来越重视健康产业的发展，2016 年中共中央、国务院印发《“健康中国 2030”规划纲要》，2017 年党的十九大报告将实施健康中国战略纳入国家发展的基本方略，2020 年国家十四五规划再次提出全面推进健康中国国家战略。

大健康产业涉及医药食品、医疗保健、养老养生等多个领域，具有市场前景广、增长速度快、产业规模大、服务链长等特点。在政策、技术和市场的推动下，大健康产业未来有望成为我国经济发展的支柱产业之一，2030 年我国大健康产业的市场规模将达到 16 万亿元[①]。作为新兴旅游业态的房车旅游可以满足人们对健康休闲、度假旅游的个性化、特色化要求，扩大健康服务产品新供给、创新健康服务尤其是旅居养老新模式，提供健康生活解决方案。

（1）健康服务新载体

随着我国经济的发展、人们生活水平的提高和思想观念的转变，对健康生活质量的消费需求也日益增长，促进针对老年人、亚健康人群和追求生活品质人群的健康服务市场的需求也日益旺盛。以房车为载体的休闲旅游，推动健康产业与教育、体育、文化、旅游等产业融合发展，提供满足人们需求的健康养老、养生旅游、文娱休闲等服务，扩大生态健康服务市场产品的有效供给，改善健康服务体验，提升健康服务供给的品质和效率。

（2）旅居养老新模式

随着人口老龄化社会的到来，由于老年群体消费观念的变化，其需求也呈现出多层次和多元化发展态势，不再是简单地满足于最基本的物质生活需求，而是追求更高

---

① 《“健康中国 2030”规划纲要》。

层次的旅游、休闲活动，使得旅居养老成为一种新型高品质养老方式和消费趋势。旅居养老者一般要求自然环境良好、生活节奏舒缓、生活成本相对较低。房车旅游作为一种休闲旅游形式，结合了房、车、游，具有经济性、休闲性、自由性、生态性的特点，可以让老年群体在轻松、私密、和谐的环境中享受到旅居带来的快乐，从而达到心情愉悦，有效地契合了老年群体多元化物质和精神需求，满足其追求自然、闲适、康乐生活的需求，促进养老生活质量的提高。

4.1.5 房车与生态文明

生态文明建设是新时代中国特色社会主义的一个重要特征。党的十八大首次把生态文明建设作为中国特色社会主义"五位一体"总体布局的重要内容，提出一系列新理念、新战略，推动生态环境保护发生根本变化。党的十九大提出要坚持人与自然和谐共生，树立和践行"绿水青山就是金山银山"的理念，明确指出建设生态文明是中华民族永续发展的千年大计。党的十九届五中全会将"生态文明建设实现新进步"作为"十四五"时期经济社会发展主要目标之一。

生态文明强调尊重自然、顺应自然、保护自然，倡导简约适度、绿色低碳、循环、可持续的生产生活方式。露营行业发展的本质是尊重自然原貌，无须或尽量减少过度开发，因此作为生态产业能耗低、排放少、环境友好的房车旅游具有低碳环保、绿色生态和可持续等特点，完全契合了生态文明的绿色发展理念。而且房车产业发展将通过与生态环境的协调、节约材料能源、有效保护利用大自然的生态环境等方面不断促进生态文明建设。

（1）低碳开发微干扰

房车营地选址一般是位于良好的生态环境中，选择在远离城市、风景秀美、贴近大自然的区域，如海滨、湖畔、森林、草原、山地等自然生态优良的场所，便于游客达到释放压力、放松心情、亲近自然、返璞归真的旅游目的。房车营地属于低开发强度的生态旅游类项目，土地开发强度远低于民宿酒店和度假村等旅游项目，不依赖房屋、旅社等人工设施，避免了在生态区域内大兴土木造旅馆、饭店，硬质化配套设施很少，而且土地还可以再生利用，大大节省了土地资源。由于没有永久性建筑物，房车营地还可以节约建筑材料和能源，最大限度地保持原有自然景观，保护当地生态平衡，既提高土地利用率，又可减少对环境的破坏和压力，具有土地集约利用和生态发展的双重优势。而房车住宿单元轻量化、可移动的特质，也在环境保护上起到重要作用。

（2）保护与发展共赢

依托区域良好的自然生态环境和独特的人文生态系统发展房车旅游，通过采取生态友好方式，开展生态休闲体验、生态文化教育和生态认知等房车旅游活动，引导简约适度的生活方式和消费理念，形成绿色生活方式，创新打造生态旅游新模式，塑造特色生态旅游品牌，促进生态旅游的催化集成，提升旅游环境质量，形成以保护促旅游、以旅游促发展、以发展促保护的发展格局，促进生态可持续发展和人与自然的和谐发展，实现生产系统、生活系统、生态系统之间的良性循环。

4.2 谋划三要素

在消费驱动经济、城镇化高质量发展、第四次工业革命、新旧动能转换的大背景下，结合全域旅游、乡村振兴、健康中国和生态文明等战略要求，笔者着眼于房车产业发展前景，立足于推广房车文化，引导房车消费，提出构建“房车 + 营地 + 运营”相互协同发展的房车产业新格局，建立中国房车产业发展新模式，加快中国房车产业发展。

图 4-3　房车产业三要素

4.2.1 三要素——房车

房车是房车产业发展的核心主体，融合房车技术研发、创意设计、房车零部件生产、房车整车制造组装、房车销售及房车托管、房车租赁、房车维修保养等房车后市场服务产业链环节。房车不仅为装备制造业自主创新提供重要载体，还能为休闲旅游提供新工具，有效提升旅游业能级，同时也将有效带动汽车行业、户外露营装备以及特色农产品的销售等关联产业的发展，更大范围内推动先进制造业与现代服务业的联动发展。

图 4-4　不同类型房车

（1）房车为休闲旅游提供新交通工具

房车旅游是一种以房车为载体的新型旅游方式，将旅游和生活完全结合起来，作为一种时尚的交通新工具，房车无疑将为日益增长的个性化、多样化休闲旅游消费需求提供新的选择和补充，满足不同家庭的各种出游需求。相对于乘坐汽车、火车、飞机等传统的交通工具出行，房车旅行可以节约很大一部分开支，如住宿、交通费用等。随着房车的科技含量越来越高，内部装备越来越完善，燃油经济性越来越高，房车必将成为一种非常经济实惠的旅行方式。

（2）房车丰富营地住宿设施、提升营地体验

营地不仅是为露营旅游者提供服务的场所，更是独立成为露营休闲爱好者的旅游目的地。房车依托道路系统和营地系统，实现外部环境的不停变换以达到特殊体验。营地房车可以促进营地形成特色多样的住宿形式，满足消费者的多种个性化需求，进一步完善营地餐饮、住宿等服务设施，满足营地体验者对新的住宿方式和环境的新鲜感，享受房车生活，提升露营爱好者的游玩和住宿体验。

（3）房车后市场服务的完善提升运营效率

房车后市场服务指房车销售以后，围绕房车使用过程中的各种服务，涉及房车租赁、二手房车交易、房车维修保养、房车美容改装、房车产品宣传、零部件采购、房车金融保险服务等环节，已成为整个房车市场的有机组成部分和房车企业布局的重要方向。不断完善房车后市场服务，可以满足消费者对于房车出行的全方位需求，使房车用户对房车品牌产生信任和依赖，享受到更方便、快捷的贴心优质服务和舒适、美好、个性化的房车生活。可以在房车消费者用车、修车、租车、卖车等多场景提高房车的柔性服务和用户体验，提升房车行业整体运营效率。

（4）房车智造 4.0 增强房车竞争优势

房车智造 4.0 强化智能化技术在房车研发设计、生产制造、仓储物流、经营管理、售后服务等关键环节的深度应用。突出科技创新引领作用，提升房车创意设计和研发能力，积极探求房车家具、电器等房车配套产品的环保新材料和新能源技术应用。应用互联网、大数据、人工智能等多种变革性技术，打造房车智造技术研发平台和工业互联网平台，建设设计、制造、服务一体化示范平台，推动房车智造集群化、集群基地化、产教融合化发展，推进房车产业基础高级化、产业链现代化，增强房车竞争优势。

4.2.2 三要素——营地

营地源于露营活动，在国外一直是大众最热爱的户外活动。而在中国，露营活动还处于萌芽期，尤其是对于生活在都市里的人们来说，露营生活还是高品质、小众生活的代表。中国的营地从最简单的停车功能，到补给、维修等服务都需要进一步完善，未来将融合度假村形态的精致业态，为都市、乡村的露营生活提供丰富的娱乐活动，

图 4-5 营地风光

营地在中国将拥有更丰富的内涵，实现更充分的发展。

（1）营地为房车和户外产业提供最佳应用场景

人们虽然向往露营生活，但真正去露营，则需要做好选择露营装备、露营地点、掌握安全技能等多方面的准备工作。面对像帐篷、防潮垫、地席、头灯、营地灯、炉具、锅具等诸多露营装备时，人们已眼花缭乱，更不要说来一场说走就走的房车旅行了。而大量营地设施建设、营地网络的完善，让这一切都变得简单起来。

营地为房车提供停靠、补给、维修等服务，使房车露营更舒适、更便利，人们可以更轻松地走进房车、了解房车、体验房车生活，同时也带动了相关房车设备、配套产品和户外产品的发展。

（2）营地为地方特色经济提供零售新平台

营地有别于农家院、度假村、酒店等传统旅游度假场所，最主要的是拥有独特的生活体验，包括在自然的环境里，和家人朋友一起洗漱起居、厨艺比拼、徒步游戏等。既是旅行，又是生活，既需要生活中的油盐酱醋茶，又希望能有特色的产品品尝或体验，这都为当地的特色产品找到了最佳的展示舞台。展示的产品可以是乡村农副产品和日常消费品，也可以是品牌 IP 等文化衍生品，借助营地的窗口，可以很好地展示、体验、售卖地方特色产品，更好地塑造宣传地方特色品牌，使营地成为当地展示特色经济的窗口，成为城市或者区域的会客厅。

（3）营地丰富文旅消费的新业态

营地发展得益于人民生活水平、消费需求的快速提升，营地将成为我国文旅行业发展的新业态和新增长点。尤其是疫情之后，人们更加青睐自然与健康生活，选择自驾游出游的人数猛增。今天的营地在主题营造、氛围布置、娱乐活动等方面都有了丰富的产品，形成了独特的文旅新体验，吸引了更多人参与。营地生活的传播也在抖音、快手、小红书等短视频媒体中大放异彩，掀起了营地体验、文旅消费的新高潮。

（4）营地 4.0 的进阶

从简易的停车场到丰富娱乐活动的度假生活营地，中国的营地不断进阶，可以概括为停车场型、服务区型、度假村型和未来聚落型（营地 4.0）。我们认为，营地 4.0 最大的差异是与地方经济联系更加紧密，经营贡献上不仅在营位、餐饮、活动等有传统消费，更重要的是增加地方特色产品、户外用品、房车展销等多方面的消费，通过硬件提升和软件升级，打造“人＋车＋场＋物”的集合体，促进地方特色产业发展。

营地 4.0 有驿站、露营地、房车小镇三种形态，以及与国家公园体系、道路交通体系、城镇体系融合的三种网络布局。构建特色化、智慧化、网络化、精细化、生态化的营地新空间。

4.2.3 三要素——运营

房车产业要发展，运营是关键。国内房车产业的发展方兴未艾，但房车运营一直缺乏章法，与国外还有很大的差距。房车运营是能够打通房车产业与上下游产业的链条和通道，构筑房车产业关联产业的网络，串联以房车为中心，包含智能制造、工业互联网、营地联盟的有机系统，形成房车人流、物流、信息流、资金流、资产流、资本流全要素有序流动的生态闭环。

房车运营需要创造一个全新的房车运营主体——“房车银行”运营平台，“房车银行”作为房车运营的主体，也是创新房车运营方式的核心。“房车银行”集房车车辆、房车金融、营地运营服务于一体，解决房车购车及消费、房车后市场服务等房车运营体系中的难点和痛点，为房车产业发展提供系统解决方案。“房车银行”三大服务内容既有内生的紧密联系，又有外在的协同关系，开创房车运营的全新局面。

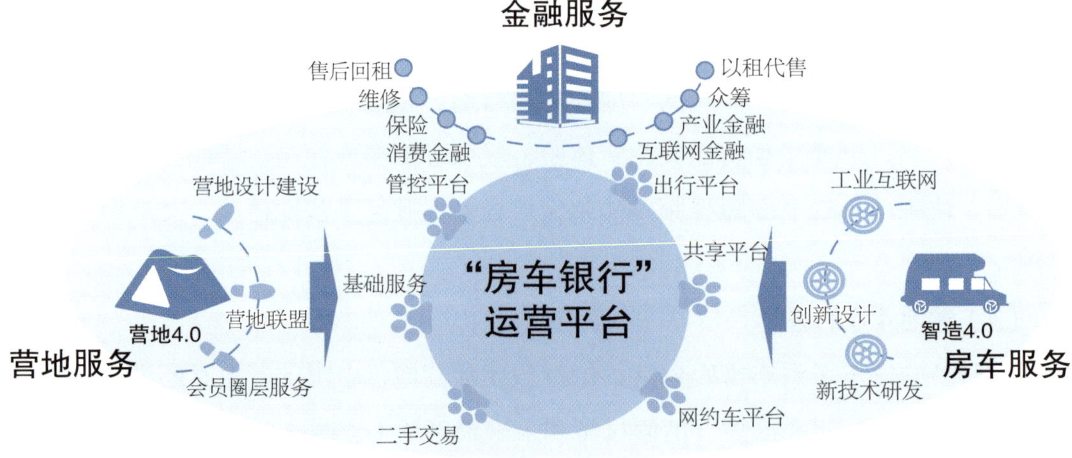

图 4-6 房车产业运营示意图

（1）运营引导房车发展

房车运营设立全新的房车销售及服务体系，横跨不同房车厂商和车型的房车线下4S店，完善房车服务结构，改变现有散而小的销售及配套体系，形成房车产业服务网络，为房车客户提供保姆式一站化的配套方案。同时，房车运营还可以降低房车使用门槛，提升房车客户体验，促进房车主机厂、改装厂、房车客户的信息交流机制完善，形成供需结合的房车生产应用体系。

（2）运营促进营地发展

联合各大营地运营组织，构建房车营地联盟，从区域化网络到全国化营地再到全球化网络，将房车营地从分散化到联盟化发展，以标准化建设、标准化服务、标准化推广，提升营地品牌形象。借鉴国外先进经验，建立营地的会员化组织，将房车客户引导到房车营地联盟。以房车营地为基底形成房车爱好者的独特圈层，打造都市房车客户及爱好者的社群组织，通过房车营地系统，打造房车产业的消费闭环，破解房车产业发展及房车营地脱节的困境，打造营地的复合消费场景，提升营地收入，推动房车产业和营地联盟双赢局面的形成。

（3）运营提升房车金融

房车金融发展落后于汽车金融发展。“房车银行”通过引导各类金融机构参与房车产业发展，完善面向消费者的消费汽车金融，创立服务房车生产及销售的房车产业金融，以金融的力量撬动房车产业发展潜力。房车消费金融通过消费贷、装修贷、融资租赁等金融方式，降低房车客户购车、买车、用车门槛。房车产业金融以库存车融资、二手车交易、供应链金融等方式，降低房车生产商和销售商的资金压力，提升资金周转率，改善金融对房车产业的限制。创新房车金融产品，引导各类爱好者，个人投资者、机构投资者参与房车金融发展，间接带动房车产业发展，促使房车产业和房车金融的双赢。

（4）运营引领房车产业未来发展

房车运营将联合工业互联网，打造智能房车，建设房车智能管理平台和房车出行线上预订系统，让新能源房车、自动驾驶房车变为可能；同时打造房车的智慧出行系统，实现房车约车、房车租车、共享房车等多种房车共享方式，让房车旅游体验从困难变为简单，使各种新兴的房车使用方式普及，让普通客户及爱好者对房车也唾手可得；

另外，房车运营将接轨国际，将国际上的房车先进产业发展经验、先进制造技术、先进的运营理念引入国内市场，提升国内房车产业发展层级，助力房车在未来大放异彩。

4.3 拓展新空间

4.3.1 拓展生产制造业

房车产业带动面广。房车营地服务设施和周边基础设施建设可以带动相关的住宿、餐饮、休闲娱乐、购物等产业发展；房车零配件生产、整车制造组装、改装、维修保养还可以带动相关户外用品、智能化设备、美容装饰等产品的生产制造。

户外用品生产制造。房车产业的发展将推动户外用品的蓬勃发展，户外用品和房车结合紧密，主要保障吃和玩的舒适性，考虑到房车空间小的原因，房车户外用品未来的发展趋势还是要考虑便携性、可长时间存储、适应野外环境等多种因素。例如，烧烤炉设计为可折叠式少占空间、食材密封包装可长时间存储、折叠座椅可以变形为桌子或者垂钓用渔具等。户外用品产业未来需通过价值链管理继续保持价格优势，不断增强制造企业研发设计能力，同时推动品牌建设，强化标准建设，严格控制产品质量，采用网络营销和房车俱乐部等宣传推广策略。

表 4-1　房车相关户外用品

房车户外用品分类	内容
洗护用品	牙膏、牙刷、洗面奶、洗发水、沐浴露、梳子、电吹风、毛巾、浴巾、拖鞋等
户外活动	帐篷、防潮垫、照相机、羽毛球、钓鱼竿、折叠座椅、手套等
食材类	烧烤炉、炭火、调味品、筷子、休闲零食等
医疗应急	药品、驱蚊水、充电宝、创可贴、刀具等

智能化设备生产制造。房车将带动智能化设备与系统的市场需求，包括车载信息娱乐产品、智能安全与辅助驾驶系统、车联网与无人驾驶技术系统等。北斗导航、移动互联网等车载移动信息与娱乐交互系统的应用，能够提供游客更舒适、及时、便捷、

安全的出行体验。智能安全与辅助驾驶系统通过自适应巡航系统、车道偏离警告、预测性紧急制动、夜视辅助系统、自动出库待命以及自动泊车等电子化、数字化系统来实现对房车更好的控制，最终实现房车无人驾驶。这三大领域在国内还处于发展的前期，需提前布局，并与汽车、通信、电子信息等行业进行密切合作。

美容装饰产品生产制造。房车产业的美容装饰产品和汽车产业可以共用，在产品消费场景层面，也没有太大差异。房车市场可以扩大美容装饰产品的应用空间，而且由于房车行业更多涉及精细化学品行业，所以企业品牌化和产品绿色环保化是发展方向。

表 4-2　房车相关户外用品

房车美容装饰用品分类	内容
美容洗车产品	洗车液、水蜡、洗车香波、预洗液、泥土松弛剂等
玻璃清洗与镀膜产品	玻璃水、视窗玻璃清洁剂、油膜清除剂、玻璃防雾剂等
轮胎清洁与护理	轮胎清洗剂、轮胎沥青清除剂、轮胎划痕修复剂、轮胎泥沙松弛剂等
发动机外部清洁与护理	发动机机舱清洗剂、发动机机舱油污清除剂、发动机机舱油污乳化剂、发动机机舱养护剂等
塑料件清洁与护理	塑料件清洁剂、塑料件上光剂、塑料件老化层去除剂等
漆面镀膜产品	抛光剂（粗、中、细）、还原剂、脱脂剂、油膜清除剂等
车内装饰清洁与护理	竹炭包、防雾剂、光触媒等
美容工具	洗车机、抛光剂、气泵、抛光盘、还原盘等
坐垫	亚麻、冰丝、竹片、玉珠、毛绒、皮革等

4.3.2　加快旅游产业融合

发展房车产业，对提升旅游市场的鲜活性、促进旅游产业与其他产业的交融性等方面都将发挥重要作用。随着房车旅游成本的不断降低，房车旅游会逐渐被大众所接受，成为主流的旅行方式之一。同时，房车旅游还可以承担教育、文化传播、婚庆、商务、会议等功能，成为一个具有强大包容能力的载体。

房车 + 文化 + 旅游。通过房车旅游深度体验当地特色文化，有利于保护传承传统文化、传播特色民俗。同时，充分利用当地生态人文资源和文化品牌禀赋，建设独具特色的房车营地，还可以拓展文化休闲产品，创新多元文化体验产品，提升休闲旅游产业品质，促进文化和旅游的深度融合。

房车 + 教育 + 旅游。以房车为载体发展房车研学旅行，可以优化旅游产品和服务供给，成为旅游业新的供给者。在房车营地，旅行者可以近距离接触大自然，激发学习热情、增强学习主动性，同时积极参与营地教育实践活动，进行体验式学习，还可以促进理论与实践相结合，推动教育与旅游产业的深度融合。

房车 + 交通 + 旅游。通过发展自驾车房车营地旅游，发挥露营地“基础设施网络支撑”作用，通过提供多样化服务满足多样化的消费需求，完善高速公路服务区等交通设施旅游服务功能，推动高速公路服务区向集交通、旅游、生态等服务于一体的复合型服务场所转型升级，深化交通运输与旅游融合发展。通过建设自驾车房车旅游营地，推广精品房车自驾游线路，完善房车自驾游配套设施，也可以促进交旅深度融合。

4.3.3 拓展多方服务场景

房车具有方便、快捷、舒适、自由等特点，以房车为移动载体，可以结合应急救援、医疗防疫、银行服务、图书借阅、市集休闲等功能，节省搭建场所的资金成本，打造多元化应用场景。未来，随着新业态、新模式的不断创新，房车还可能拓展更多的服务场景……

房车 + 应急救援、医疗防疫。新冠肺炎疫情以来，防疫工作人员奔赴一线阵地，这些地方既有人流量巨大的交通枢纽，也有生活设施相对落后的乡村路旁……在这个特殊时期，以房车为载体，提供移动健康监测及疫苗接种公益服务，在医护人员履行社会职责的同时，能够极大地改善人们对于医疗服务的舒适度体验。同时，对于存贮条件较为苛刻的疫苗、无菌拭子等医药用品也有更妥善的保护安置。同样，应对地震、水灾等自然灾害方面，房车也能提供便捷的遮风挡雨的临时住所、及时通信和医疗场地。

房车 + 银行。房车与银行服务的结合可以选择金融服务薄弱、辐射人口较多的空白乡镇或乡村，匹配专项资源，开辟绿色通道，压缩建设周期，延伸服务半径。依托房车银行流动网点的属性，在提供基础金融服务的同时，走村入户宣传国家及扶贫金融政策，调查用户金融需求，有针对性地制定差异化的金融服务方案和产品，提升贫困地区金融服务能力。

房车 + 图书馆、博物馆。房车图书馆被许多读者称为移动图书馆，可包含文学、科普、少儿、法律、技术等各类图书，配备借还书设备，为周边社区居民提供新书推荐、借还书等服务，房车开到哪儿，图书馆服务就“跟随”到哪儿，真正打通图书借阅的“最后一公里”，助力社区文化服务。房车博物馆以车辆为载体，利用馆藏文物资源，走基层、进军营、下社区、入学校，把博物馆办在群众家门口。

房车 + 集市。房车集市通常是旅游目的地举办的嘉年华活动的一部分，可以让来自四面八方的游客有机会集中体验当地的文化旅游资源和民族风情，以及农牧产品和文创产品，助力当地经济发展。

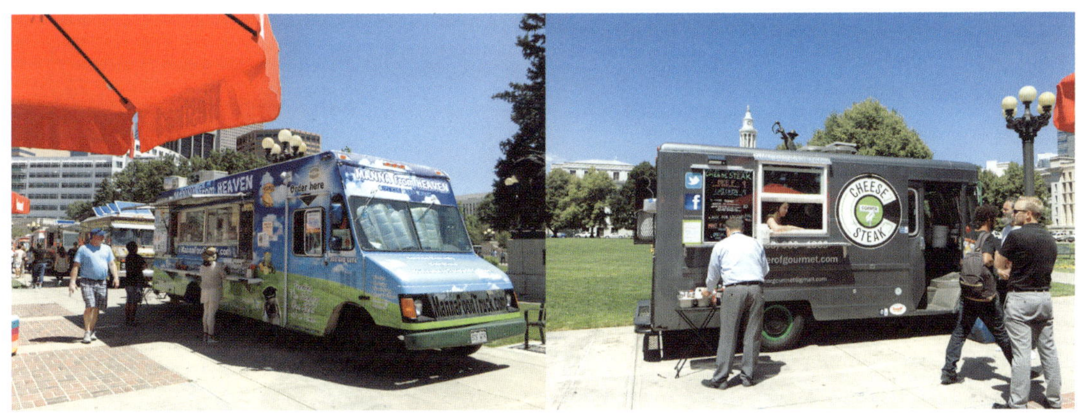

图 4-7　美国房车集市

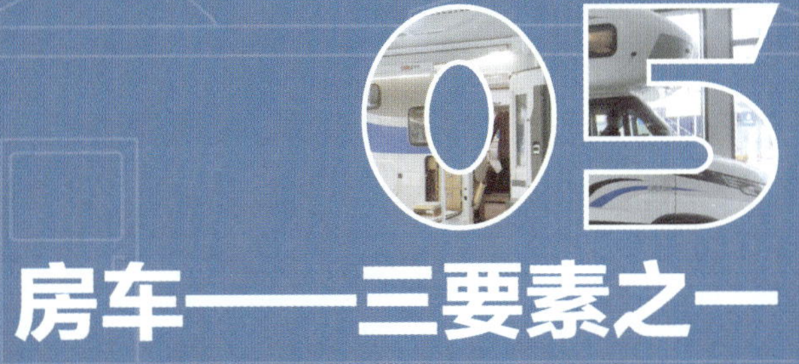

房车——三要素之一

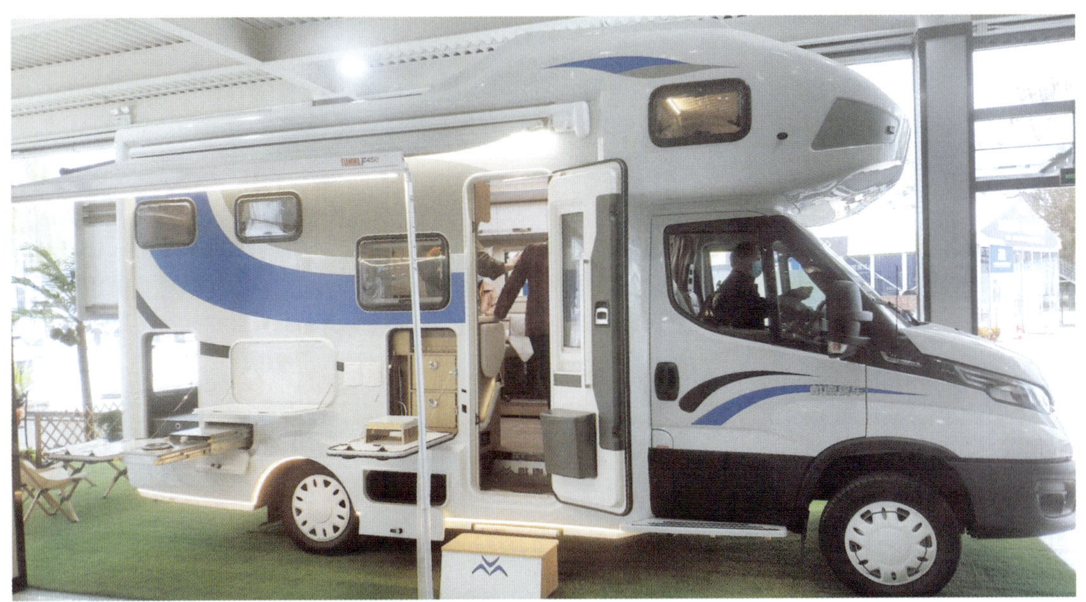

图 5-1　房车整车展示

5.1　房车产业链四大环节

房车产业链上游包括房车的研发设计及零部件的生产加工，中游包括房车整车组装生产制造，下游包括房车的经销以及后市场环节。其中，研发设计主要涉及房车的技术研发、工业设计、创意设计等，零部件生产涉及系统模块、功能模块、通用模块、驾控模块、选装模块五大零部件模块的生产，整车组装制造涉及各类自行式房车、拖挂式房车、移动别墅型房车的组装制造，经销及后市场服务主要涉及房车销售、租赁、维修、咨询、二手车交易等。

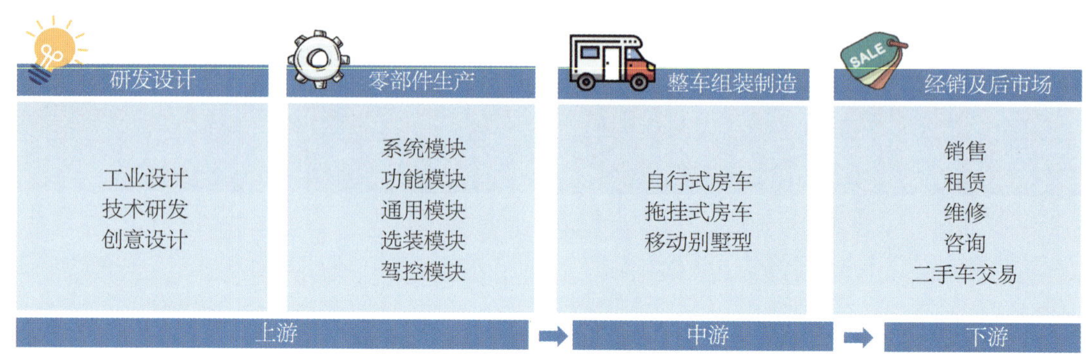

图 5-2　房车产业链

5.2　房车研发设计

房车的研发设计主要涉及关于房车车辆原理及关键技术研发、关于房车车体结构、外部造型、内部装修等内容的工业设计和创意设计。其中，房车技术研发包括汽车动力学、美学等原理研究和自动驾驶系统、毫米波雷达、驱动电机、电池、电控系统、IGBT 技术、汽车芯片等关键技术的研发。房车工业设计以工学、美学、经济学为基础对房车产品进行设计，主要包括房车产品概念设计、总布置设计、房车结构设计、底盘平台系统设计、车内水电暖系统设计等。房车创意设计主要包括房车外部造型设计、内部空间布局装修设计、车载产品设计等。

5.2.1　发展现状

（1）国外房车研发设计机构丰富

国外房车研发设计机构发展非常成熟，涉猎面广，专业化分工程度高，对行业的实质影响也更加深远，主要分为七个类型：

第一类，主流房车企业会提供模块化、因人而异的定制化设计，如 Forest River 会根据消费者的需求提供多种布局的房车平面设计图纸和可选装的模块。

第二类，类似于大学职业教育体系，由专业化房车研发机构培养房车人才，推动房车技术变革。美国的房车技术研究院一方面会培养大量职业化的房车技术人员，涉及房车底盘、电子系统、家电、机械部件等技术诊断和维修等，另一方面积极开展房车应用技术的开发，定期举办房车技术挑战赛等。

第三类，汽车设计公司从事房车设计，被称为世界三大汽车设计公司之一的宾尼法利纳（Pininfarina），很多房车企业的豪华产品外观设计来自于这家设计公司。

第四类，大型的房车零部件的电商综合服务平台既提供房车零部件等硬件的经销及零售业务，也提供房车的设计服务，或者房车设计师的对接信息。

第五类，房车翻新、改装和室内设计公司也会提供各具特色的房车设计方案。由于这类型公司地理位置分布更加广泛，使得部分消费者可能在家门口就能碰到合适的房车设计方案。

第六类，一些大学的设计学院或汽车技术学院也会提供研发设计服务。如美国匹兹堡州立大学理工学院有汽车技术系，在车辆工程及设计方面具有一定影响力。

第七类，房车俱乐部在房车研发设计行业的运营服务层面也会提供有力的支撑。这种类型如举办房车设计大奖赛，会涌现大量优质房车设计方案，激活整个房车研发设计业务，同时，参赛产品也为消费者提供了很好的消费指南。

（2）国内房车研发设计机构起步晚

国内房车设计的机构大致有五类：第一类是各大房车车企，如上汽大通、春田房车等，不仅生产制造房车，也会提供定制化设计服务；第二类是互联网汽车改装平台，如玩车之家，汇聚了大量的各品牌汽车的改装企业和案例，为车友的汽车及房车改装提供服务和借鉴；第三类是国内汽车行业龙头设计公司也会有房车设计业务，如阿尔特、长城华冠、上海龙创、上海同济同捷都会提供房车设计服务；第四类是线下汽车改装店或工厂，如北京富日通主要针对个人房车定制；第五类是高校美院设计专业，如清华大学美术学院与 21 世纪房车成立了房车工业设计课题组，专门研究房车工业设计相关内容。

但是总体来看，我国的房车研发设计是伴随着国外房车进入中国才逐渐产生的，是最近 20 年才逐渐萌芽和发展的，起步较晚，距离美欧的房车研发设计还存在一定差距。但是国内企业依托完备的产业链基础，正努力弥补这方面的差距。如上汽大通关于房车研发设计的内容就包括了整车架构开发、人机工程开发、制动性能分析、操控性能分析、油耗分析管理、乘坐舒适性分析、底盘悬架疲劳分析、加速、爬坡驾驶质量分析、外造型空气动力学分析、碰撞安全结构分析、车身结构强度分析、NVH 噪声振动分析、内外热变形分析、整车重量等一系列整车级的开发及分析管理模式。

（3）房车技术不断创新发展

我国房车技术不断创新发展，房车专利申请量快速增加。但我国在房车内部供暖和给排水等房车基础技术领域的专利申请还处于起步阶段。国内汽车行业通过国际收购、合并等战略扩充了车辆技术与能源技术的专利储备，同时促进了自身房车技术由偏向于内部空间设计向供暖系统、给水系统、新能源等基础技术方向发展。

5.2.2 发展趋势

（1）轻量化设计

在“碳达峰”和“碳中和”的国家战略布局下，房车设计向低能耗和低排放方向转变已经成为一种趋势。在满足房车使用性能、安全性能及成本控制的前提下，为了实现房车整体减重，需要从房车结构、材料选择和生产工艺等角度进行总体的考虑和设计。

车身结构的轻量化主要通过车身整体的拓扑优化设计和尺寸形状再优化。拓扑优化是在一定的空间范围内，不断地更新升级，将车身多余的部分去掉，重新设计材料的分布和衔接方法，呈现出零部件中空、壁薄等特征，基于经验目标函数的宏观优化来实现的。局部的调整细化通过尺寸形状再优化和材料布局优化来实现，在保证房车基本强度和刚度要求的前提下，对车身结构进行横截面积、集合尺寸及节点位置的再优化，寻找最优解，使得车身重量最小化。

（2）智能化设计

随着互联网技术及电子信息技术的发展，房车也越来越智能。从房车驾驶、生活起居打理到整个系统控制等方面，需要人们投入的时间精力变少；房车内家具的移动变形结合智能自动化技术，使得操控变得非常便利，而且极大地利用内部有限空间；电器的智能化操控目前也在逐渐实现，手机成为各种电器的集中控制平台，这些智能化设计都为房车使用者带来了前所未有的体验。

自动驾驶也是房车智能化发展的重要方向，通过摄像机、激光雷达、毫米波雷达、超声波等车载传感器来感知周围的环境，并且根据这些环境的有效信息进行分析判断，利用大数据模型做出相应的决策，预测行人和其他车辆的运动轨迹等，并进行避免碰撞的路径规划。设定既定路线之后，控制车辆沿着轨迹行驶，由于排除了人为失误等因素，自动驾驶的交通事故发生率会极大地降低，而且智能减少道路拥堵，有效提升社会效益和经济效益。

（3）模块化设计

模块化设计是对房车上一定区域内的产品通过设计组成不同的模块，模块的自由组合又可以构成不同的产品，满足房车使用者的不同需求，在有限的房车空间内，模块化设计既要实现合理布局，又要满足设施功能的多样复杂。模块化设计的产品可以实现规模化量产，是小批量、多品种、高效率生产的标准化途径。同时，模块化设计还能够减少房车各功能区的设计周期，将复杂的问题简单化，简化后的通用模块只需要直接组装，生产过程减少重复研发的流程。

（4）多功能设计

随着生活水平的提高，人们对房车的舒适性的要求也越来越高，内部家具也随之越来越大，车内物品、设施越来越多，但本质上房车内部空间十分有限。因此，房车设计中使用的物品尺寸必须接近理想人机交互的参数，将有限空间充分利用起来，不浪费每一寸房车面积，实现物尽其用。反之，如果单纯增加房车面积必定会增加原材料投入，增大成本，使得经济效益下降。因此，合理高效利用有限空间、房车多功能化设计必不可少。

5.2.3 核心流程

目前，房车研发设计链条中的核心流程包括市场调研、概念设计、工程设计、样车试制与试验、量产前准备五个步骤。

（1）市场调研

房车研发设计项目的立项和可行性分析需要充分的市场调研，对消费者的偏好和需求进行研究，了解把握房车消费的市场趋势，对调研数据进行分析研究，总结出系统可靠的市场调研报告。市场调研的最终目的是给出产品的市场定位，调研报告可以生成项目建议书，分析外部政策法规及内部自身资源和研发能力，包括设计、工艺、生产以及成本等多方面的内容。

针对项目可行性的内容，对设计目标进行初步的设定，包括车辆外观、动力参数、车身强度等要求，汇总给设计部门，设计部门制定设计目标，编制产品说明书，将重要的参数和使用性能确定下来。最终，产品形式、功能及技术特点、定位以符合市场需求的研发设计大纲的形式确定下来，形成一份指导性的文件。

（2）概念设计

概念设计主要包括布局草图设计和后期概念设计。草图设计确定房车研发总体设计和空间总布置，根据研发设计大纲提出部件布置要求，协调整车内部部件总成，使得整体使用性能达到最优化。

后期概念设计是设计师根据布局草图细分设计概念草图和设计效果图，融入自己的设计风格和创意构思。国内的设计方案通常通过设计软件和专业设计工具来论证分析，包括房车造型、车体设计的模拟分析，这其中每一个环节都需要论证分析和细节调整。

（3）工程设计

完成整车各个总成以及零部件设计，控制整车和总成之间的各种矛盾，保证整车设计按照规划目标完成是工程设计阶段的主要任务。工程设计实质上是对整车进行细化分工设计的过程，然后将各个总成分发到相应的部门进行设计开发。工程设计阶段主要包括总布置设计、发动机工程设计、车身设计、底盘设计、内外饰设计、电气设计、水路设计、上装设计等。

表 5-1 房车工程设计流程

工程设计主要阶段	内容
总布置设计	建立在总布置草图之上，优化总布局设计，确定各个零部件的尺寸大小和位置，明确质量要求、参数标准及结构形式等条件
发动机工程设计	根据新车的参数功能要求，布局匹配发动机
车身设计	焊接总成结构件和覆盖件为全新车身，其中包含侧围、发动机罩、底板等构件形成车身结构的三维数据模型与方案
底盘设计	主要是传动、行驶、转向、制动系统的设计
内外饰设计	包括仪表板、床、清洗台、遮阳板、扶手、天窗、进气格栅、保险杠等外装件和内饰件设计
电气设计	对整车电气自动化系统设计，如仪表、灯光、空调系统、供暖系统等
水路设计	对全车的上下水系统进行设计，如清水箱、灰水箱、花洒、水龙头、下水道等进行设计
上装设计	完成总体功能的集成设计，并且满足专用功能要求的设计

（4）样车试制与试验

工程设计阶段完成后即进入样车试制和试验阶段，在工程设计的基础上制作样车，试验过程包括性能和可靠性两个试验，对结果进行分析总结，然后改进问题，之后做第二轮样车试制，如此反复直到产品定型。一般情况下，房车试验形式有风洞试验、道路测试、碰撞试验等。道路试验是样车试验最重要的部分，需要在各种极端环境下进行，以保障不同气候条件下房车行驶的可靠性。

（5）量产前准备

量产前准备是为保证大规模批量生产顺利进行而提前进行的小批量生产。在这个过程中，不断完善冲压、焊装、涂装及总装等生产设备的测试，调整生产流程，优化生产细节，达到最佳的预生产效果。

5.3 房车零部件生产

房车零部件从构成上包括零件和部件，小到螺丝螺母大到暖通设备都属于房车零部件的范畴。按照房车零部件总成的特点，可将房车零部件分为四大模块：功能模块、通用模块、系统模块和驾控模块。功能模块是为了满足起居、洗浴、做饭等家居功能，通用模块是车身各处都会涉及的通用部件，系统模块主要是水电气暖等供应系统，驾控模块主要涉及房车驾驶和控制的组成部件。

表 5-2 房车零部件总成

<table>
<tr><th colspan="3">房车零部件总成</th></tr>
<tr><td rowspan="4">功能模块</td><td>卧室</td><td>床、吊柜、电视等</td></tr>
<tr><td>厨房</td><td>电磁炉、抽油烟机、冰箱、水池、操作台、厨具等</td></tr>
<tr><td>卫生间</td><td>洗漱池、马桶、淋浴、排风扇等</td></tr>
<tr><td>起居室</td><td>餐桌、沙发、储物柜</td></tr>
<tr><td>通用模块</td><td colspan="2">门、地板、吊顶、侧板等</td></tr>
<tr><td rowspan="4">系统模块</td><td>供水系统</td><td>泵、阀、水箱、水管等</td></tr>
<tr><td>供电系统</td><td>电池、太阳能板、电路智能管理平台</td></tr>
<tr><td>燃气系统</td><td>罐体、气路、探测器等</td></tr>
<tr><td>空调暖通系统</td><td>空调、暖气片、燃料炉等</td></tr>
<tr><td rowspan="4">驾控模块</td><td>发动机</td><td>燃料供给系统、冷却系统、润滑系统、配气系统、连杆系统、点火系统、火花塞系统等</td></tr>
<tr><td>底盘</td><td>传动系统、行驶系统、制动系统等</td></tr>
<tr><td>车身结构</td><td>机舱总成、车身壳体、侧围总成等</td></tr>
<tr><td>电气设备</td><td>蓄电池、发动机、电控系统等</td></tr>
</table>

5.3.1 发展现状

（1）零部件企业数量少，普遍规模小

国内泛房车概念的零部件生产厂商有 1000 多家，专业化的房车零部件企业不多，具有核心技术和特色零部件产品的企业更少。零部件生产企业大多数为汽车、客车等集团配套服务，生产的房车零部件的批量少、频次低、成本高，更像是衍生的附加业务。此外，专业化的房车零部件企业规模也偏小。

对历届中国（北京）国际房车露营展览会的数据进行统计分析，参展车企数量由 2010 年的几家增加到近几年的 70 多家，配件厂家也由最初的单纯卖进口配件发展到 2017 年国产配件厂家 50 多家。但国内配件厂商参展数量低于房车车企厂商，并且配件厂商的增速也低于房车车企增速，从另一方面也说明国内房车零部件进口依赖程度进一步加深。

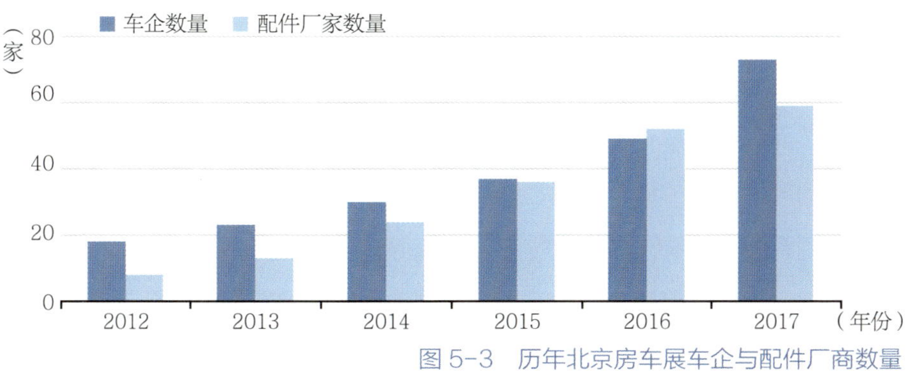

图 5-3 历年北京房车展车企与配件厂商数量

（2）部分产品性能和国外相比还有差距

目前，我国房车行业正处在摸索前行的阶段，对于零部件的资金、人力投入有限，零部件制作水平参差不齐甚至相差很大，零部件制造行业利润低，高端房车配件主要依赖进口。目前，大部分房车零部件产品已经可以自给自足，但部分产品性能和国外比还有差距，表现在产品参数、质量、组件可靠性等方面，相比之下，进口零部件性能稳定、品质好，受到了国内房车厂商的青睐。

表 5-3 车载发电机性能对比

项目	进口	国产
质量	消防备用	耐用、适应力强
噪声	低	稍高
维修及配件	问题少	问题多
油耗	≥ 220 克（每千瓦每小时）	≤ 209 克（每千瓦每小时）
价格	稍高	一般

表 5-4 发动机技术对比

国外汽车发动机技术特点	国内汽车发动机技术特点
涡轮增压 + 缸内直喷技术广泛应用	涡轮增压 + 缸内直喷技术广泛应用
可变气门升程技术的应用	可变气门正时技术的广泛应用
可变进气歧管技术研发阶段	VVT 技术与 GDI 技术结合
可变气缸技术	轻量化技术单一
均质压燃技术、自动启停技术	

（3）零部件核心技术缺乏

国内零部件厂商，大到外观车身板材、拖挂底盘，小到车内柜门、把手都有对应的零配件企业。然而，这些都是相对低端的非核心技术产品。目前，国产零部件中的新材料和新工艺方面的应用处于劣势，特别是涉及高端的系统，如电力分配及管理系统、水循环系统、智能空调系统、报警预警信息智能化系统等，有的完全不能生产，有的仍然达不到理想的成本和质量水平。因此，国内头部房车制造厂商的房车核心零部件多以进口为主。

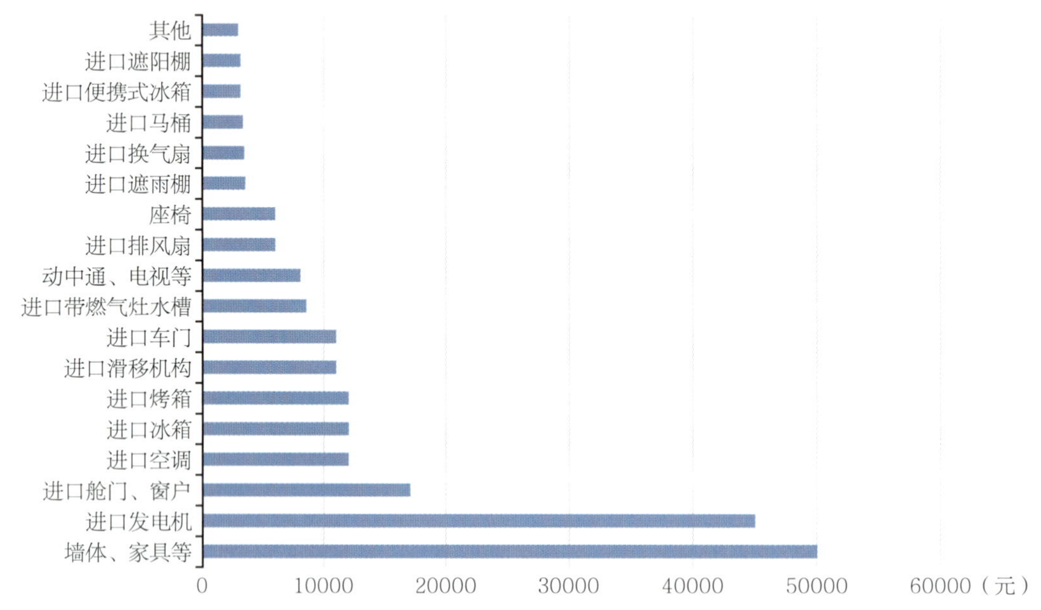

图 5-4　房车配件价格

数据来源：公开资料整理。

房车的典型配置中大部分配件主要依靠进口，这是行业头部企业的共同选择。从欧美进口的零部件包括专用空调、换气扇、专用马桶、取暖设备、专用冰箱等。订购这些零部件中间环节多，采购周期长，在整车成本中占比最高，国内没有相同质量和价格层次的产品。一般情况下，头部企业生产的受市场欢迎的房车中进口配件占整车成本可达 70% 左右，而且这些都是无可替代的核心零部件。

5.3.2　发展趋势

（1）生产集群化

房车零部件产业集群发展是房车零部件产业的战略选择，大量房车零部件企业相互集中在一起，联合开发房车零部件新产品，开拓新市场，建立生产供应链，由此形成一种既有竞争又有合作的合作竞争机制，不断刺激企业创新和产品升级。通过生产的集群化，房车企业不论是大型还是中小型，都可以实现高效网络化合作，在产品设计、市场营销、质量检测、出口、人员、金融等层面互动，提升规模经济的优势和企业竞争力。

借鉴汽车零部件产业链的发展模式，国内的房车零部件产业，应通过搭建产业平台汇聚磁吸效应，紧盯龙头企业打造发展引擎，联动配套企业构建集群联盟，强化创新培育增添竞争优势，实施智能制造数字升级等举措，锻造房车零部件产业集群。

（2）产品智能化

国内房车零部件配套体系主要借鉴欧洲零部件设计，零部件智能化的发展趋势建立在电子信息、互联网、人工智能产业高速发展的基础上，以实现房车智能化控制管理为主要目的，以功能强大的电子元器件为主要载体，搭建智能化的电能、光线、安全管理系统、可操控的模块化百变家具、房车网联系统、数字娱乐体验系统、燃气泄漏等危险报警系统和可串联各大景区旅游目的地的无人驾驶系统等。

目前，已经应用智能化房车零部件的具体场景表现为通过车载控制屏可以实现车辆全功能控制：不管身在何处都可以用手机对车辆进行远程控制，如温度、灯光、远程启动、限定等；可通过传感器实现联动，实现自动化工作场景；可实时监测二氧化碳含量，与换气设备智能联动，达到恒氧的环境；还配备智能睡眠监测设备，对水箱、电池、太阳能等进行能源管理；可多用户控制，车主将控制权限分享给家人，通过手机 App 实现车载物联网卡的余量查询与缴费，以及车辆的产权转移等。

5.4 房车整车组装制造

5.4.1 工艺流程

常见房车生产制造一般需要经过底盘采购、水路安装、侧板安装、墙体安装、门窗家具安装、电气安装、贴花打胶等十道以上的工艺流程。其中，底盘及冲压管安装从汽车供应商采购标准尺寸底盘，配备发动机和其他装备，把底盘加长，安装排气系统及电路等。管线水路安装将头灯和电路系统连接在一起，把车前钣件装上车体，装上发动机盖，安装给水系统和排水系统。地板安装将强力粘胶顺着地下室的钢架挤上，把房车地板放上去。家具组装及墙体吊装把房车半成品拉到组装线上，安装管线和墙体，在内部进行剩余部分的家具组装，并固定到墙体、车身和地板。内饰装修和普通家装相似，主要为了居住舒适以及存储空间最大化。防水及滑动测试是品控人员检查测试每个功能模块是否合格。

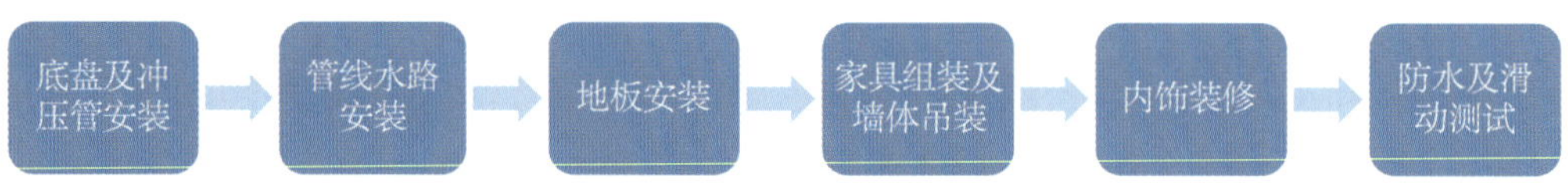

图 5-5 房车主要生产工艺流程

5.4.2 生产格局

（1）生产集中于长三角及环渤海地区

房车整车的生产资质申请有一定门槛，行业内代工生产的情况很多，并且生产规模均不大。根据工信部每年公布的旅居车公告，推算国内目前正规的房车整车生产厂商数量在 100～200 家，主要分布在长三角以及环渤海地区。

（2）产业集中度较低

2020 年，中国年度销量前 20 位企业市场占有率仅为 75.99%，相比 2019 年的 69.78%，产业集中度提高了 6.21%。目前，国内房车年销量连续 5 年保持了 30%～45% 幅度增长，拖挂房车市场竞争非常激烈，产业分布更加分散。中国房车市

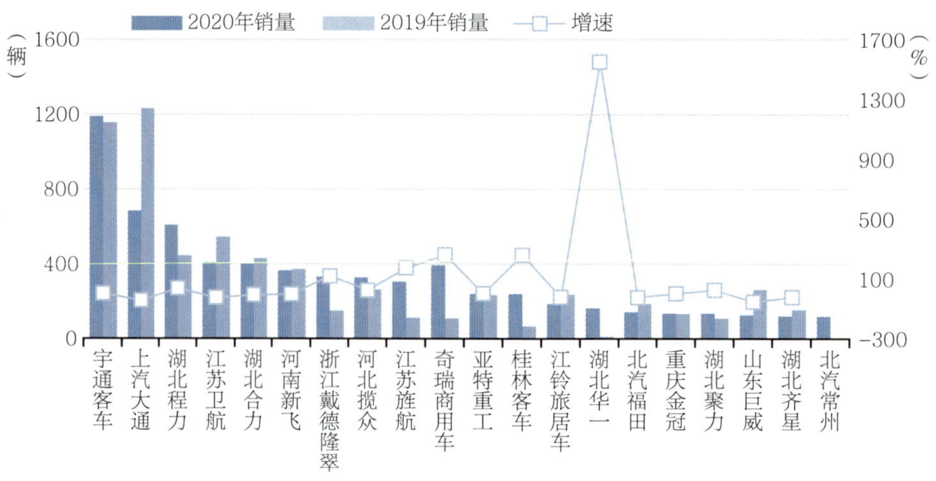

图 5-6 中国房车生产商 TOP20 年产量

场销量前列的房车企业包括宇通房车、上汽大通、湖北程力、隆翠房车、亚特房车、北汽福田等。

（3）自行式盘面稳定，拖挂式波动不确定

2019 年和 2020 年国内自行式房车和拖挂房车产销数据显示，自行式房车总产量略有下浮，头部自行式房车车企竞争力格局基本稳定。虽然拖挂式房车在 2020 年实现了产销量、上牌数的翻番，但目前该市场竞争激烈，产销量前排企业轮替率较高，尚未形成具有稳定市场占有率的头部企业。

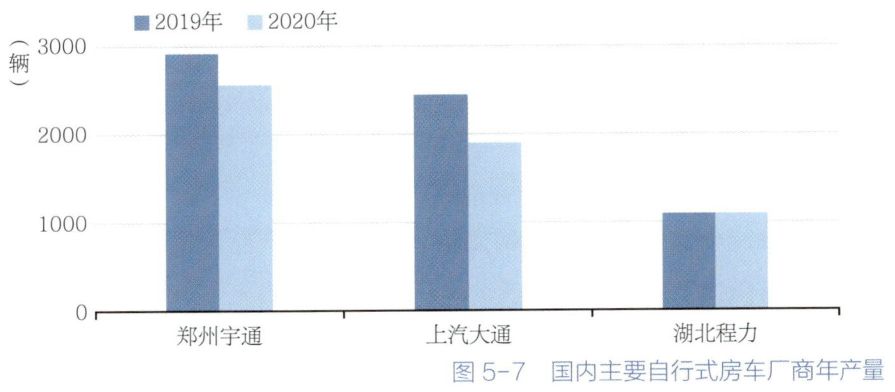

图 5-7　国内主要自行式房车厂商年产量

表 5-5　国内主要拖挂房车厂商销量

2019～2020 年国内主要拖挂房车厂商销量（辆，不含出口）						
年份	产销量第一		产销量第二		产销量第三	
2019	十堰汇斯诚	1185	三创联盟	1093	江苏天明	917
2020	江苏德发	1445	沧州爱旅	1071	十堰汇斯诚	826

数据来源：《中国自驾车、旅居车与露营旅游发展报告（2020～2021）》。

5.4.3　企业现状

国内很多头部房车制造企业隶属于汽车或客车集团，房车子公司在技术、物料、资金、人力、渠道等方面存在与集团资源共享的现象。

表 5-6　中国房车生产企业从属关系

房车生产商	隶属公司	隶属公司主营业务
郑州宇通房车	宇通客车股份有限公司	客车
上汽大通汽车	上海汽车集团股份有限公司	汽车
长城房车	长城汽车股份有限公司	汽车
东风襄阳旅行车	东风汽车股份有限公司	汽车
江西江铃汽车集团旅居车	江铃汽车集团有限公司	汽车
浙江戴德隆翠房车科技	浙江新吉奥控股集团有限公司	新能源汽车
安徽奇瑞瑞弗特种车辆技术	奇瑞商用车（安徽）有限公司	汽车
程力专用汽车	程力汽车集团股份有限公司	市政专用车、工程车

中外房车生产企业合作投资出现热潮。由于拓宽产品市场，核心生产技术转移、产业链管理经验构建、从业人员知识系统培训等共同原因，近些年来，中外合资建厂出现热潮，德国企业在众多欧美企业中表现非常抢眼。

表 5-7　部分中外合资房车企业

时间	合作方	投资金额	内容
2015.10	亚特重工与意大利 PLA 公司	—	达成 PLA 房车国内 SKD 生产协议
2016.3	欧洲著名房车品牌阿迪雅（Adria）正式签署技术许可协议	—	在取得 Adria 代理销售的 2 年后，再次取得了 Adria 房车在国内的 SKD 生产协议
2017.11	湖南猎豹集团与法国 Pilote 公司	3 亿元	共同组建湖南湃力特旅居车有限公司，项目设计年产能 5000 辆
2017.12	奇瑞控股集团与美国 REV 集团	—	项目前期产品以中高端房车、救护车为主
2018.4	中德埃文海姆和洛阳朗宸	6 亿元	年产 10000 台房车项目合资合作发布
2018.10	德国布鲁泰克公司与上海伟昊汽车技术股份有限公司、霍夫勒（苏州）汽车制造有限公司	5 亿元	年产 1000 辆，打造中外合资房车生产基地
2019.9	新吉奥集团与欧洲最大的房车制造商德国 HOBBY 房车公司	—	战略合作，进口 HOBBY 拖挂房车，将与德国 HOBBY 进行技术融合

5.4.4 发展趋势

（1）产品大众化

20 万～40 万元自行式房车以及 10 万～15 万元拖挂式房车价格区间是国内企业主攻的市场车型，整车出厂价格区间覆盖面小。房车在目前国人的认知里仍然属于奢侈品，再加上后续维修、保养、出游等系列高昂成本，严重限制了房车在国内的普及，因此，为了满足大众对于多层级房车产品的需求，房车产品必须朝着产品定位多样化、产品功能差异化的方向发展。在欧美国家房车普及率还不算高的时代，简约平民化的产品才是最受欢迎的爆款。而如今，欧美国家房车市场发展已经非常成熟，平价的拖挂房车和高端豪华的 A 型自行式房车仍然同时存在，产品线几乎可以覆盖每一个消费群体。

（2）整车定制化

目前，标准化房车的外观和内部空间往往采用整体式设计，可拆卸性差，房车使用者不能进行自由组装。我国人口众多，需求也千差万别，人们希望有更适合自己的房车产品，可以生活在温馨又舒适的环境中。企业把握市场诉求，就必须在房车初始过程定制化设计，而且，针对性的工业设计也将越来越普及。另外，中国幅员辽阔，各地生活习惯、气候条件、饮食习惯、地貌特征等也有一些差异，房车的工业设计也出现了迎合地方特色需求的地域化特征。

5.5 经销及后市场

房车经销及后市场是房车通过各种渠道销售以后，为房车使用提供的各种类型的服务市场，具体包括房车养护、维修、配件、二手房车交易、房车租赁、房车金融、房车保险、房车出行装备等各种市场类别。

5.5.1 房车经销商

目前我国房车经销商数量少，发展时间短。2021 年 21 世纪房车网主办的第 27 届中国国际房车露营大会，全国工商联汽车经销商商会房车露营专委会主办的 2021 年第十四届上海国际房车展“孺子牛奖”公布了两份“十大经销商”。从这些房车经销商头部企业来分析，房车经销商的成立平均时间不到 4 年，发展时间较短，并且经销商的规模不大，除了主营业务，可提供的服务内容有限。通过对这些经销商的统计分析，可知国内房车经销商数量较少，发展空间巨大。

表 5-8　国内具有影响力的房车经销商

经销商	成立时间	位置	简介
汇诚鑫达房车	2016 年	北京	多品牌房车销售公司，被上海顺旅房车有限公司评为最佳经销商
宇晨房车	2018 年	上海	多品牌房车销售及房车服务平台公司，品牌房车现车直采渠道
中秦驿房车	2018 年	陕西西安	多品牌房车销售及房车服务平台公司，地处西北，房车服务综合全面
易居房车	2015 年	辽宁沈阳	多品牌房车销售公司，成立了易居房车俱乐部
谊赫汽车	2020 年	上海	相对高端的汽车及房车销售公司，专注商务车、房车、平行进口车及高端车
中马名车汇	2019 年	北京	综合型高端商务车房车销售公司，品牌化、高端化、定制化
宽河驿马房车	2015 年	北京	进口房车销售及露营地运营平台公司，专注于房车及露营产业
冠林房车汇	2016 年	四川成都	多品牌房车销售及售后服务，依托于汽车行业配套服务的母公司
溧阳明珠	2019 年	江苏溧阳	上汽大通的汽车销售公司，集整车销售、维修服务、零配件供应、信息反馈四位一体
候鸟房车	2017 年	广东广州	旅行社性质的房车销售公司，提供旅游服务
明隆汽车	2019 年	江苏常州	汽车售后服务兼房车销售公司，提供汽车维修等售后服务
百丽 /swift 房车	2014 年	北京	英国 swift 房车中国代理公司，销售多品牌欧洲进口房车
慢生活房车	2016 年	江苏南京	多品牌房车销售及房车平台运营公司，提供销售、租赁、路线规划等俱乐部式服务
Hobby	2020 年	浙江杭州	德国 Hobby 中国代理，提供 Hobby 房车销售和售后服务
蜗牛房车	2014 年	浙江杭州	多品牌房车销售及营地运营平台公司，户外运动公司控股子公司

资料来源：第 27 届中国国际房车露营大会、第十四届上海国际房车展“孺子牛奖”等资料整理。

5.5.2 房车后市场

（1）发展严重滞后

国内房车经销商由于发展时间短，售后服务不完善，与房车经销相对脱节，除极个别大厂外，房车经销商并未建立类似汽车的 4S 店服务网络与模式，露营装备等更多的采购还是主要来自电商，房车后市场有待开发。

行业标准匮乏，发展规范性不足。中国房车维保市场由于发展历史短、行业协会权威性不足、政策体系不完善、市场集中度低等多种因素，目前在主要配件、服务流程、维修技术等方面的标准和认证体系都相对欠缺，行业发展规范化的实现任重道远。

维修技术信息不对称。虽然近年来国家频繁出台相关政策，要求主机厂向社会无差别公开维修技术信息，但目前从行业实践来看，大部分主机厂采取的是形式上配合的策略，在披露信息质量以及配套诊断工具等方面存在不足，一定程度上阻碍了第三方服务行业的发展。

表 5-9　房车后市场服务商分析

服务商类型	优势	劣势	适合
4S 店	有核心技术、客户渠道好、服务适中	价格高、大修频次低、客源流失严重	消费者群体高、核心大修、高端消费
独立连锁服务商	价格一般、客户渠道好、技术一般	服务一般	中高端消费者、一般维修保养装饰
路边店	价格便宜、网点多、高频项目	服务差、技术差	普通消费者，简单维修保养装饰

人才培养体系不完善。目前汽车及房车服务行业的人才培养仍以传统的“学徒模式”开展，并以非科班人才内部培养为主，行业高端及高质量人才依旧较为缺乏，这也是目前制约行业高质量发展的一大核心痛点。

房车金融服务待提升。宇通房车、奇瑞瑞弗、上汽大通等相对较大的厂商目前能提供相对正规的房车消费贷款，小厂一般通过第三方小额贷，不太正规。房车保险方面和汽车保险一样，现在国家已经放开了，一般买交强险和商业险，人保、太平洋、平安这些公司都有相应业务，发生事故和汽车理赔的处理方式类似。总体来说，房车消费贷款和保险的发展目前相对滞后。

（2）服务体系和行业组织不完善

国内服务范围广、影响力巨大的房车行业经销网络或组织尚未形成。但房车龙头企业如上汽大通依托于原有的汽车营销网络，陆续在国内进行房车经销服务网点的布局，推出预约试驾、消费贷款、房车租赁、零件延保等服务逐步满足消费者。

二手房车交易目前在国内并未形成规模，目前，主要依托于汽车交易等线上线下平台，如二手车之家、舒旅汽车等，361 房车网目前也有针对二手房车的交易业务。目前，在售二手房车总计只有千余辆，而且很多是线下商家发布的一手新房车，二手房车的售后服务保障业务也相对较少。

（3）租赁市场亟须开拓

相比房车销售市场而言，房车租赁市场目前刚刚起步，房车租赁企业数量有限、规模小、服务内容单一、房车出租率低。最近几年，国内供租赁的房车仅有约 3700 辆，仅占保有量的 5.3% 左右。房车租赁价格较高，普通房车租赁大约 1000 元 / 天，而且会限制租赁天数。房车服务网络体系不完善，租赁网点少，基本无法实现异地还车，租赁运营车辆少，对应房车租赁运营平台覆盖面也小。租赁公司比较集中的省市包括北京、上海、四川、云南、广东、海南等，以经济发达地区和沿海地区为主。租赁房车数量、区域覆盖和运营网点等房车租赁市场有待进一步开拓。

5.5.3 发展趋势

（1）营销服务联动协同

房车营销服务也需要全产业链的联动。首先，需要以房车制造业作为基础，生产针对消费者偏好的房车；其次，需要经销商等企业对房车进行销售或者租赁，既可以在展会上推销、在 4S 店展示，也可以在各种房车露营地体验中心体验，再互联网做广告推广等；再次，需要消费者独自或者借助旅行社获取房车旅游的相关信息（包括提供旅游线路与旅游服务等）并进行实地体验；最后，由房车露营地相关企业以及其他行业为旅游消费者提供场地与服务，并且给消费者提供房车产品推荐等，给消费者完整的房车消费出行体验。

（2）全生命周期服务

配套房车销售，房车经销商或车企也有必要提供相应消费金融、保险服务、维修等延伸服务，以降低购车门槛，消除购车者的后顾之忧，提供全生命周期的客户服务。

表 5-10 房车消费的全生命周期服务

服务环节	环节描述	价值点
品牌传播	通过市场活动、大众口碑、车主推荐、公众及粉丝传播等多种渠道进行品牌传播，对客户的前期关注可节约获客成本	社交活动、品牌文化、口碑传播、介绍推荐、公共舆情、粉丝经济
产品体验	定制化试乘试驾等产品体验服务，手机客户线索和潜客信息	品牌体验、试乘试驾、业务线索、销售潜客
新车销售	新车销售环节涉及的业务	车辆购买、精品附件、代办服务、个性化配置、定制化交付
售后维修	售后维修涉及的相关业务	常规保养、车辆维修、事故处置、车辆保修、快修服务、车况检测、加装改装、配件销售、专属服务
二手车	二手车环节涉及的相关业务	残值评估、车辆置换、二手车购买、精品附件、代办服务、定制化交付、车辆处置
房车金融	与房车行业相关的金融服务	车辆贷款、车辆保险、车险续保、延长保修、融资租赁、衍生业务
数字化消费	房车行业基于数字化技术手段实现新型消费服务	车辆状态、道路状况、行驶辅助、出行信息、社交娱乐、数据服务
移动出行	移动出行相关的服务内容	共享出行、自动驾驶、充电服务、道路救援、停车服务
房车生活	品牌周边产品及车企易触及的生活服务	品牌消费、客户活动、车友俱乐部、驾驶培训、车主服务、生活服务、渠道服务

5.6 迈向房车智造 4.0

5.6.1 发展特征

我国房车生产行业经历了改装、组装到制造的发展历程。其中改装阶段的特征是商务车、厢式货车内部座椅拆除，改装为床、盥洗台、厨房、餐厅等基础房车功能。组装阶段主要依赖进口发动机、变速箱、底盘、电气控制系统等核心零部件，部分仿照国外成熟的车型结构设计，进行人工组装。制造阶段部分零部件可以自主生产，整车研发设计生产制造呈现专业化流程分工，自动化程度提高，生产规模化、集中化。智造阶段利用互联网、物联网、云服务以及大数据等技术整合房车工厂与整个产品生命周期和供应链活动，实现生产、工厂、物流的智能化，大幅提升生产力、效率和产量。

表 5-11　我国房车生产发展特征

代数	特征	内容
1.0	改装	商务车、厢式货车内部座椅拆除，改装为床、盥洗台、厨房、餐厅等基础房车功能
2.0	组装	主要依赖进口发动机、底盘、电气控制系统等核心零部件，部分仿照国外成熟的车型结构设计，进行人工组装
3.0	制造	部分零部件可以自主生产，整车研发设计生产制造呈现专业化流程分工，自动化程度提高，生产规模化集中化
4.0	智造	利用互联网、物联网、云服务以及大数据等技术整合房车工厂与整个产品生命周期和供应链活动，实现智能工厂、智能生产、智能物流。大幅提升生产力、效率和产量

5.6.2　房车产业育成

从房车产业链各环节发展情况看，研发设计方面国内目前房车研发设计滞后，没有专门提供房车设计的机构，可提供房车设计的主要单位类型少，专业化程度不高；房车零部件生产方面存在着国内房车零部件主要依赖进口、价格较高，国产配件质量问题较多、性能稳定性较差的问题；房车整车制造方面行业集中度低，小而散，缺乏核心技术，大多数是采购组装模式，生产规模较小，行业代工现象多；房车经销及后市场方面从事经销及后市场服务的企业数量较少并且发展时间较短，房车租赁市场有待开拓，后市场体系不完善，与房车经销相对脱节。

房车智造 4.0 通过打造工业互联网平台、技术研发平台以及产教培训平台，以智能制造为引领，以工业设计、产教融合为加速，打造房车产业发展的孵化器、转化器和加速器，提升房车设计能力，降低房车生产成本，完善房车后市场服务，育成房车产业生态，通过创新驱动房车产业升级，实现房车行业高质量发展。

5.6.3 建设内容

（1）工业互联网平台

针对房车行业发展痛点和房车用户的需求，基于数据采集、关联分析，构建连接房车企业信息系统、智能机器、物料等的工业互联网平台，打造房车交互定制平台、创新设计平台、模块化采购平台、智慧售后服务平台和精益生产管理平台。以订单式设计、订单式生产，解决房车制造过程中生产制造周期比较长、采购成本比较高、消费者较少参与方案设计等问题，贯穿房车智能制造全产业链和全生命周期。实现工业互联网数据的全面感知、动态传输、实时分析，贯通客户、整车与零部件供应商之间的业务数据，促进供应链协同创新，优化供应链管理并提升生产效率，为房车智能制造、个性化定制生产模式创新提供良好支撑和契机。

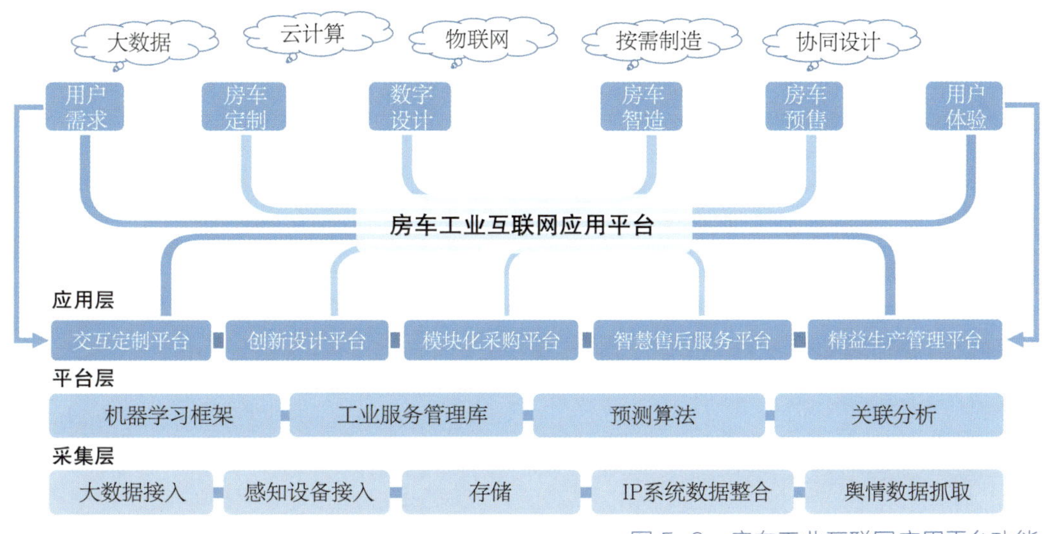

图 5-8　房车工业互联网应用平台功能

第一，通过平台建立智能化解决方案，实现全流程与用户互联，解决房车产品同质化的问题。部署交互定制、设计研发、智慧生产等功能，运用 NB-IoT 实现语音、监控、灯光等功能系统化、智能化互联互通，升级应用场景，将车载 OBD 与智能网关采集的车辆行驶数据上传到平台，通过手机 App 连接房车制造商与用户，提供车辆维护、预警、安检等服务，实现房车产品和服务的定制化。

第二，针对目前房车制造厂商采购时间长、制造成本高的痛点，通过模块化采购平台聚集上下游企业，针对大宗物料进行集约采购，并且吸引房车帐篷、家具以及房车模块等服务供应商入驻平台，降低采购成本。

第三，针对用户不能全流程参与定制出行解决方案的痛点，平台 App 搭建房车及其上下游产业链企业的垂直生态体系，为房车消费者创造舒适化体验的操控平台，仅使用 App 就可将人、房车、营地、各种服务连接在一起，用户参与各个环节的规划，了解自己想要什么，也可以实现简单轻松的控制与定制，全覆盖房车生态。

设计是制造业竞争之源泉和核心推动力之一，对生产技术的发挥以及品牌建设产生最直接的影响，打造房车工业互联网支撑下的研发设计中心至关重要。在房车工业互联网的架构下，构建创意设计中心、协同设计中心以及 ODM 设计中心，整合房车设计的全流程资源，推动设计链条区域合作，促进设计成果转化，消除生产端与供应端信息不对称，高效地将设计成果对接生产厂商进行新车生产与试验，保障设计产权交易，为房车设计进行工业互联网的赋能。

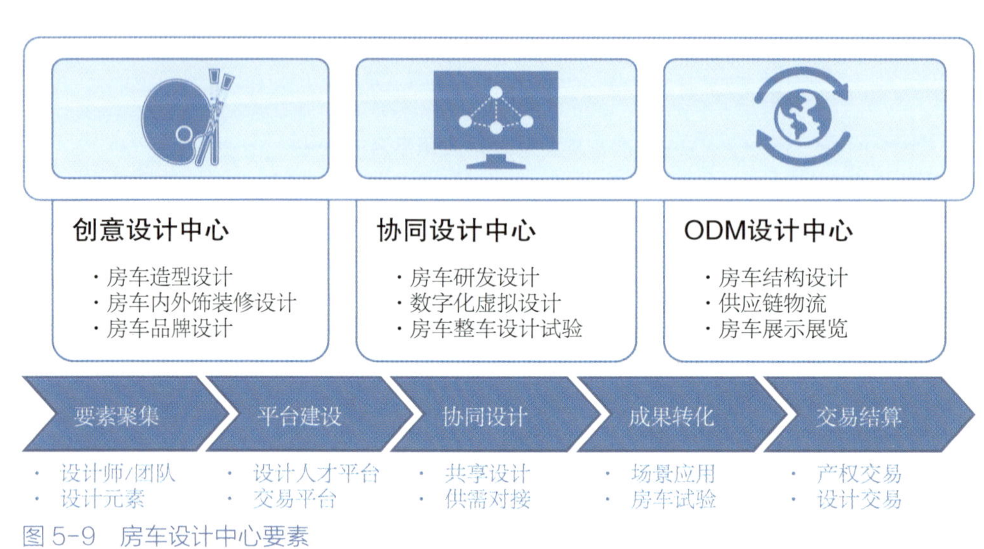

图 5-9　房车设计中心要素

（2）技术研发平台

房车智造 4.0 的技术研发平台服务于房车生产，这些技术相对分散独立，主要包括侧重于房车车辆本身的智能化、数字化技术应用平台，“碳达峰”“碳中和”政策要求下的新能源技术和新材料技术应用场景等。

发展智能化、数字化技术应用平台。房车的智能化、数字化技术平台主要依据三个层面的技术路线来打造。第一个层面的技术路线是车载信息娱乐系统的发展与应用；第二个层面是房车智能安全与辅助驾驶系统的发展与应用；第三个层面是车辆互联的智能交通系统下的无人驾驶体系。

打造新能源技术应用场景。新能源汽车取代传统的燃油用车已成为必然趋势，新能源房车遵循低碳化、智能化、信息化的发展方向是最大的优势。国外房车企业的混合动力技术研究相对成熟，太阳能在传统燃油动力系统上作为辅助动力给车载蓄电池补给能量，具有高效节能的特点，如图 5-11 所示。

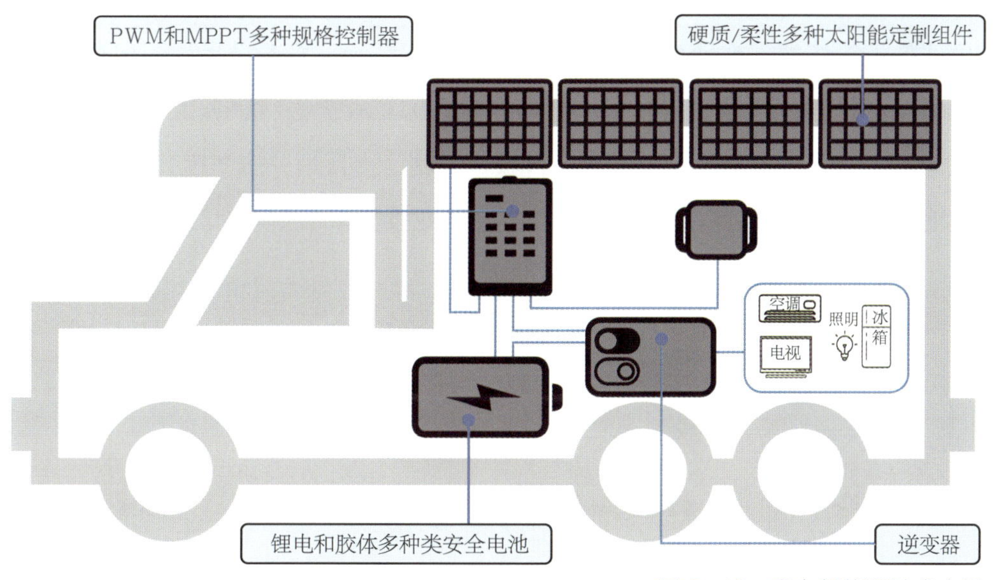

图 5-10　房车新能源技术应用

新材料技术应用场景。新材料在房车上的应用满足节能、环保、低污染和安全系数高的需求，同时还可以有效减轻汽车的整备质量，从而降低油耗，减少汽车尾气的排放。目前，正在潜移默化地提升车辆综合性能的新材料包括驱动电机材料、动力电池材料和轻量化材料等。各种合金及高强钢、复合材料是汽车行业广泛使用的轻量化材料，房车行业也不例外。铝合金在房车轻量化的设计使用中也越来越多，使用铝合金减重效果明显，镁合金主要应用在仪表盘、发动机盖等部位，具有加工简单、强度高等特点。

（3）产教培训平台

房车产业为劳动密集型产业，其发展大多依赖于技术人员的水准，受自动化影响较少，因此技术人员的培训成为迫在眉睫、当务之急的首要任务。围绕房车产业发展需求及人才短板，以培养面向房车行业应用人才为目标，打通人才“集聚—教育—实训—服务”全过程，打造房车行业人才输出平台，支撑房车产业升级。

支持房车行业协会、龙头企业充分利用所属资源，加强与国内外著名房车专业院校的交流合作，如美国房车技术学院。鼓励和允许高等院校按照市场对人才的需要和职业类型需要，开办和设置房车专业课程，建立房车高校教育实训基地，通过房车企业实习、企业实地考察等各种丰富多样的实践性教学环节，强化学生实际动手操作能力和实践技能的培养，推动房车教育和实践培训相结合，培养满足我国房车发展需求的房车创意设计人才、房车组装生产技术人才、房车维护售后服务人才以及房车营地运营人才。建立并完善房车专业人才的再教育机制，支持相关房车组装维修技能培训、房车营地经营管理培训机构的发展，不断提升专业技能和专业素养。

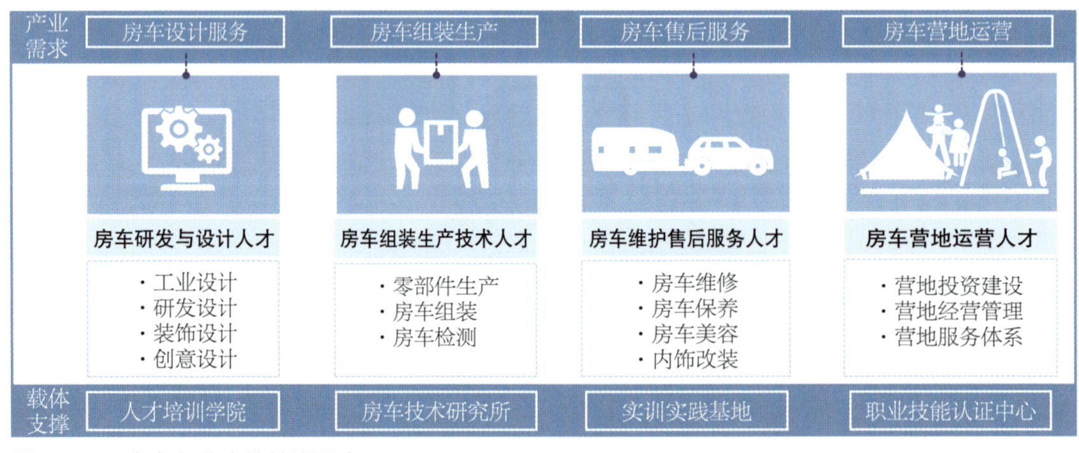

图 5-11　房车行业产教培训平台

营地——三要素之二

图 6-1　房车营地风光

6.1　营地源起与发展

6.1.1　营地发展历程

营地源于露营活动的蓬勃发展，所以也有露营地的称呼。“露营，是一种人类生存最古老的方式，在增加了人们体力活动的同时也教会了不少自力更生的方式，唤起人们对生活的兴趣和大自然的热爱。”——T.H. Holding《露营者指南》。露营是现代人离开城市，户外扎营，在篝火野炊中度过夜晚的一种活动。露营活动兴起于欧美，通常需要携带帐篷、炊具等装备，开展徒步、钓鱼、划船、烧烤等户外活动。欧美国家露营地体系建设已较为发达，与之相关的房车产业、露营服务、户外装备等的露营行业也越发壮大，甚至在某些国家，户外休闲游占旅游市场的70%以上。

营地比房车发展更为悠久，随着美国汽车露营地、房车的诞生发展，营地的功能与内涵也更广泛。就如我国GB/T 31710—2015《休闲露营地建设与服务规范》中定义的那样，营地类型有多种形式，根据进入营地所采用的交通工具，可分为房车露营地、汽车露营地、骑行露营地（自行车/摩托车、马匹）和徒步露营地等；根据主要住宿设施的性质，可分为房车露营地、木屋露营地、帐篷露营地和沙漠露营地等。

房车营地是营地的高级形态，是欧美的主流营地形态。房车拥有卧室、厨房、餐厅、卫生间等多种功能，让露营活动变得简单，让旅行变得可以“说走就走”。随着房车在欧美的普及，为房车提供停放、补给等相关服务的房车营地，也受到大众更多偏爱。房车营地里除了房车营位外，也有帐篷、木屋、移动房屋等多种住宿选择。房车营地对设施要求也最高，相应营位最好都有充电、供水、排污等基础设施。

中国营地的发展始于家庭汽车的普及。早在2003年我国就加入了世界露营协会，并于2008年举办首届露营旅游论坛。2016年，国家旅游局会同十部委联合印发《关于促进自驾车旅居车旅游发展的若干意见》，由此掀起了全国露营地建设高潮。双循环背景下，我国依托文旅融合、交旅融合、农旅融合等大力推动全域旅游发展，通过餐饮、运动、演艺、度假等重点提振旅游消费，而营地作为一种旅游新业态、度假新空间，既满足了自驾游市场的需求，又迎合了旅游猎奇的消费心态。因此，在政府引导和鼓励下，从早期的北京龙湾，到新兴的西部乌尔禾，全国营地建设版图逐渐壮大，未来更是大有可为。

我国营地的范畴结合我国现实情况，内涵应该更广泛。这是由于我国短期还是以自驾游为主的，房车及其他交通工具占比还较小，所以营地服务应该面向所有进入户外休闲的车辆与人群，因此营地实际是大概念，本书中营地即包括驿站、露营地和小镇。

6.1.2 中国营地案例

（1）北京龙湾国际露营公园——我国较早期综合营地

图 6-2 北京龙湾国际露营公园

北京龙湾国际露营公园位于北京市延庆区旧县镇东龙湾村，总占地约 180 公顷，是北京首旅集团全资建设并经营，于 2014 年 5 月 1 日开始试运营。公园以妫河水系为主轴，包括主会场、房车营位区、儿童游乐区、木屋别墅区、帐篷营位区、水景篷房区以及游客服务中心等，是国内首座符合国际标准，兼顾我国游客消费习惯的五星级房车露营公园。

公园内有木屋别墅 65 座；房车营位 200 余个，为每个营位都配备了水电桩；移动木屋 30 座，每座木屋均配有木艺围栏和独立小花园，便于户外烧烤野餐；水景篷房 10 座；多个帐篷营位，营位铺设木质地台，增加扎营的舒适度，在营位旁预留篝火广场和活动空间供游客使用。除此之外，园内停车场还有 150 个自驾停车位及多个预备停车场。

公园内有摩天轮、旋转木马、充气城堡、青蛙跳等丰富的娱乐设施，并设有洗浴、洗衣、医疗急救等公共服务和垃圾分类、雨水收集等环保设施，同时有数十辆欧美进口房车可供租售。

（2）乌尔禾国际房车露营公园——我国西部最大的露营基地

乌尔禾国际房车露营公园位于新疆克拉玛依市乌尔禾区民俗竞技场内的空地区域，共占地约 54 公顷，建设主体为克拉玛依市乌尔禾区文化体育广播电视和旅游局，总投资 2.8 亿元，2021 年五一假期期间正式投入运营。乌尔禾国际房车露营公园是乌尔禾区旅游公共服务体系的基础，是按“国内一流、国际领先”的标准打造的集景区、娱乐、生活、服务为一体的综合性露营度假场所。

图 6-3 乌尔禾国际房车露营公园

公园内设有从室内到室外以及周边的娱乐盒子、无动力乐园、真人 CS、水上冲浪、全地形车（UTV）、直升机、热气球等多种体验项目，还拥有双面剧场、户外烧烤、篝火广场、萌宠乐园等配套娱乐设施。

公园内含住宿营位 298 个，其中网红高端木屋营位 240 个，精品房车营位 18 个，野奢帐篷营位 20 个，轻奢集装箱营位 10 个（包括两个极具特色共 10 个住宿单体），同时具备背包客帐篷露营位数 10 个。服务区建有大型游客接待中心、餐饮中心、会议中心、小型特色餐厅及其他服务用房。

6.2 中国营地发展差距

6.2.1 营地网络欠发达

自 2016 年国家层面鼓励营地建设，全国各地开展了大规模的营地建设，尤其是东部经济发达区域营地聚集，围绕核心城市已呈现环状布局。目前我国营地主要布局于沿海地区、省会等经济发达城市，如环渤海、长三角、珠三角、成渝、湘鄂等城市周边。在中西部旅游资源丰富的省份如内蒙古、云南、四川等，营地规划建设虽逐渐增多，但数量与质量远低于东部沿海。营地布局基本建立在消费能力和旅游资源上，如以景区公园为依托、以城郊公园为依托，或以旅游线路为依托布局，如318国道沿线。但从出行体验看，旅游出行线路和目的地景区的营地联系还未连贯，尚未形成网络化。

目前我国营地建设属华东地区营地数量最多，其房车营地的规划建设、旅游消费也是远超全国水平。上海、芜湖、扬州、常州、黄山、佛山、南京等地也是房车露营在线预订的主要客源地。

据不完全统计，我国各种营地每年以34%数量增长，2020年全国已有近1800个[①]营地。然而不论从营地数量、营地布局还是露营消费，我国都远低于欧美等发达国家。美国拥有2.7万个营地，东西海岸及广大中部地区都密布营地网络，尤其是和国家公园等结合的营地能占到总量的80%。

6.2.2 经营体系待完善

我国营地有公立和私营两种，但成规模、大多数的营地基本是私营的，而且大多是政府招商引资类项目。公立营地一般是结合景区停车场、城市公园、高速服务区等布置，只提供最简单的汽车停靠或露营，公立营地的公益性更强，大部分非营利，因此功能也较为简单。目前我国私立营地与公立营地还未形成很好的互补，私立营地一切是以商业盈利为目的，不论是独立经营还是连锁加盟形式，都面临着诸多挑战。私立营地经营模式单一，多是以度假村经营模式，题材相近，又受季节性、时段性影响大，淡旺季分明，因此虽然投资大，但回收期较长。这也是我国营地建设乏力的原因之一。一年365天，我国大概有110天假日（包括法定节假日和双休日），基本是1/3的时间段，即意味着30%的入住率是营地经营的分水岭。据统计，实际中国优秀露营地平均入住率也只是38%，其中淡季入住率20%，旺季入住率93%，单纯靠住宿费是很难盈利的。

而国外营地拥有成熟的营地分级体系，其营地价格、功能内容各异，经营主体也丰富灵活。如美国一般有私营营地、公立营地、联合营地以及免费营地等经营类别，

---

① 数据来源：露营天下，包括已建及在建。

其中公立营地和联合营地占总数的 1/3 左右。公立营地由于政府资金划拨解决了营地经营问题，因此虽然设施较为有限，但价格相对便宜。私营营地则提供更好的住宿条件和更新的服务设施，故营地价格较高。但整体上，营地价格与酒店住宿相比价格优势明显，一般是普通酒店价格的 1/5 甚至 1/10，非常有吸引力，尤其是公立营地，还对特殊人群给予更优惠的价格以服务更广范围人群。

图 6-4　我国营地入住率比较

6.2.3　产品体系需丰富

我国营地产品以露营、亲子娱乐、美食、户外运动为主，丰富程度其实并不亚于国外营地，但是整体上过于依赖住宿产品的开发，形成以木屋、集装箱、帐篷、房车、泡泡屋等住宿形态为主，尤其是大多数房车营地里都是拖挂式房车作为住宿产品，成为“房车主题住宿”。而对比度假村、酒店，没有更多营造新奇体验，其舒适度相比又有许多不足，因此营地产品竞争力不强。

我国营地即使所处地区、自然环境不同，但类似大草坪、无动力乐园、萌宠乐园、户外烧烤等成为营地标配。目前，面向年轻化都市青年或亲子家庭，露营的社交功能更为凸显，精致下午茶、精致露营生活不断在小红书、抖音上成为现象级传播。而国外营地以自然资源为依托开展特色活动，包括开展水上运动、森林探险、高山速降、海岛求生、自然教育等多种增强体魄、磨炼意志、体验式学习等内容。如在法国，营地形成了 1+X+N（1 为住宿单元，X 为特色环境，N 为有趣的活动）的产品模式，获取收入重要来源是通过丰富的专业团队、赛事、活动，刺激项目活动促使用户体验和消费。

房车营地中，我国营地住宿产品主要是固定式，种类更为丰富，一般房车营位、木屋、帐篷与其他客房占比约为 35:15:5:45。而国外房车出行普及，营地也以汽车（房车）营位为主，一般房车营位、木屋、帐篷的占比约为 77:12:11。

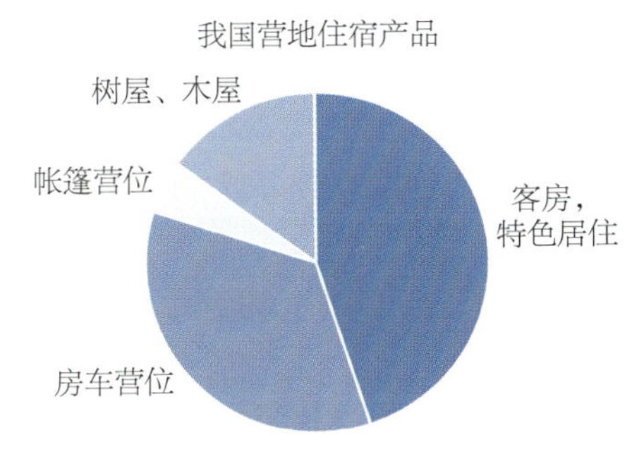

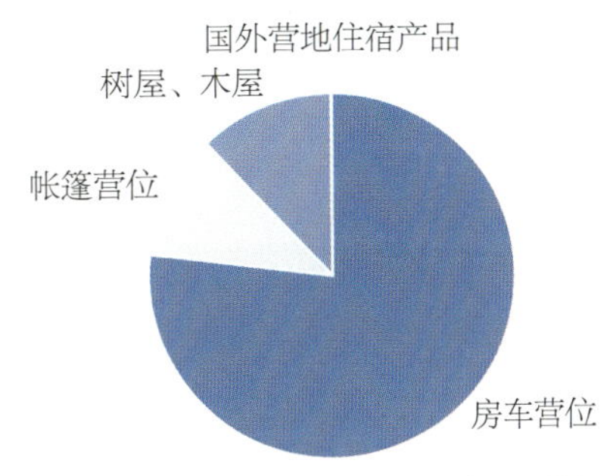

图 6-5 中外营地住宿产品对比

6.2.4 营地盈利要拓展

我国营地主要盈利点还是传统的住宿、餐饮收入，虽然也不断增加娱乐项目，甚至向活动组织、举办、商品销售、地产开发等方面延伸，但整体盈利不甚理想。一方面是业态与度假村、乡村民宿非常相似，运营成本居高不下，造成价格偏高，营地的竞争力不足；另一方面，对自身品牌和特色产品建设不足，没有产生持续稳定的消费吸引，客户黏性也不足。营地经营者需要不断拓展特色活动、特色产品的开发，增加二次消费产品，争取多元化盈利。另外，季节性、假日集中等问题也一直困扰着营地的经营者，未来持续的产品优化、三次消费市场开拓是所有营地经营都要面临的机遇和挑战。

国外营地大多数有专业运营商或俱乐部运营，运营商获取平台收益，营地经营者根据自身情况适度经营。如美国 Bellefonte 营地是夫妻经营，虽然提供多个营位及活动，但只在旺季雇用 2～3 人，以有效控制运营成本。

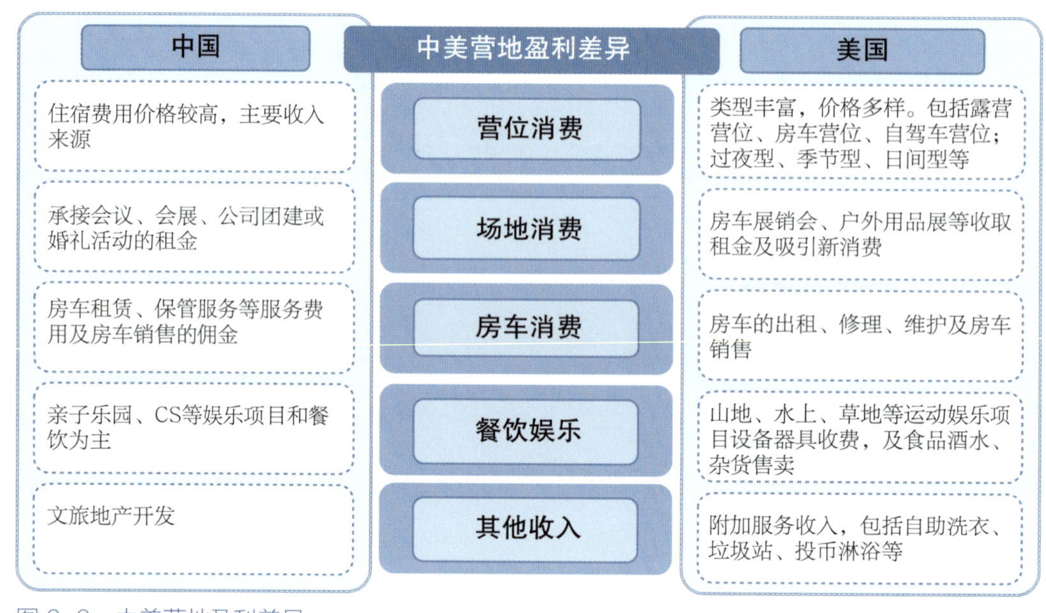

图 6-6　中美营地盈利差异

6.2.5　支撑体系不健全

营地设施方面不完善。自驾车（房车）停靠分为日常停泊和出游停泊两种。如果是旅行途中，虽然没有明文规定必须停入营地，但路边停车场噪声、安全保障方面影响旅居舒适度，尤其是自驾（房车）旅游多在风景优美的线路或景区，其生态更为敏感，有序进入营地有利于减少对环境的干扰。但实际中房车车主进入营地的积极性却不高，这里有价格问题、进入习惯问题，但最重要的是配套设施完善的问题。例如，房车营地预留上下水接口以保障生活用水、电压稳定以保障生活用电、污水污物便利的排放等。只有设施更完善、收费更合理，节省下改装费用，培养更多车主养成进入营地的习惯，才能使得经营者、运营者、消费者都能各得其所，多方共赢。

人员培训方面缺乏。我国旅游服务水平一直参差不齐，而营地大多又是独立经营，规模较小，相应从业培训难以系统提高，尤其在丰富营地活动内容方面，更是需要专业化指导。未来面对人们对营地生活的更高期待，更需要对客户服务更垂直、更细化，甚至提供一对一定制化服务，以及针对营地自身特色，进行娱乐活动、线路开发、业态策划等综合开发，这对营地人才提出了更高的需求。

营地标准及分级体系的应用还未普及。中国现行营地标准规范有 4 个国家级标准、8 个行业级标准、27 个地方标准。我国营地标准等级认定目前已有汽车运动联合会、文化和旅游部等相关部门出台规范，但距离全面普及和统一还有很多工作要做。整体上我国相关标准体系不断在完善，但还未真正形成大规模应用，这就造成了经营者和旅行者对营地级别认知的偏差。

表 6-1　有关营地的地方标准规范

1	森林公园露营地建设与服务规范第 1 部分：导则	DB65/T 4252.1—2019	新疆维吾尔自治区
2	森林公园露营地建设与服务规范第 2 部分：汽车露营地	DB65/T 4252.2—2019	新疆维吾尔自治区
3	森林公园露营地建设与服务规范第 3 部分：户外扎营露营地	DB65/T 4252.3—2019	新疆维吾尔自治区
4	自驾车旅居车营地建设与服务规范	DB61/T 1200—2018	陕西省
5	智慧旅游建设与服务规范第 7 部分：智慧自驾车旅居车营地	DB61/T 1201.7—2018	陕西省
6	自驾游服务规范	DB61/T 1243—2019	陕西省
7	金秀瑶族自治县自驾车营地服务规范	DB45/T 1610—2017	广西壮族自治区
8	汽车旅游营地星级划分	DB45/T 566—2020	广西壮族自治区
9	旅游露营地等级的划分与评定	DB21/T 2294—2014	辽宁省
10	自驾游基地设施建设及管理规范	DB15/T 1433—2018	内蒙古自治区
11	汽车露营地旅游服务星级评定标准	DB37/T 2333—2013	山东省
12	汽车旅游露营地建设与服务规范	DB14/T 1106—2017	山西省
13	自驾游基地设施与服务规范	DB32/T 1665—2017	江苏省
14	自驾游营地等级划分与评定	DB51/T 2142—2016	四川省
15	汽车旅游营地等级划分与评定	DB53/T 417—2012	云南省
16	山地旅游第 8 部分：汽车露营地设施与服务规范	DB52/T 1401.8—2019	贵州省
17	汽车露营地设计指南	DB62/T 2996—2019	甘肃省
18	自驾车旅游营地建设规范	DB63/T 1724—2018	青海省
19	自驾车旅居车营地建设服务及等级	DB54/T 0168—2019	西藏自治区

续表

20	营地型房车服务功能与设计导则	DB31/T 1031—2016	上海市
21	经营性帐篷露营地建设与服务规范	DB31/T 1069—2017	上海市
22	汽车旅游营地等级划分与评定	DB11/T 1294—2015	北京市
23	自驾车露营地质量等级划分	DB50/T 896—2018	重庆市
24	康养旅居地汽车露营地建设、服务与管理规范	DB5104/T 29—2020	攀枝花市
25	研学旅行基地和营地建设与管理规范	DB3306/T 025—2020	绍兴市
26	营地型房车酒店基本要求及服务规范	DB5206/T 106—2019	铜仁市

就营地分级标准来说，欧美发达国家具备完善的体系和相应服务标准，从市场需求出发，以企业标准进行联盟内营地评级。我国目前营地分级更主要是相关机构组织，包括中国汽车运动联合会的五星营地、中国旅游车船协会的5C级自驾车旅居车营地等，其具体评级内容见表6-2。

表6-2　国内五星级营地要求

序号	五星营地行业条件
1	房车营位不少于80个，帐篷营位不少于50个，移动房屋不少于20个
2	体育项目不少于5项
3	拓展训练场所应符合GB 19079.19—2010的要求
4	营区内提供有线电视和无线上网服务
5	营区内设有便利店、专用垃圾清运车等
6	餐厅及其他商业设施营业时间应不少于14小时，体育休闲场所开放时间不少于12小时
7	具有涉外接待能力

资料来源：根据《汽车自驾运动营地建设要求与开放条件（TY/T 4001.1—2018）》整理。

中国旅游车船协会评选5C级自驾车旅居车营地主要是细化和设定了不同等级的营地评分标准，即5C级营地总得分900（含）分以上；4C级营地总得分800（含）分以上；3C级营地总得分800（含）分以上。具体分值内容见表6-3。

表 6-3 国内 5C 营地要求

简要说明	分值
一、基础条件	130 分
1）良好的综合区位、便利的交通 2）地域特色、优美的自然环境、良好的气候条件及环境舒适度评价、禀赋的历史、民俗、非物质文化遗产、民间乐曲、历史文化等独特的人文资源	
二、营地规划	80 分
1）衔接国土空间规划、优化空间格局、完善的土地利用规划、城乡规划及全域旅游规划等 2）功能区设置包括：基础功能区、特色功能区、功能区衔接。基础功能区主要有出入口、服务中心、停车场、自驾车露营区、旅居车宿营区、服务保障区、垃圾及废弃物收纳处理区。特色功能区包括木屋住宿区、帐篷露营区、儿童游乐区、户外运动区、露天活动区、商务活动区、宠物活动区等。功能区衔接包括内外部交通连接及与周边资源联动的空间	
三、服务设施	580 分
1）道路与停车场，明显的出入口标识，位置合理的公共停车场便于营地的进出，人车有效分离的道路系统符合国家道路及防火规范。 2）服务中心主要布置在连接顺畅，便于人、车集散和提供服务衔接的位置，建筑风格具有明显的标志性、导向性与环境很好的协调，采用生态、节能、环保、低碳的装配式建筑，且夜间有良好的照明。提供营地的消费指南及简介、所在旅游景区的介绍、旅游交通图等相关资料。 3）服务保障区位置合理、集约利用，提供具有地方特色或创意的菜品、多种类的餐厅（公共餐厅、自助餐厅，提供早餐及餐饮服务）。 4）自驾车露营区内基础营位面积不小于 $50m^2$，且每个自驾车营位由停车位和帐篷位组成，两车间距不小于 2m（提供户外烧烤、餐椅及遮阳遮雨的设备）；营区营位数不少于 20 个，适度远离主干道，宜种植树木、花草形成良好的自然景观。 5）旅居车宿营区由停泊位和附属休闲区组成，营位占地面积不小于 $80m^2$/ 个，停泊后的两车间距不小于 3m，营位应布置水电桩，适度的隔离良好的隐私保护效果，配备户外烧烤、餐椅及遮阳遮雨等设备；营区营位数不小于 20 个，统筹铺设给排水管网，以及电力、网络等综合管线并配备相应的设备接口。淋浴间与营位数配比不低于 1:10，厕所与营位数量配比不低于 1:15。 6）废弃物收纳与处理适度，合理布置垃圾收集箱；废弃物收纳位于营地下风处，并有效隔离；污水、废弃物及时外运且进行无害化处理。 7）特色功能区。 8）旅游厕所采用合理布局，禁止直排。 9）电力及照明宜使用风能、太阳能、水能、生物能等清洁能源供电。 10）标志标识明显的交通引导标识系统	
四、管理与服务	210 分
4.1 安全保障	80 分
4.2 管理制度	30 分

续表

简要说明	分值
4.3　服务要求，定期开展员工培训，持证上岗；统一化、标准化服务管理	70 分
4.4　智能管理与服务，网络全覆盖；通过网站、微博、抖音、微信公众号等自媒体营销和宣传；营地智慧化服务；线上线下运营	30 分

资料来源：根据中华人民共和国旅游行业标准（LB/T 078—2019）自驾车旅居车营地质量等级划分整理。

6.3　开辟中国营地 4.0 时代

6.3.1　营地发展新要求

文旅融合。虽然我国营地产品在体验感和沉浸式活动中都有了长足的发展，但大多数还存在主题相似、风格雷同等问题，未来，在营地文化的培育、主题内涵的深化以及品牌的打造上还有很大的空间。营地旅游越来越趋向家庭化，亲子学习和娱乐休闲并重，这要求有丰富又有深度的文化内容植入，并与创意设计结合出美学空间，不仅提升营地的文化体验感，也增加营地的经济收益。营地可以依托地域文脉、地方特产等演绎主题场景，拓展活动内容来引发游客的文化共鸣，或根据营地环境设计特色风格娱乐文体活动，从而构建出营地的特色文化品牌。

区域联动。区域联动包括两部分，一是营地网络区域布局充分，二是营地和区域经济的联系。我国营地网络化布局虽然成长迅速，但是能覆盖省域、流域大范围的布局还不成型，这不仅给旅游者造成了困难，而且不利于区域资源的调配和区域协调发展。我国营地或依靠景区发展，或在都市圈中分散独立发展，更多重视内部娱乐体验，而和本地乡土特色、人文特色、物产特色等还未有很强的联系。大多数营地是选址于优美环境，业态和度假村重合度非常高，但对地方贡献有限。未来大文旅时代，区域联动不仅仅是统一的市场推广、线路设计、公共交通等旅游资源联动，也是营地生活与区域经济的同频，一二三产的融合发展。

运营生态。在营地建设浪潮后，需要更多体验内容的持续更新和营销获客的不断积累，需要从营地管理、服务改善、商业产品的方面升级。营地既要保持特色，又要不断迭代，巨大的产品研发、人力培训、资源聚集等成本压榨着经营者的利润，独立的营地经营性正在经受考验。随着数字经济浪潮的席卷，每个营地单打独斗的时代逐渐会过去，未来营地更需强大的技术中台，不断打磨产品、服务、品牌、营销、管理等诸多内容和环节，线上线下构建生态圈。

6.3.2 营地发展新特征

中国营地发展有自己的明显特征，从初级的停车功能的营地，到提供丰富娱乐活动的营地，并与度假村业态逐渐重合，成为高品质、精致生活的代表。我们认为营地有 4 次进阶，从最初满足基础需求的“临时停靠点”，到提供旅行相应生活服务功能的“补给站”，再到为了留住旅客形成具有丰富业态的“度假地”，最终形成以人为本、以房车为媒介，通过深耕细作、多场景融合、沉浸式体验，打造成“人 + 房车 + 场景 + 特色产品”的“未来聚落文旅综合体”。

表 6-4 营地发展特征

名称	1.0（停车场型）	2.0（服务区型）	3.0（度假村型）	4.0（未来聚落型）
定位	不明确	自驾游基础服务区	自驾游客文旅休闲服务目的地	打造“人 + 车 + 场 + 物”的集合体，促进地方特色产业发展（尤其二产），包括硬件提升和软件升级
功能	停靠 + 补给	停靠 + 补给 + 住宿	停靠 + 补给 + 住宿 + 娱乐活动	停靠 + 补给 + 住宿 + 娱乐活动 + 产品销售
业态	停车营位，加油、充电等基本补给	增加了车辆维修、设备租赁、简单餐饮住宿	增加了丰富的娱乐业态，如体育运动、亲子研学、文化体验等多种业态	房车全链全业务 + 全网全渠道 + 产业全业态的集合体 包括生产研发、商务会展、商贸物流、特色产品新零售等
运营组织	单一企业	单一企业	综合文旅企业	多主题社群，垂直细分俱乐部等多方参与的平台化结构
品牌	无	无	初步形成企业品牌，但影响力不足	拥有特色主题 IP，特色产品、特色文化、特色形象等
盈利	营位费（一次消费）	营位费 + 少量二次消费	营位费 + 二次消费	营位费 + 会员费 + 租车费 + 二次消费 + 三次消费

（1）营地 1.0——停车场型

营地初期是为自驾游客提供临时休整的场地。随着自驾游增多，临时性场地不能满足大量的车停靠问题，营地 1.0 应运而生。营地 1.0 功能设施单一，就是停靠式营地，也叫“停车场型”营地，主要提供停车场地及相应的道路照明、排水等基础设施，也有一些较大的停靠式的营地设有卫生间、加油站等少量服务设施。

停车场型的营地更多是结合城市综合交通枢纽、大型商业购物中心、景区景点的停车设施布置。这种营地可能和汽车（房车）租赁业务结合，布置在飞机场、火车站附近，也可能和购物、演唱会等特定活动结合，布置在临近的停车区域，或者利用道路停车设施、村镇的公共空间设置。综上所述，营地 1.0 空间形态是停车场，基本营位面积占总用地的 80%～90%，目前这种营地以小型汽车、大客车停靠居多，房车营位仅少量布置。

（2）营地 2.0——服务区型

营地 2.0 拥有高速服务区的类似功能，如车辆停靠、生活补给及快捷住宿等服务功能，是营地 1.0 的升级版。服务区型主要是增加了服务设施，如快捷酒店、餐厅、超市、公共厨房、充电桩等设施，提供车辆维修、设备租赁等丰富服务。营地中也更重视车位设施规划设计，包括房车的停靠间距、车位分区等，可提供快捷住宿，餐饮服务中心提供简单快捷餐饮（超市）及住宿服务。

营地 2.0 可以结合国家道路交通体系布局，重点布局重要的交通综合枢纽及高速公路服务区，借助区域特色打造具有主题化、特色化、品牌化的服务区型营地。如江苏常州的芳茂山服务区以恐龙文化为主题，形成特色吸引力。

营地 2.0 主要包括营位（停车）区、住宿区、服务区等，其中营位停车区规模最大，可占总营地面积的 60%～70%，包括普通汽车车位和房车车位，同时满足房车供电、供水及排污的需求。如重庆冷水 G50 服务区营地，提供车辆的基础补给、车辆的维修、设备的租赁等服务，住宿区可提供木屋、帐篷、房车、星空房等多种选择。

（3）营地 3.0——度假村型

营地 3.0 是目前营地的主流形象，与度假村的定位和业态极为相似，可作为自驾游目的地。疫情之后，我国营地中豪华露营或精致露营的方式更受追捧，营地的生活也变得更舒适，既能徜徉在森林海洋、沙漠星空中，又能享受干净整洁的住宿、多彩

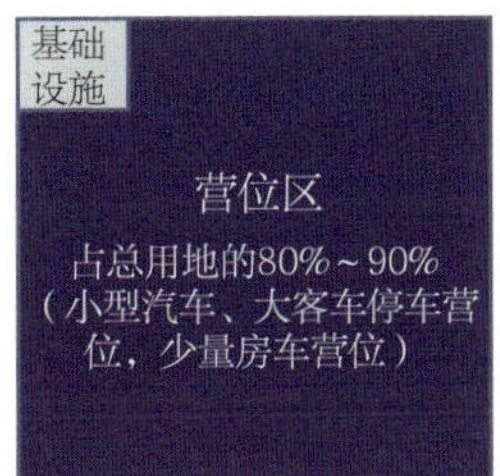

营地2.0——服务区型
基础设施
服务管理区
住宿区
营位（停车）区
普通汽车车位和房车车位

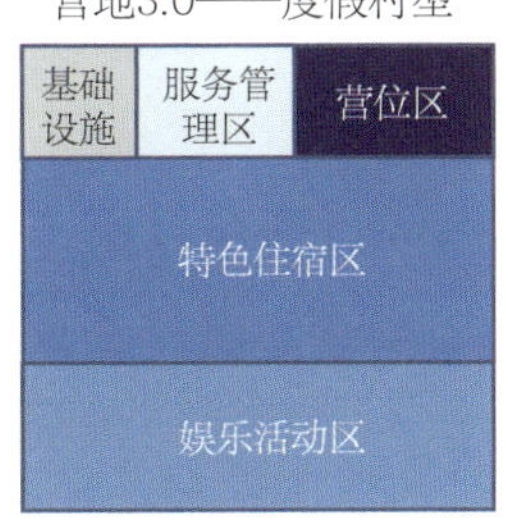

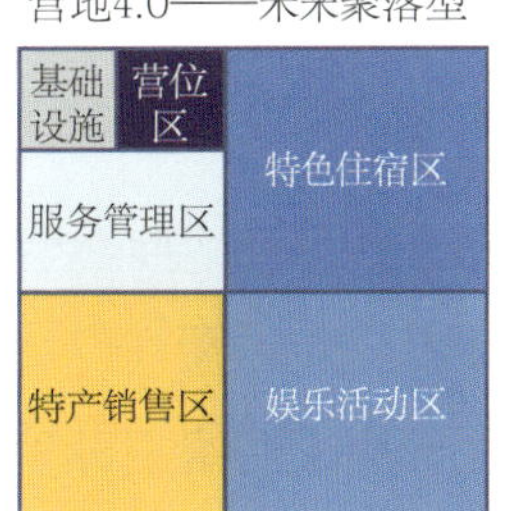

图 6-7 营地空间形态汇总

的娱乐活动和丰富的美食。营地 3.0 主要功能包括车辆停靠、生活补给、特色住宿、丰富的娱乐活动等，而特色住宿和丰富的娱乐活动成为营地重点打造的功能空间。营地形成了功能业态复合化、住宿体验社区化、服务设施便利化、娱乐休闲体验多样化的特点。

营地 3.0 一般选址最重要是依托资源，包括自然和人文两方面。自然资源即是本地的名山大川、自然风景、特色生态、季相变化等，人文资源可以是宗祠庙宇、古镇村落、现代购物中心、主题乐园等实体吸引物，也可以是体育赛事、文化节庆等内容吸引物。

营地 3.0 空间形态需要很好地依托地形地貌，科学合理规划布局，突出特色化、差异化。一般营地 3.0 中特色住宿区占地 40% 左右，娱乐活动区占地 30% 左右，停车（房车自驾车营位）占营地面积的 15%，服务区占地 15% 左右。

（4）营地 4.0——未来聚落型

营地 4.0 不只是度假休闲的空间，更是紧密联系区域经济的场景载体，是促进地方特色产业发展的新业态。营地 4.0 体现在硬件提升和软件升级两方面，通过区域特色经济与智慧化的加持，使营地公共聚集空间、文化体验空间、休闲旅游空间、商业消费空间有机融合，形成“人 + 车 + 场 + 物”的新文旅综合体。营地 4.0 的主要功能除了车辆停靠、生活补给、特色住宿、娱乐活动之外，更重要的是产品销售，即把营地作为房车及地方品牌会客厅。营地商业是面向房车全链全业务 + 全网全渠道 + 产业全业态的集合，包括生产研发、商务会展、商贸物流、特色产品新零售等。运营方式采用多渠道、多层级针对不同客群精细化运营，通过多主题社群、垂直细分俱乐部等建立营地生态圈，多方参与共同打造营地平台化组织，构建营地组织新生态，以品牌化建设助推营地高质量发展，通过营地在地化建设发展、建立特色主题IP群。

营地 4.0 需要与区域经济联系紧密，可以是小小驿站，可以是多彩露营地，甚至也可以是房车小镇。其中房车小镇结合区域经济社会、产业结构、资源禀赋形成生产主导型或消费主导型。

营地 4.0 空间形态多样，包括特色住宿区、特产销售区、服务管理区、娱乐活动区等内容，其中特产销售包括房车露营为主的产品销售和地方特产销售。

6.4 营地 4.0 的核心要素

6.4.1 结合特色经济

营地 4.0 融合了地方特色经济全要素于一体，以房车产业要素创新驱动为核心，包含特色产品、特色文化、特色场景、特色品牌、特色社群等内容。

（1）特色产品

营地 4.0 最大的价值是挖掘地方价值，创造更多的旅游消费，尤其是增加复购率。旅游消费的本质也是建立“人—货—场”之间的亲密关联，营地 4.0 就是构建“人 + 车 + 场 + 物”的集合体，通过挖掘特色产品，增加消费体验，促进地方产业经济发展。“物”即特色产品，不仅包括房车的零配件、改装组装等后市场及整车制造，还结合地方自然风貌、地域特色、人文环境等因素，创新地方特色美景、美食、农特产品等特色资源的消费体验，增强二消、三消产品消费。

（2）特色文化

从浅层的观光游到深度的文化体验，营地 4.0 是文旅融合的最佳实验场。营地特色文化既包括挖掘地方历史文化底蕴，丰富了旅游的内容，也提高了文化附加值和旅游品质，也包括创新塑造文化 IP，富含年轻人的情绪表达，社交空间升级，实现营地产品的精神联结、经济价值升华等目标。特色文化是移动互联网时代需要更多垂直化、圈层化的内容消费和文化消费升级的需求，这也需要在运营中持续优化，与“95 后”“00 后”甚至未来的“10 后”进行沟通，形成营地新鲜感的源泉。

（3）特色场景

特色产品需要在特色场景下，形成较高的情感认可，进而提升消费体验感。营地打造特色场景是营地生活的情景化体现，是特色文化的艺术盛宴，是群体社交的群体画像，其核心是构建艺术空间里的美好生活方式。针对产品目的性，充分利用营地独特魅力，形成营地从策划规划、设计建设到后期运营的连续性场景体验，满足新消费时代的情感需求。

（4）特色品牌

营地的特色品牌是特色文化的直观感受，需要通过产品内涵、资源基底、游客需求等多方面来提炼，并经过目标客户群的认知互动，逐渐形成特色鲜明的品牌形象和不断更新的内容营销。特色品牌核心是打造人格化、场景化、共情化的旅游形象 IP，并拥有多重文化演绎，如小说、戏剧、电影、动漫等文化形式。特色品牌可以经由自然风光、民俗风情、特色美食、主题活动、特色文化等塑造。

表 6-5 特色品牌塑造素材

分类	主题
自然风光	凸显区域的自然禀赋与风光特色、民俗
民俗风情	挖掘自古的风土人情与历史文化内涵
特色美食	以喜闻乐见的美食为出发点
主题活动	根据资源特色和目标客群，设置活动特色
特色文化	本地文化特色

（5）特色社群

社群是营地经营者与消费者沟通的最直接方式，也是成本最低、效率最高的平台。打造特色社群的核心是价值认同和营地好感度，在价值认同、特色品牌塑造后，不断分享和持续内容输出，融合线上线下发展。营地 4.0 社群化运营，需要对客群垂直细分，通过各种活动、独具特色的文化服务，增强社群的黏性，形成社群运转升级和循环互动。

6.4.2 智慧化发展

随着房车营地设施体系的不断完善和升级，营地 4.0 的设施逐步实现智慧设施、智慧管理、智慧产品和智慧营销的结合和统一，不断实现设施功能复合化、设施景观化、服务多群体、承载弹性化，持续提升营地设施的软硬实力。

（1）智慧设施

融入智慧化设施，创新消费场景，促进消费升级。营地的建设应在传统设施建设基础上，融入 5G、大数据、物联网、人工智能等新型基础设施建设，使营地从规划建设到服务管理全体系实现数字化和智能化，从而培育新型营地产品业态。从扫码入园、刷脸通行到无接触服务、机器人送餐等各方面进行技术创新，创造新的消费场景，促进游客消费升级。用科技支撑旅游业现代化转型，紧抓现代化旅游要素，基于信息传递与旅游决策、旅游攻略与行程预订、场景创造与消费感知、支付与分享等生活细节，不断提升营地露营游客的安全感、获得感和满意度。基于现代化生活方式的新型消费场景为“营地 +”“+ 营地”提供强有力的现实支撑。

（2）智慧管理

营地 4.0 的智慧化管理包括数字化管理平台和智慧安防平台建设。建设营地数字化管理平台，提升营地管理效率，将三维可视化管理、交通接驳及安保调度、视频监控、智慧停车、客流监测、票务统计、游客画像、网络舆情等功能汇聚为一体，在管控中心大屏上便可直观展示实时营地游客量、客流分布情况等。在旅游高峰时期，露营游客等待时间的减少、营位利用率的提高、投入到营地服务的工作人员的减少都是智慧化管理平台产生的效用。建设智慧安防平台，在营地周边安装电子围栏，实现营地入侵报警功能，应急指挥中心和附近的保安根据入侵报警信息第一时间查看实时监控视频，并作出相应的应急反应。意外发生时，营地应急中心可以启动应急模式，景区的高层、安保、消防、医疗、公关各小组都会按照预案启动。

（3）智慧产品

5G、AI（虚拟技术）、AR（增强现实技术）、全息技术等新型科技为营地产品带来不一样的技术方向，也为营地游客带来不一样的体验，进一步促进营地与文化、旅游的深度融合。

运用 AI 结合大数据等技术对游客的行为特征、性格特点、消费偏好等进行细致分析，形成新的产品、业态和新的商业模式，不断推动“营地 +AI”的融合应用。同时利用 VR/AR 虚拟技术，开发特色主题内容的虚拟产品，提高景区二次消费，持续淡化门票经济。沉浸式体验能为营地带来游客黏度高、个性化强、体验性好的特点，可以提供全新的营地体验内容，也可以更大程度满足露营游客的体验需求。沉浸式体验可以涵盖营地所有的内容，从营地平台开发、营位类型、活动方式等各大元素，均可以体现沉浸式的特色，也成为营地营销的新趋势。营地无人机产品的运营能够有效地加强营地的观景体验，弥补大部分旅客因为外围或自身因素，无法亲身体验的消费漏洞，减缓营地及景区人流量过多的压力，以及人群的参观对自然景观本身的破坏。

（4）智慧营销

营地营销转型发展需要借助数字化，利用大数据平台分析前往营地游客的年龄、需求、喜好、旅游线路、时间安排、消费水平等，让大数据落地应用，形成精准有效的营销方案，为游客提供更好的个性化服务。营地的数字化营销，最关键的是内容，最核心的是能否符合营地游客的需求。

营地营销需要借力内容营销，可推动营地从以往过度消耗的活动到资源整合优化，打造特色的 IP 活动，拉长营地产品原有产业链，运用各类热门网络手段宣传，吸引眼球，把网络媒体的影响力变成经济实力和社会收益。营地的产品和内容从大而广转变到少而精，集中传播力度，强力冲击市场，助力品牌推广升级。

智慧化营销推广手段需要充分利用新时代新媒体的影响力，将营销推广布局到各类媒体，聚合电视、互联网、新媒体、户外的多媒体组合运用策略与执行，实现广告融媒化，宣传放大营地活动效果，实现营地影响力覆盖全方位人群。

6.5 营地 4.0 的三大形态

当今中国营地的意义不只是度假空间，它使得区域经济的联系更加紧密。营地从发展之初单一的露营功能逐渐升级演变为露营、娱乐休闲、体育运动等各种功能相融合的类似旅游度假区形态，逐渐承接更为复杂的功能。本书中的营地是广义范畴，随着规模和内涵的扩大，实际上囊括了驿站、露营地和房车小镇三种形态，这三种形态从功能、规模以及消费层级等各方面都有所区别。

驿站规模相对较小，功能较为单一，消费层级也较低，主要为了满足露营者的一次消费需求，根据交通集聚的功能性分为沿线型驿站、集散型驿站和依附型驿站。

露营地规模适中，功能较驿站更丰富，消费层级也相对较高，可同时满足消费者的一次消费和二次消费的需求，根据特色功能和依托资源类型分为乡村体验型营地、滨水运动型营地、林地探险型营地和综合休闲型营地。

房车小镇规模较大、功能融合度高、消费层级也更高，可在满足消费者一次消费和二次消费基础上，更多地促进三次消费的进行，根据产业主题分为消费型房车小镇和生产型房车小镇。

因此本书主要囊括营地的范畴是三大类、九小类。

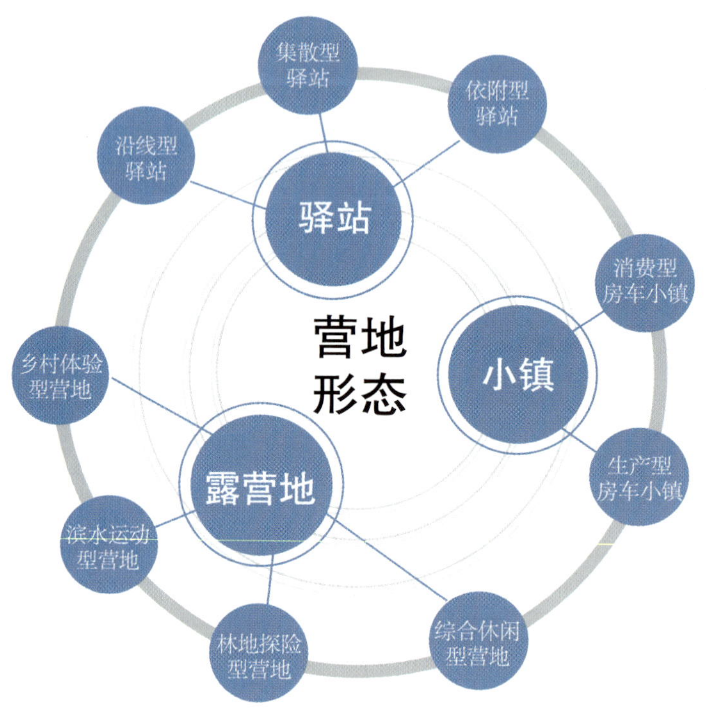

图 6-8　营地类型示意

6.5.1 驿站

驿站是类似停车场及服务区的补给场所。古时“驿站”是供传递军事情报的官员途中食宿、换马的场所，现今定义延伸，作为旅游者的休整地。一般来讲，驿站的规模相对较小、功能较为单一，主要提供房车或自驾车的停靠和简单补给功能，功能较为齐全的驿站可以有木屋、帐篷等其他露营形式和简单的休闲娱乐设施供露营者使用。

借助不同的资源条件，本书主要将驿站分为沿线型驿站、集散型驿站和依附型驿站三种。

表 6-6 驿站分类及要素特征

驿站类别	沿线型	集散型	依附型
选址	风景道、国道、高速路等沿线，与服务区结合	城市交通枢纽或旅游集散中心结合，如机场、高铁站、码头等	与购物中心、特色商街、主题乐园等景区、商街结合
规模	小	中等	中等
功能	简单	简单	略丰富

（1）沿线型驿站

沿线型驿站可以依托国家著名旅游风景道、国道或各类旅游线路进行建设，如G318（上海—日喀则）、新 G219（新疆—广西）、G317（成都—那曲）、独库公路等网红自驾游线路，宁夏红色旅游风景道、海南“国家海岸一号风景道”、太行一号国家风景道、G527 宁海风景道、山海关长城风景道、温岭滨海精品线等旅游风景道。旅游风景道的整体建设距离较长，沿线城市、乡镇和村庄的密度较低，地广人稀，对于房车旅行途中的补给服务能力较弱，因此，沿线型驿站能够起到很好的补充作用。

沿线型驿站也可以依托高速公路服务区进行建设，如 G50 沪渝高速公路冷水服务区、浙江省宁波杭州湾大桥南岸服务区房车驿站、山西省平遥服务区房车营地等。结合高速服务区所处地域和环境，融入互联网大数据等要素，打造“高速服务区 + 驿站 / 营地 + 智慧”模式，充分挖掘、整合、优化高速公路沿线丰富的旅游资源。

沿线型驿站的功能更多的是临时休憩和补给，所以在营位之间一般不需要设置过于严密的隔离带。沿线驿站往往位于紧邻道路的位置，需要在整个露营地和外部主道路之间设置合理宽度的隔离带，可以采用大片种植本土灌木等植物来保证露营地内相对静谧的环境。

沿线型驿站除了提供房车临时停靠服务以外，还可以同时满足加油、充电、换水、排污、短暂休憩、临时补给等需求。一些功能较为完善的沿线型驿站可根据实际情况增设接待中心、洗浴、室外休息、帐篷营位、木屋营位、观景平台等功能，部分驿站还可设置第三卫生间、无线 Wi-Fi 以及信息咨询服务等配套设施。沿线型驿站在房车数量较少的情况下，在功能设定上应该可以同时接纳房车和其他露营车辆的停靠，以便最大化地利用资源，提高营地经济效益。

（2）集散型驿站

集散型驿站主要建设在旅游城市交通枢纽周边，如机场、高铁站、高铁新城、旅游集散中心等。综合打造旅游中转服务枢纽，为城市的旅游集散提供配套服务，构建"航空 + 自驾""高铁 + 自驾"等特色服务网络，强化旅行途中多种交通方式的衔接转换，为游客提供中转站式的食、住、行等一体化服务，实现便捷、安全、自由、省心省力的旅行体验。

集散型驿站主要为游客提供临时休憩补给、房车寄存维修、餐饮、加油、充电、换水、排污等功能，还可以设置特色功能，如微型城市展厅，为城市宣传助力等。

（3）依附型驿站

依附型驿站可以依托城市周边购物中心、特色商街、主题乐园等地点建设，如位于奥特莱斯小镇、购物商城等购物场所附近，南京东郊奥特莱斯露营房车营地、石家庄北国奥特莱斯集装箱营地、亚龙湾奥特莱斯房车营地等；位于迪士尼乐园、环球影城、方特欢乐世界等主题乐园附近，如上海迪加房车营地。依附型驿站依托营地附近主体的特色餐饮、特色购物、特色农产品展售、酒吧、咖啡厅等设施，提供自驾车或房车临时停靠、补给等服务，满足房车露营一族的购物、娱乐需求。

依附型驿站可以依托名山大川、庙宇、国家公园、自然公园、自然保护区等地点建设，如五台山、华山、黄山、嵩山、峨眉山等，实现景区用地、客流量和资源的互惠，提升依附型驿站的市场规模和盈利能力，构建网络化驿站。

依附型驿站也可以依托气候、温度、医疗水平、森林覆盖率、负氧离子水平、养生温泉、饮食特色等资源，借助优越的医疗条件和中医药资源，匹配银发族候鸟生活的短居，实现房车露营者候鸟式康养需求，或其他城市医疗、会展等的短居营地。

6.5.2 露营地

露营地相较于驿站，除了具有基础的车辆临时停靠、补给功能外，还提供丰富多样的休闲娱乐活动和更完善的服务功能，如特色餐饮、娱乐活动、户外拓展、假日节庆等复合型业态，使露营地最终成为一个集食、住、行、游、购、娱为一体的旅游度假目的地。本书根据依托资源类型和特色功能主要分为乡村体验型、滨水运动型、林地探险型、综合休闲型四种类型。

表 6-7 露营地分类及要素特征

露营地类别	乡村体验型	滨水运动型	林地探险型	综合休闲型
选址	与乡村或乡村周边环境结合	与江河湖海等自然水域或人工河道结合	与森林、山地等动植物种类丰富的地区结合	与沙漠、草原等独特景观地区结合
规模	较大	较大	较大	较大
特色	文化体验、农事活动	水上运动、滨水营位	户外探险、山地运动	休闲度假、沙漠越野、草原星空营地

（1）乡村体验型露营地

乡村体验型露营地的选址可以通过村庄基底、农业特色和环境条件等要素的研判，将乡村基础设施、资源环境和生活服务设施，改建或共用作为露营地设施，如商店、医疗室、公共活动场地、文化娱乐等设施，打造乡村独有的休闲、舒适的生活环境，感受淳朴的民风与独特的习俗，体验接地气的农事活动，欣赏优美的田园风光。

乡村体验型露营地的特色活动借势农田园地、冷棚温室、养殖基地、林果地、坑塘水面等土地资源，发展民俗体验、农事体验、农业科普、田园观光、建筑观光、文化体验、特色民宿、乡间文艺等业态，特色产业发达地区可以发展林果加工、特色食品、草编竹编、特色手工制品生产等。

（2）滨水运动型露营地

滨水运动型露营地以滨水自然地理资源为依托、以滨水休闲产品为特色、以滨水休闲产业发展为主导，规划用地临近岸线、丰富露营设施。滨水运动型露营地的气候应适宜，全年至少有 6 个月适宜开展海滩及海上活动，且具备水上运动及滨水娱乐的优势岸线条件，水质达到Ⅲ类水以上标准；湖面或海面宽广，视野开阔，同时建筑物与湖岸、海岸、水源保持 60 米以上的安全距离，避免突发气候对营地造成安全事故。

滨水运动型露营地的特色活动可以包括水上和岸上两部分，水上包括游艇帆船、休闲垂钓、综合水上运动、水上飞机等水上休闲运动产品，岸上包括滨水度假酒店、海洋公园、滨水公园、滨水露营、滨水度假地产、滨水商业娱乐设施、滨水步道等。

（3）林地探险型露营地

林地探险型露营地依托森林、山地等资源优势，在植被覆盖率、动植物种类丰富度不同的区域布局不同特色露营形式，可以选择在城市公园、森林公园、自然保护区、郊野公园、湿地公园等风景资源丰富的区域设置露营地，为借助森林、山地建设的游憩活动提供场地。整体设置中可以将景观相对优质的区域设置为主要露营地，在一些视野开阔、依山傍水的区域可以开辟为自驾车营地，在地势较为平缓、面积大小适中、采光良好且森林郁闭度低的区域可以开辟为帐篷营地区，也可以选择性地设置木屋别墅或帐篷等，提升露营方式的丰富度。

林地探险型露营地一般选择特色突出的森林山地环境，山地风光、峡谷风光、山涧风光等多种景观能够得以呈现，并且可以将不同风光融入露营地的视野范围内，为露营地提供更丰富的景观层次。林地探险型露营地特色活动以越野、探险、户外活动等产品为特色，有山地自行车赛、攀岩、徒步、林间漫步等。

（4）综合休闲型露营地

综合休闲型露营地是利用草原、沙漠等独特的风景，利用旅游人群的心理特征，开展特殊体验的度假目的地。其建设主要依托山地型景区、旅游区、风景名胜区、自然保护区及国家公园。

综合休闲型露营地在规划过程中要选择自然通风良好、排水良好的平坦或平缓起伏土地，有利于取水，具备风力发电、太阳能发电等多种供电设施，远离山体滑坡、巨浪、洪水等自然灾害。保护好营地内的动植物资源，减少生态环境的破坏，因地制宜设置不同的交通设施和交通方式，结合森林、山地的独特性，局部存在较大高差的营地，其进入方式应与其他类型营地形成较大差别。例如，草原地形广袤平坦，降水量偏少，以夏季性降雨为主，冬季寒冷，夏季短促，气候干燥，全年日照时间较长（黄金季节为盛夏 7~8 月）；沙漠地区昼夜温差大、夏季酷热、冬季严寒，雨量极少，风多而大（沙漠适合旅游时间 3~9 月）。综合休闲型露营地的特色活动以仰望星空、回归自然等系列体验为特色，如草原篝火晚会、沙漠越野赛、全羊宴特色美食等。

6.5.3 房车小镇

生产、生活和生态空间融合是特色小镇的本质属性，特色小镇融合了产业功能、商业功能、文化功能、公共服务功能、创新功能等诸多功能。产业功能主要体现在小镇产业的发展上，商业功能主要体现在大型购物中心、专业市场和商业街的运营上，文化功能主要体现在博物馆、特色街区、文物古迹的展示上，公共服务功能主要体现在高质量的教育、医疗服务的保障上，创新功能主要体现在高校、科研院所、大企业研发中心的建设上。

房车小镇将房车研发设计、生产制造、销售租赁、住宿体验、旅游娱乐等全产业链进行融合，是房车及相关产业的集大成者，本书主要根据产业发展水平、发展定位、主导产业占比情况等要素将房车小镇分为消费型房车小镇和生产型房车小镇，将其与地方产业发展紧密结合，积极促进三次消费升级，提升地区产业活力，提升地区产业经济水平，实现产业育城。

表 6-8　房车小镇分类及要素特征

房车小镇类别	消费型	生产型
选址	景观资源较丰富地区，位于城市周边	生产研发企业较聚集地区，位于郊区或开发区
规模	大	大
功能	生活、休闲、观光、商业、教育、娱乐	生产、研发、会展、商业、物流、生活、娱乐、休闲

（1）消费型房车小镇

消费型房车小镇位于城市周边，多种业态复合，主要以房车旅游产业为依托，以生活、休闲、观光、商业、教育、娱乐为主题，通过构建“全龄、全时、全维”的全生命周期健康生活体系，融入新零售、数字化场景、人工智能线下应用等新技术，创建新业态、新模式、新动能，实现消费场景化、沉浸式体验化、服务消费多样化、个性需求定制化，打造以快乐、幸福、健康为愿景，集娱乐、教育、文化、颐养为一体的房车小镇，助力消费经济的常态化。

消费型房车小镇的选址一般在生态环境资源良好、旅游资源丰富、旅游产业特点较为显著的地区，综合布置休闲娱乐、特色居住、展览展示、文化体验、配套服务五大功能板块，形成食、住、娱、展、销等各要素聚合的地区。

（2）生产型房车小镇

生产型房车小镇主力发展房车产业，鼓励发展房车产业相关服务，积极发展房车产业关键零部件国产化，打造集房车研发设计、孵化放大、生产制造、系统集成、商务会展、会议论坛、商贸物流、休闲娱乐、配套服务等功能于一体的房车全产业链特色小镇。

房车产业发展较为集中的城市形成了房车产业聚集区，进而拥有较多的高科技人才和高素质、高密度的劳动力资源，产品对外出口量大，对外开放程度高，随着世界产业结构的不断变革和调整，通过承接国外的产业转移，房车制造业发展势头强劲，为生产型房车小镇的培育建设奠定了基础。

生产型房车小镇构建“生产 + 生活 + 休闲 + 旅游 + 商业”的联合开发模式，除设计研发、生产制造和物流运输外，打造兼具生活服务及旅游体验的旅游集散地和休闲聚集地。以小镇的自身景观条件为基础，挖掘和延伸房车产业特色，形成新的景观价值点，为小镇旅游和服务的发展创造条件。整体功能配置除了满足本土居民对文化教育、公共服务、生活交往等多方面的需求，还满足其他外来人口的行程体验和旅游体验，实现以人为本的小镇格局。

6.6 营地 4.0 的三大网络

国内营地网络布局呈现东部沿海聚集、西部内陆稀少的态势。华东和华北沿海地区是营地发展的领头羊，这些营地布局的局域网点大多由民营企业建设，营地的地址选择多在人口密集、基础设施完善的城市周边景区等地方，小区域的发展也非常不平衡，品牌化和连锁化的营地运营商数量少且缺乏竞争力。

美国营地运营商与当地政府等行业主管部门达成了战略合作关系，利用既有资源，提高并优化营地连锁网络布局，打造营地品质，提高了营地运营的利润率和综合收入，综合经济效益比一般单独经营的营地高出 30%～50%。美国国家房车公园和露营地协会的营地运营总计 8500 个，相关部门又制定了营地等级划分标准和规范，统一营地服务体系，网络化、品牌化、运营管理，提高企业营收及利润，促进行业健康发展。

目前，国内不论是港中旅、中青旅、首旅、开元旅业等旅游巨头投资运营的营地，还是各地政府为当地风景名胜地区所建设的旅游服务配套营地，都呈现出小局域网内部循环的特征，成本高、标准低、体验不佳。我国营地建设运营发展方向是“共享资源—连锁经营—行业联盟—网络化管理”。

关于营地网络的意义，本书认为需要搭建三个体系下的营地网络。

6.6.1 国家公园体系下的营地网络

（1）国家公园体系

我国将完成建设以国家公园为主体的自然保护地体系的总体目标，建设目标为到 2025 年，完善自然保护地体系的法律法规、管理和监督制度，初步建成以国家公园为主体的自然保护地体系。自然保护地体系，就是自然保护的空间体系。目前，按生态空间价值和生态空间保护强度，中国自然保护空间分为国家公园、自然保护区和自然公园三大类。截至 2020 年年底，全国自然保护地总数量达到 1.18 万个，占国土面积的 18%。2021 年 10 月，我国正式设立三江源等 5 个国家公园，未来会建立更多的国家公园。国家级自然保护区 474 个，全国各地以自然生态系统、珍稀濒危野生动植物物种的天然集中分布区、有特殊意义的自然遗迹等为保护对象，自然保护区数量过去几年一直不断新增，未来估计还会增加。到 2035 年，随着自然保护地管理效能和生态产品供给能力的不断提升，我国自然保护地规模和管理将达到世界先进水平，建成有中国特色的自然保护地体系，自然保护地占陆地国土面积的 18% 以上。

表 6-9　自然保护地主要人为活动管控对比

自然保护地类型		科研活动	旅游活动	农业生产	城乡建设
国家公园		√	（受严格限制的）游憩体验	严格限制	严格限制
自然保护区		√	（受严格限制的）游憩体验	严格限制	严格限制
自然公园	风景名胜区	√	大众旅游兼生态旅游	有限管控	严格限制
	森林公园	√	大众旅游兼生态旅游	有限管控	严格限制
	地质公园	√	大众旅游兼生态旅游	有限管控	严格限制
	湿地公园	√	生态旅游兼大众旅游	有限管控	严格限制
	海洋公园	√	生态旅游兼大众旅游	有限管控	—

以国家公园为主体的自然保护地体系的发展宗旨为保护自然、服务人民、永续发展，自然保护地体系具备服务社会和人民的公益性，为人民提供优质生态产品，为全社会提供科研、教育、体验、游憩等公共服务功能。并且，三类保护地差异化管理，国家公园和自然保护区的核心区禁止人为活动，一般控制区限制人为活动，自然公园按一般控制区管理，限制人为活动。我国营地开展活动应该以公益性和教育性为核心诉求，为人民提供体验、学习、休闲等服务。

我国营地目前发展到了一定数量，虽然也有营地的规划，但实际效果不甚理想。可以借鉴参考国外的做法，欧美以及日本等国家和地区以公益性营地为主，我国台湾省的营地也突出公益性，这类营地一般只收取基本的运营费用，价格一般为普通酒店的 1/5，甚至只有 1/10。

（2）营地网络规划

结合国家公园为主体的自然地体系布局营地，形成全民公有的公益性营地网络，为房车产业全民化发展提供基础条件，在营地开展科学研究、儿童研学教育、生态探险、自然观光等业态活动，有利于全国范围内生态安全屏障建立，山、水、林、田、湖、草得到一体化保护修复，生物多样性得到保障，有利于提升全民生活品质和幸福感。以国家公园为主的营地布局更容易形成一张全国性的营地大网络格局，在推动营地网络规划的过程中，具有先导性、示范性和普惠性。

以国家公园为主体的自然保护地体系下的营地以小镇和露营地两大类型为主。一般控制区内可以布置小型营地，提供研学、观光休闲、生态游憩等服务，而在一般控制区出入口处设置游客服务中心提供游览法律法规、信息、特色主题、露营装备等相应的服务，结合周边乡村打造房车小镇（距离一般控制区 0.5～1 小时车程）。国家公园营地建设应该以景观保护和适度旅游开发为基本任务，中国特色的国家公园营地建设应该多以免费、低价普惠性为主，以融入青少年教育和亲子探险等主体活动为辅，并且营地价格层次尽量与营地的特征挂钩。结合自然保护地原则，一般控制区内的营地主要业态包括少量拖挂式房车、集中帐篷营地、游览咨询站及公共管理服务设施（集中的洗手间、淋浴间及水电设施等），周边的配套小镇业态包括：民宿、酒店、营地、商业、餐厅等。

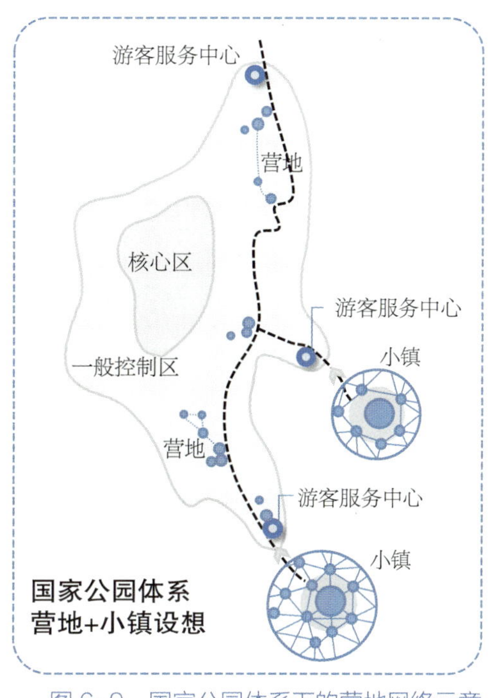

图 6-9　国家公园体系下的营地网络示意

6.6.2　公路交通体系下的营地网络

（1）公路交通体系

中国公路分为高速公路、国家干线公路（国道）、省级干线公路（省道）、县级公路（县道）和乡级公路（乡道），组成中国的公路网络。高速公路采用放射线与纵横网格相结合的布局方案，形成由中心城市向外放射以及横贯东西、纵贯南北的大通道，由 7 条首都放射线、9 条南北纵向线和 18 条东西横向线组成。截至 2020 年年底，中国公路总里程已达 519.81 万公里，高速公路达 16.10 万公里，高速公路居世界第一。同时，道路的养护及运营的资金来源需要拓展，旅游是一种很好的方式，所以国家出台《国家综合立体交通网规划纲要》推进交通与旅游融合发展。公路交通下的营地能促成交通与旅游的良性互动，是交旅融合的最佳地点。

随着高速公路网络的形成和社会经济不断发展，高速公路服务区不仅能为驾驶员提供休息以缓解驾驶疲劳，而且正朝着娱乐休闲、交旅融合转型。2017年，由交通运输部、国家旅游局等六部门联合下发的《关于促进交通运输与旅游融合发展的若干意见》中要求推动高速公路服务区向交通、生态、旅游、消费等复合功能转型。我国高速服务区数量众多，但经营差异巨大，营地结合高速服务区建设，可以为服务区带来“生态休闲＋度假购物”的综合体验。

（2）营地网络规划

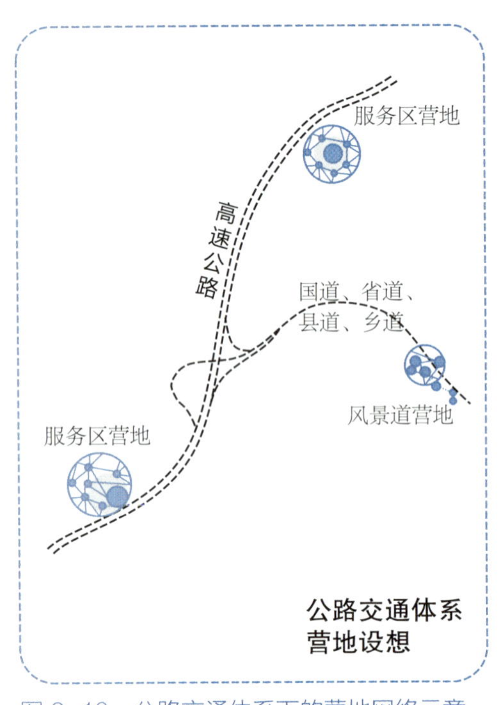

图6-10 公路交通体系下的营地网络示意

公路交通体系下的营地结合公路网，在风景道和重大旅游目的地进行规划布局。以公路交通体系为主要载体，延伸形成这些线路上的营地，然后以点带线、以线带面形成营地网络。高速公路干线边规划建设服务区营地，支线边规划建设风景道营地，以旅行补给、车辆维修、餐饮购物、民宿体验等特色业态为主。有利于人们消除旅途中的疲惫，不论是商务出行、研学拜访还是自驾游，都能以轻松又饱满的精神重新上路，同时，经济又高效地促进交旅融合发展。

以服务区为基础的驿站营地主要为自驾车、房车爱好者提供七类服务，生活补给及短期住宿服务类、车辆维修保养服务类、特色地域餐饮类、规模市集购物类、主题性休闲娱乐类、信息服务类、物流类。另外一种依路而建的营地是风景道营地，结合自然风光、村庄布置，主要提供自驾游、房车游的生活补给，结合道路周边风景名胜、乡村市集、假日庆典活动、民俗风情表演，展示自然生活。

6.6.3 城镇体系下的营地网络

（1）城镇体系

随着居民生活水平的提高，我国城镇化快速发展，交通基础设施不断完善，人们不断向城市集中。东部具有沿海区位优势，人才信息聚集，技术创新活力持续释放，并且充分参与国际竞争，经济相对发达。西部地区人口稀少，能源、矿产、旅游资源丰富，工业基础相对薄弱。整体上，我国城镇体系在不断深化发展，城镇网络密度不断增加，东部地区城镇发展速度最快，西部地区城镇发展速度相对缓慢，区域发展相对不均衡。

目前，国内呈现都市圈发展态势，形成了长三角、珠三角、京津冀等众多都市圈。都市圈的形成和发展是中国城镇化发展到下半场的产物，成为城镇化的空间主体形态。在我国快速城镇化发展进程中，大城市的经济实力和辐射扩散能力不断增强，地域范围日益扩展，在人口增长、就业通勤、空间扩张、购物消费、产业联系等层面已经打破行政边界，都市圈化特征日益凸显。随都市圈而来的是营地的网络化规划，它符合都市圈的发展态势，引导城镇建设走向个性化、多样化、差异化，是建立在新型城镇化基础上城乡协调发展的体现。同时，都市圈不断扩张，人们生活节奏快、压力大，远离自然风光，因此，外出游玩、嬉戏亲子等休闲时光便成为人们生活中必不可少的部分。营地的网络化布局能够满足人们对于不同生活体验的实际需求，更能带动都市圈的旅游业发展。

（2）营地网络规划

依靠中国都市圈的发展，营地往往布局在城市周边，呈现整体不均匀的布局网络。城镇体系下的营地网络，以城为中心形成了由内向外扩展的营地发展布局，城镇体系下的营地形态多种多样，依次分布在中心城市和都市圈，生产型小镇、消费型小镇、目的地营地、驿站等三大类九小类营地形态组合布置。随着老龄化及二胎、三胎政策的实行，市场客群主要是以城市中产阶层为主，周末休闲游、亲子度假游、养生健康游成为线下旅游市场的主力产品。

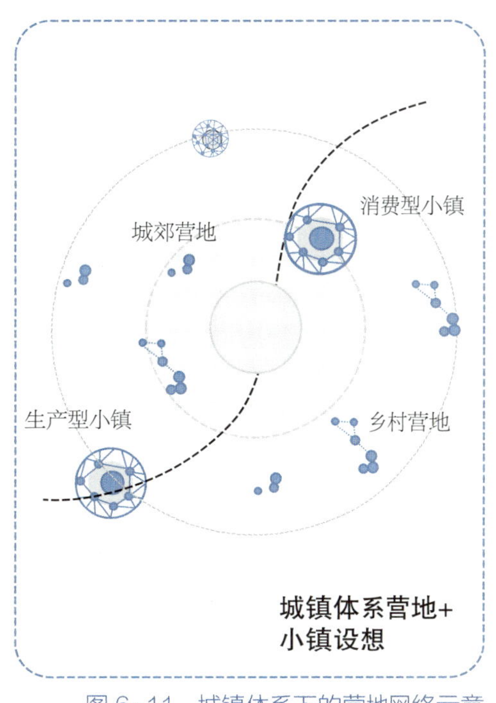

图 6-11　城镇体系下的营地网络示意

营地的选址结合与城市的联系，具有以下特点：交通通达性好，具有便利的交通接驳条件，距离中心城市 1～3 小时车程；大城市群周边，覆盖城市消费人群广；周边休闲旅游资源丰富，自带流量或网红打卡地。

以城市为中心的营地网络第一圈层适宜布局城郊营地，打破传统的住宿要求，以木屋、集装箱、帐篷、树屋、房车特色住宿体验为卖点，以体验带动消费，打造全方位、全龄段的营地，让灵魂回归自然，重新定义生活方式。在此基础上发展成为集食、住、行、游、购、娱于一体的度假目的地，打造“新、特、奇”消费型小镇。

以城市为中心的营地网络第二圈层适宜布局乡村营地，以城乡融合为契机，深挖地域文化，挖掘特色经济、特色产业、特色文化、特色产品、特色美食，通过举办节庆活动、民俗体验、农展品展示展销、工艺品体验等活动，打造具有当地特色的乡村营地。同时，由于乡镇地区具有土地、劳动力、农作物、矿产等资源要素充足的优势，借助城市科技成果转化及金融资本的输出，打造本地特色的生产型小镇。营地网络规划以点带面，以营地带动小镇，促使城乡融合高质量发展。

07 运营——三要素之三

7.1 中外房车产业运营概述

7.1.1 国外运营情况

美国房车诞生于一个世纪以前，房车营地也随之发展。起初，美国房车露营地都是一盘散沙的状态，有国家营地、州立营地以及个人营地，房车营地运营相对混乱。20 世纪 60 年代之后，美国房车营地开始结成各种联盟，专业的营地运营公司开始出现，逐渐发展成美国房车营地运营的四大龙头企业：KOA、Passport America、The Good Sam Club 以及 Thousand Trail。而且由于美国房车家庭拥有程度较高，房车营地的运营成为房车产业运营的重要内容。

KOA 创立于 1963 年，是世界上最大的房车营地运营组织之一。KOA 在美国有 500 多家营地，遍布美国各大国家公园和景区。KOA 的营地分为：KOA 线路营地、KOA 假日营地以及 KOA 度假村。KOA 线路营地提供房车露营所需要的基本设施；KOA 假日营地提供更全面的服务内容，提供淋浴设施、小型会议或者展览。KOA 度假村提供与传统度假村一样的标准设施，包括室外的游泳池、各类活动场地和设施。KOA 不仅具有连锁化、网络化的营地运营优势，且每个营地设施完善，营地工作人员服务专业态度热情，每年有超过 100 万家庭选择 KOA 的营地露营。

Passport America 是美国著名的营地会员组织之一。通过会员加入联盟的形式发展，会员可以在 Passport America 参与营地享受 10%~50% 不等的折扣优惠，以让利消费者的模式来节约广告营销费用。同时 Passport America 针对入住的营地培训也非常严格，指导营地如何提高收益及吸引游客。目前，美国、加拿大、墨西哥超过 1800 家营地入驻 Passport America，它们会定期举办各种营地活动并公布活动日程，为营地和露营者搭建相互沟通的桥梁，其运营模式为营地“开源”，为游客“节流”，贯穿线上线下，平衡并满足各方利益诉求。

The Good Sam Club 创立于 1966 年，与 KOA 和 Passsport America 不同，The Good Sam Club 运营了房车营地与房车联盟。The Good Sam Club 在全美会员总数超过 170 万，房车营地超过 120 家，通用航空机场超过 650 个。它旗下有专业的房车销售品牌——The Camping World 超级房车中心，专门销售各类型的房车，而且，The Good Sam Club 除了运营各类房车营地，它还能够为会员提供房车销售、维修、保险、托运等服务。

Thousand Trail 在美国有 190 多家露营地，仅次于 KOA，是美国第二大房车露营地连锁公司。Thousand Trail 旗下的露营地类型不同，Thousand Trail 的部分房车露营地仅对会员开放，还有 100 多家可以直接对外开放的“Encore”营地。“Encore”营地对所有的房车露营客开放，会员可以享受一定的折扣。

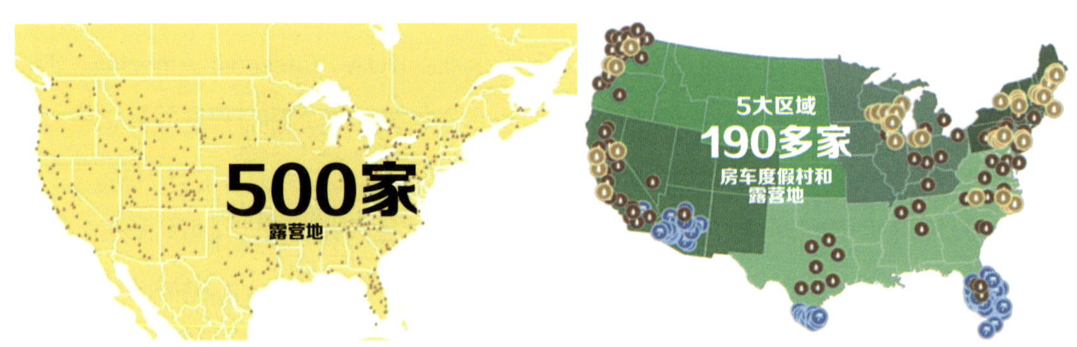

KOA营地及分布数量　　Thousand Trail营地及分布数量

图 7-1　KOA 营地数量与 Thousand Trail 营地数量及分布对比

7.1.2 国外运营模式特点

（1）经营方式以会员制为主

国外房车运营机构以会员制为主要经营方式。Passport America 面向其所有的个人会员提供露营费折扣，作为经常露营的房车游客，购买一张会员卡，经过几次房车露营，在露营费的优惠中，就能够把会员卡的费用省出来，会员还可以收阅免费的电子杂志；2020 年，KOA 年会员费 33 美元，会员享受九折优惠。此外，KOA 还为会员提供道路救援、房车租赁、定期不定期优惠等精彩活动，可以享受到在合作营地的“黄衫军”协助；The Good Sam Club 提供房车养护、房车维修、房车保险等会员服务。

（2）平台推广加盟模式

美国的房车营地的运营机构，都已经建立了自己的官方网站，有些还有自己的手机 App。官方网站不仅为会员营地查询、营地预订提供方便，更重要的是对于各类营地设施进行统一宣传，甚至根据季度、年度等时间节点对特色营地进行宣传和推广，通过这种模式，房车露营地加盟各类房车运营机构就有了更多的动力。KOA 网站上会根据游客的旅行线路，推荐适合的 KOA 合作营地，会员网站上会根据每个月会员的点评推荐月度最佳及年度最佳营地。通过网站平台的推广，各类房车营地积极性更高，也更希望能够参与网站的运营和合作。

（3）房车拓展服务

KOA 网站既是信息平台，也是预定平台。KOA 用户可以在网站上学习房车和露营知识，发现最新的露营地优惠信息，也能够在社区里与其他房车爱好者进行交流；The Good Sam Club 旅行助手为游客旅途中的医疗紧急情况提供保险；The Good Sam Club 会定期举办一系列露营集会活动，为会员提供增进彼此了解的机会和平台，并且，推出社交平台 Good Sam Blog，在这样的社交平台中会员可以将自身经历、营地信息和露营感受与其他会员分享，搭建出一个全国范围的社交局域网，最终形成良性的会员生态集群。

（4）完善的人才培训

KOA 建立了新员工和新营地联盟成员的教育培训中心——KOA 大学，KOA 的员工都是 KOA 大学毕业。KOA 每年举办 6 次集中培训，他们会将各地露营的员工集中起来，为他们培训关于露营的相关知识。通过培训并且顺利毕业的学生，获得毕业证就是 KOA 特色的“黄衫”——印有 KOA 标志的黄色 T 恤。“黄衫军”不仅知识渊博，而且对于他们所在的露营地周边的情况了如指掌。

7.1.3 中国运营情况

国内房车营地运营状况欠佳，存在着众多的原因，房车营地价格较高。如国内营地平均费用为 500 元 / 天，已经超过了部分星级酒店的开销。部分房车营地只有停车功能，水电配备不全，营地使用设施不足。

房车营地运营服务不完善。国内的众多房车营地运营大多照搬国外模式，缺乏本地特色，国外模式并不能适应国内环境。国外房车营地除了提供水电配备外，大多数的吃喝问题是游客自助解决的，但是在国内，大多数游客在房车营地除了烧烤等餐饮自助式服务，还习惯房车营地提供完善的餐饮服务。

房车营地运营全国联盟尚未建立。国内 1700 多个营地由首旅、星河、途居、中航、三特、港中旅等企业运营管理，没有形成一个统一联盟，彼此分散，没有形成合力，营地旅游线路规划欠佳，用户黏性不高。

7.1.4 中外运营比较

国内房车运营机构以途居露营、港中旅为代表。

途居露营隶属于奇瑞控股，以营地连锁加盟模式成功在新三板上市，建立了国内汽车露营行业的领先优势，其中，途居露营自建合作营地达到 30%，加盟营地约为 70%，还兼有房车销售业务。它取得了很多风景名胜区汽车露营地的特许经营权，用规模化采购及精细化管理降低运营成本，重点打造户外活动等配套项目，提高营地的非食宿收入。另外，它还完善营地管理服务体系，开展营地星级评定，推广优质营地品牌，展开营地培训，主导定制了中国露营地产业的行业运营标准。

港中旅采用双轮驱动的运营战略，东部主要打造体验型和基地型产品，包括农庄、乡村旅游、房车公园等，中西部由于人口密度比较小、基础设施匮乏，重点打造精品旅游路线。一方面，港中旅在全国有 2000 多家旅行社和众多景区、旅游目的地，可以给游客提供旅行社式的综合服务体验。其运营模式一定程度上更偏向于普惠性和公益性。

对比国内国外的营地，存在以下这些主要的区别：

	BTG 首旅集团 BEIJING TOURISM GROUP	CTS 港中旅	途居露营 TRAVEL LIVE CAMP	Good Sam Club	KOA	Passport America
国别	中国	中国	中国	美国	美国	美国
主要经营范围	露营地投资及运营	露营地建设及运营	房车露营地投资 + 房车制造	房车会籍 + 露营地会籍	露营地会籍管理	露营地会籍
数量	6	50+	营地：52 房车制造：2	会员：170 万 +	营地：500+ 营位：6000+	营地：1800+ 会员：100 万 +
运营体系	露营地运营	露营地建设及运营	房车及露营地出租	联网会员服务	网络化会员服务	全美露营地折扣
会员费	无	无	免费加入，消费升级	29 美元 / 年，50 美元 /2 年，79 美元 /3 年	33 美元 / 年会员费	29 美元 / 年
其他收费形式	无	无	房车销售	房车服务 合作营地收入 10% 返还	会员费、加盟营地返佣、加盟营地购买材料差价	集合露营地广告收入

图 7-2　中美房车运营体系的对比

中美营地的主要差异在于两国营地的盈利模式，国外的房车运营机构在组建营地联盟的基础上，面向个人会员收取一定的会员费，会员能加入房车运营机构的庞大网络体系，同时也能够享受到运营机构所提供的各种便利条件。运营机构通过营地联盟和个人会员体系的双向打通，建立完整的房车使用运营的链路，构建房车运营和资金使用的闭环。

与之相比，国内的房车运营机构从旅行社或房车制造企业发展而来，如首旅、港中旅及途居露营，他们的区别只是在房车营位的接待设施上。首旅和港中旅投资建设房车营地，对外出租房车营位，缺乏更完善的房车露营设施，途居露营的方式是借助房车制造厂商的配合，将房车作为露营地接待设施，虽然提供了部分房车营位，但配套差，对营地收入贡献也很有限。另外，国内的房车露营运营机构，大多数是重资产投入，无法联合足够多的营地打造广泛的营地网络，因而也无法吸引足够的房车业主，打造会员制的房车会员体系。

7.2 “房车银行”创新运营模式

7.2.1 何为“房车银行”

从狭义上讲，“房车银行”是以房车的存储和融通为基础的房车综合服务机构。我们提出“房车银行”的名称，类比于传统社会中的银行，银行的定义是以货币的保管和收付业务为主的专业机构，相应的，“房车银行”则是将房车作为操作主体，以现实中的房车保管和收付业务为主的专业机构。

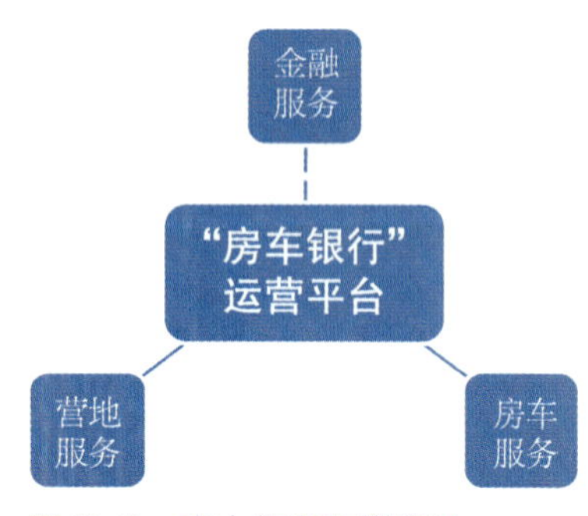

图 7-3 房车银行运营平台

从广义上来说，“房车银行”是整合房车全产业链、连接房车产业全要素的运营平台，涵盖与房车相关的所有业务，以房车买车、用车、出行、运营为核心，连接从营地运营到信息反馈房车生产制造的全体系。“房车银行”集房车车辆服务、房车金融服务、营地运营服务于一体，为房车产业发展提供系统解决方案。

7.2.2 以全新角度连接房车及营地

全新视角看待房车体系的运营，应将房车和营地纳入统一的体系，进行立体化、全方位运营。在新的视角下重新认识房车和营地，绘制全新的产业图景。

房车不仅仅是一个简单的交通工具，它本身就是旅游综合体，它将旅游六要素中的“食、住、行”集于一身，自身就是集合“食、住、行”、寻找“游、购、娱”的特殊旅游载体。房车承载的是自由寻找、自在交流、自我发现的都市人群理想的生活体验。

营地也不仅仅是房车停留的场地，营地本身是旅游吸引物，它提供了旅游“游、购、娱”的综合体验，营地可以承载房车的旅游目的地，它不仅提供了房车服务，也为房车旅游提供了完善的配套体验。

在这个前提下，对于房车与营地的运营，要有全新的思想、全新的理念，打造全新的产品和全新的运营形态。我们提出了能够统一承接房车及运营业务、具有未来视角概念产品“房车银行”，以及能够承载房车运营体系的“房车银行运营体系”。

7.2.3 线上线下融合的系统解决方案

房车银行成为房车业务的最终问题解决者，就是以房车买车入手、从房车用车着手，着眼于国内的房车发展困局，为房车产业发展提供系统的解决方案。

从房车购车需求入手，“房车银行”与国内的各类银行金融、非银金融、互联网金融机构进行合作，解决房车购买过程中的各类资金问题，进而为房车用车过程中的金融问题提供完整的解决方案；从房车用车方案入手，“房车银行”旗下的各类房车服务机构，为房车提供存储、4S 服务、改装等一条龙的保姆型服务，解决房车“修车烦、停车难”的问题；从房车露营的出行痛点入手，“房车银行”借鉴国外营地联盟的经验，打造具有国际化视野，并结合国内实际情况的房车营地 4.0 体系，以标准化建设、完善的服务，创新国内的旅游营地联盟，创造一个舒适便捷的房车营路体验，完成房车营地旅游的“最后一公里”闭环；从房车产业发展和智能制造入手，“房车银行”与车商合作，既为房车主机生产商、营销商以及各类房车代理机构提供金融服务，更发现房车消费者的实际需求，反馈给房车生产商在生产制造、设计研发方面的不足，不断创建和优化集合新技术的智能房车，建设面向未来的智能化的房车营地体系，为房车智能制造 4.0 提供实际的需求和完善的解决方案。

7.3 房车服务

房车服务是“房车银行”的基础服务，房车服务是与房车车主、房车爱好者、房车人产生联系的第一层界面。房车服务平台包含的房车基础业务，是服务于房车业主的实体房车服务，房车服务平台还包含房车智能化的解决方案，包含房车的智慧化管控业务，房车出行业务平台——RVOTA，共享房车服务、房车网约车业务、二手交易业务等服务内容。

7.3.1 基础服务

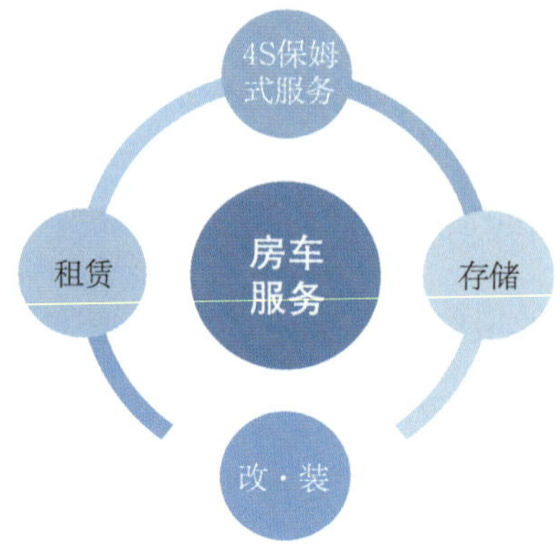

图 7-4 房车平台业务类型

（1）存储

房车在国内之所以无法大面积推广，除了房车的价格因素以外，房车的停放和保管是一个很大的限制因素。国内对于房车的停放和使用的要求较多，城市人群消费潜力大，但是国内大多数城市道路限制房车通行，而且国内城市人群居住以楼房为主，社区逼仄的停车位又无法满足房车停靠的要求，房车买了停不下来、开不走，这才是对房车使用的最大限制。“房车银行”就解决了房车车主这方面的需求。“房车银行”除了自有店铺停车场之外，还会在城市核心区域边缘、城市近郊区域选择合适的场地，修建大量的可供房车使用的专业房车停车场，供房车客户付费使用。与一般的保管业务不同，房车的保管业务采取类似银行保险箱式的操作方式，客户可以按照停留时间付费停留、付费保管，甚至在“房车银行”付费使用的过程中进行付费的保养和维修。

（2）4S 保姆式服务

“房车银行”也有房车 4S 店的功能，提供类似汽车 4S 店的“车辆展示、车辆试驾、车辆销售、车辆保养、车辆维修”等相关服务。“房车银行”与一般的汽车 4S 店不同之处在于，常规 4S 店是属于某个品牌和厂家的特许经营商，“房车银行”服务房车行业，联合多个房车厂商，作为多个房车厂商的合作 4S 店，为客户提供保姆式的综合服务。“房车银行”4S 服务由专业顾问一对一服务，也为每个客户建立专属的服务档案，让客户来房车银行从第一次到每一次，都仿佛到了老朋友的家里，有保姆细致入微的照顾，感觉到最佳的状态。

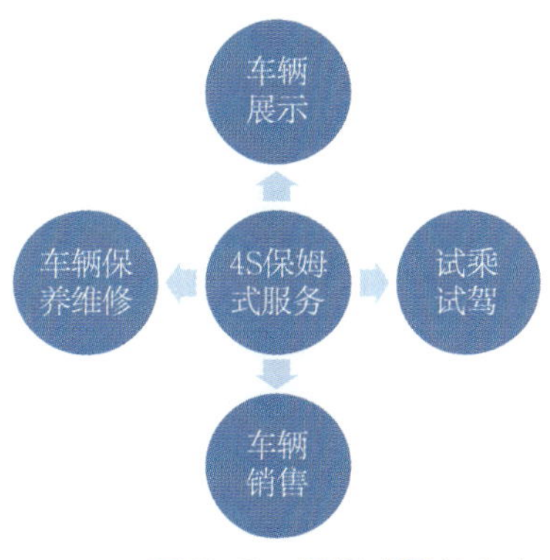

图 7-5　保姆式服务内容

车辆展示。“房车银行”会展示国内外主要房车厂商的各级自行式和拖挂式房车。车辆除展示之外，还有房车科普的作用，对房车、营地和相关的领域、知识进行充分的宣传和科普，对房车文化、房车产品、旅游景点、营地建设等起到宣传和推广作用。

车辆试乘、试驾。“房车银行”会提供一部分房车给客户试乘、试驾。试乘、试驾是让客户了解房车的功能、感受房车的特点、仔细观察房车的各项设施，并切身体会房车的舒适性。销售顾问会为客户及其家人介绍房车上的各种生活设施、安全设施、保险设施及舒适设施的功能，并为客户展示其使用方法，让客户了解房车驾驶中的特性及注意事项。

车辆销售。房车销售与一般的车辆销售相同，在客户购买房车的时候，针对客户选定的房车，销售顾问为客户代办各类车辆购买、检验上牌的相关手续。

车辆保养维修。“房车银行”会为房车提供常规保养及维修服务。为购买房车的客户提供有限期的优惠（免费）保养和相关年限的质保；对不是在“房车银行”购买的房车提供收费的保养和质保，而且加入“房车银行”的会员和购买了服务的客户，一样可以享受到有限期的保养和质保服务。

（3）租赁

租赁业务是房车银行与一般的汽车 4S 店所不同的业务类型，是房车银行的特色业务。房车租赁市场是一个巨大的、待开发的潜在市场。由于国内很多大城市尤其是一线城市对房车的购买和使用有种种限制措施，如限购、限行等，很多有意向购买房车的爱好者始终停滞不前，而另一方面，由于房车只能在旅行时使用，无法实现上下班的通勤需求，所以房车的使用场景受到很大限制，这也导致很多房车爱好者无法直接购买房车，而租赁房车就成为他们首选的享受房车的方式。在需要进行房车旅游的时候，可以从“房车银行”租赁一辆房车，相比于直接购买房车付出的成本更低，而且归还房车以后，也不会有房车保养、维修等业务的困扰。房车租赁是满足国内众多房车爱好者的现实需求。

房车租赁是“房车银行”面向大量房车爱好者提供的一个重要的服务项目，而且房车租赁也能够给房车银行拓宽服务内容。通过租赁房车，很多房车爱好者也会更全面地了解和感受房车，成为房车的潜在购买者，进而成为房车的购买者和拥有者。租赁业务不仅是“房车银行”的主要业务之一，也能够成为拓宽房车客户的重要途径。

（4）改·装

改装这部分的功能可以分为改装和装饰两个环节。在国内，房车并不是专有的车辆品类，大多数的房车是在常规乘用车底盘上进行的各类改装。

房车改装是针对房车客户的主要服务功能之一，针对房车客户对于原有房车格局及功能不足和自身对功能的特殊性要求，提出对原有房车进行功能改善和格局修整，对电气设备的更新和加装，是对房车硬件性能的提升。根据房车改装的技术层面不同，可以分为房车底层的汽车技术层面改装和房车居住层面的住房功能改装。“房车银行”提供的汽车改装功能，是让房车能够更加的个性化、更加满足客户需求，达到按需定制、按需改装的要求。

改装还包括装饰，即在房车原有的功能和格局不变的基础上，对房车内部的装饰进行改善和提升，提高房车原有设施的舒适度，改善房车内部的居住环境，或者按照业主的需求增加房车的美观度。装饰是让常规的房车能够更漂亮、更美观，更符合房车客户的审美。

7.3.2 管控平台

房车线上管理平台是面向主机厂、房车销售单位以及房车后台服务企业的统一管理平台，它将房车的线上管理和线下运营结合在一起，形成集云服务管理、随车计算终端、房车出行智控、远程监控、电子钥匙等于一体的安全驾驶体系。

（1）综合硬件平台

综合硬件平台是房车管理系统的底层系统，以房车线上线下通信为基础，以后台服务器群的统一计算指挥为中枢，以每个房车上的计算终端为纽带，进行线上线下数据传输和统一运算。在车联网的构架之下，房车指挥控制平台对每辆运行中的房车进行后台数据全程监控和实时管理。通过人车对应、人脸识别等手段，对车辆的管理提供更规范的车辆运控交互，对于房车使用的时间限制、门槛限制、安全限制等因素进行运营管理。后台运营平台可以蜂鸣提示、语音提醒或者强制干预等形式，保证房车运营的规范，保障房车司机、房车乘员及房车管理平台三方的共同利益。

（2）云服务管理平台

云服务管理平台是后台的服务器群，是房车线上管理平台的中枢大脑，是未来房车智能领域的综合服务计算平台。基于海量用户行为和数据统计，以云计算技术和大数据分析，在房车行车、驻车、远程监控、自动驾驶、道路信息统计、路况预计等多方面发挥作用。

（3）随车计算终端

随车计算终端指底层综合硬件平台，包含房车北斗定位模块、视频传输模块、网络通信模块、数据通信模块，语音识别及转录模块、车辆通信系统、边缘计算模块等。并在普通房车上外接各类传感器，包括激光雷达、毫米波雷达、温度湿度传感器、视觉识别摄像头等监控及采集系统，每个房车作为通信系统、运行系统、后台服务器的识别视觉和数据收集平台。

（4）房车出行智控

应用北斗卫星系统进行房车出行的智控。基于车联网技术和北斗卫星导航系统的的深度应用，在房车出行体系打通出行场景下的多元素、全系统的数据交互方案，将出行系统中的人、车、路三大信息数据进行整合，在车联网为基础大数据平台下，构建房车出行安全稳定、效率优先的出行方案，加速推动房车智慧出行领域的房车无线管控、无人驾驶等新领域的发展。

（5）其他应用方案

以底层的智能控制硬件平台为基础，结合线上线下的管理特性，可以开发出房车的多种控制，如与手机结合的电子钥匙、一车一码、精确定位、智能控车、车机联动系统、车辆行驶里程记录、车辆行驶方式记录等。

“房车银行”未来将房车的智慧化管控纳入房车服务的核心产品，打造智慧房车运行系统，综合运用云计算、北斗导航、智慧灯杆、车联网、大数据平台等多种技术手段，在无人驾驶、智慧出行、智慧交通领域创新应用场景，通过智能运控提升房车的使用效率，以此为智慧城市提供强力协助和有力支撑！

7.3.3 出行平台

出行平台是指在线旅游 OTA 平台（Online Travel Agency），是旅游电子商务行业的专业词语。即“旅游消费者通过网络向旅游服务提供商预订旅游产品或服务，并通过网上支付或者线下付费，即各旅游主体可以通过网络进行产品营销或产品销售”。RVOTA 的名字就是针对房车（RV：Recreational Vehicle）的 OTA，是服务于房车旅游的在线 OTA 服务平台。

RVOTA 主要包含房车推荐、房车导航、营地预订、线路规划等几个主要板块，提供房车所需的不同服务内容。

房车旅游方兴未艾，但是专门服务房车游客的旅行服务平台却是一个很大的空缺。房车游客出行线路大多数通过社群、朋友等口口相传的方式，而对于旅游目的地周边营地状况、接待容量、服务标准、收费项目等对于房车出行的关键信息却不一定能够有效获取，所以大量的房车爱好者有房车但是无法出行，或者有房车不想出行。他们急需一个完善的线上旅行导游平台，能够替他们做好从出行前到出行后的全套旅游服务，从旅游目的地查询到周边营地介绍，从旅游线路规划到营地接待条件与预订……以及周边的房车售后设施、房车维修店铺、房车改装厂商和沿途加油站点等重要信息。

（1）房车推荐

房车推荐主要作为房车销售的前导板块，让房车消费者或爱好者首先对房车的类型有一定的了解，对国内外房车的主要厂商的生产工艺、生产特色以及价格范围有初步的认识，对自己的房车需求有明确的定位，再根据用户的不同需求提供特定房车类型。

完成房车类型推荐后，平台会与“房车银行”车型库进行同步对接，直接给出合适的配置，并在后台联系房车银行的售前团队，与客户展开线上联系，为客户合适的车型提供线下展示和线下试驾，促进房车的销售。房车 OTA 的房车推荐板块，可以轻松完成“房车银行”的房车销售导流和引流工作。

（2）房车租赁

RVOTA 结合“房车银行”在全国各地的门店系统，以“互联网 + 房车运营”的思路，打造房车服务的一站式平台。在这个房车租赁平台上，“房车银行”通过自有团队与外部协作团队合作，开发房车预订系统、房车筛选系统、会员订单营销服务系统等多个系统平台，游客可以通过手机 App、微信小程序或者网页端等多种形式进行预订、租赁、下单及结算，形成全面轻松又简单易操作的房车预订系统。

RVOTA 支持、方便用户租赁房车的服务形式有落地自驾、异地还车、在线结算，营地选择等，以自驾营地导航为基础，提供自驾营地定制与预订、房车在线管家等全套服务，让房车游客可以尽情享受房车旅游的快乐。

RVOTA 的房车租赁平台提供一个让普通用户用房车、特色用户租房车和共享房车的现代化平台，为房车生活走进千家万户插上翅膀。

（3）游线推荐

RVOTA 与政府的旅游、交通部门合作，并联合国内的房车露营联盟，测试和验证各种房车旅游线路，建立房车露营地和旅游线路库，结合 RVOTA 的在线云平台，通过手机 App 和微信小程序等形式，为房车爱好者提供统一而全面的房车游线推荐，并与手机导航合作，为房车客户提供便利的导航服务。

（4）营地推荐

RVOTA 建立自己的打分评价体系，由专业编辑以书面检查和实地调研两种工作形式，对国内的房车露营地和自驾营地进行公正的第三方打分评价，按照得分高低对于营地进行排序，并在网站上对排名进行展示，推荐排名靠前的相关营地。

游线推荐和营地推荐两个板块可以结合，根据消费者的具体需求，为游客推荐适合游玩的各类游线，并且结合房车营地推荐的标准，对房车的营地进行推荐，为游客游玩提供从游线到营地的一条龙推荐，并对房车营地进行智能化预订，为游客提供一揽子服务。

7.3.4 共享平台

共享房车的主要使用流程包括用户预订、自驾旅行、房车租用、结算支付等几个流程。

用户预订：共享房车用户准备预订一辆共享房车，可以在手机打开“房车银行”运营的共享房车 App，选择准备预订的房车车型，确定准备使用房车的起点及终点，用户在手机上可以查看距离自己最近的房车所在的位置。

自驾旅行：用户前往房车所在地点找到预订的房车，共享房车此时属于安全锁定状态，在没有经过云端平台授权前，任何人都不能打开或者启动房车运行。在手机上支付共享房车备用金后，获得房车的使用，通过手机连通车上的 TBOX 平台，房车可以解除锁定，用户可以打开房车车门，进入房车，并启动房车，开启房车自驾之旅。

用户的房车自驾时间和距离没有限制，根据用户的需求选择自己喜欢的线路，但是对于房车自驾结束后的停靠及回收，房车银行有一定的限制：房车只能停靠在后台划定的区域内，或者是房车银行下属的各个直营和合作网点，如果用户将房车停靠在指定区域之外，房车银行不仅会对用户收取高额的房车调度费，而且因为房车违停、乱停等产生的罚款也会直接转嫁到用户本人。

用户使用完共享房车并进行合理停靠之后，可以在手机上对此次共享房车使用付费（或在信用卡或预交款中扣除相应费用）。

用户完成付费即标志着共享房车使用过程结束，房车处于空闲状态，再次进入远端安全锁定状态，等待下一个共享房车用户使用。共享房车使用流程见图 7-6。

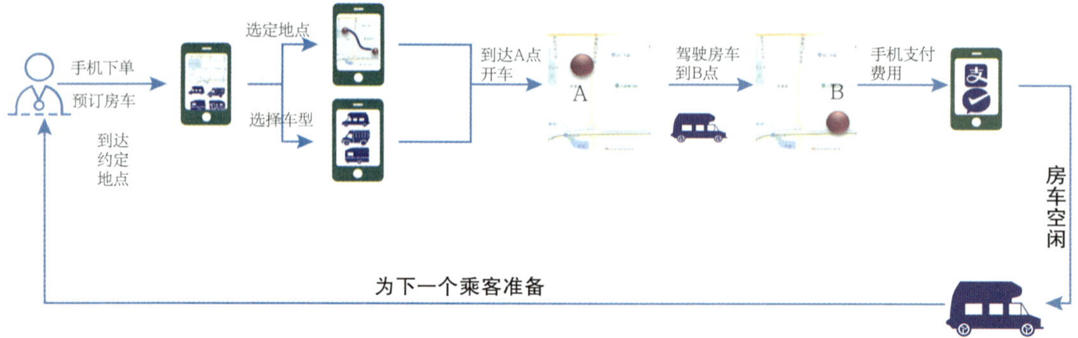

图 7-6　共享房车的操作流程

7.3.5　网约车平台

随着“滴滴”的出现和日益壮大，“网约车”这个新兴事物逐渐走入了大众视野，并逐渐成为人们生活中不可或缺的一项服务。网约车的出现代表了大众出行方式的一项巨大的变革，与之相对应，随着房车产业的蓬勃发展，“房车网约车”的服务也应运而生。

房车网约车是用房车替代网约车的功能，让人们能够无障碍地接触房车，像使用网约车一样方便地使用房车；人们可以通过“房车银行”这样的房车运营机构方便地使用房车，从而发展房车应用的各种可能，作为房车利用的新的形式和感受房车应用的特点和特性。

房车网约车的使用流程如图 7-7 所示。

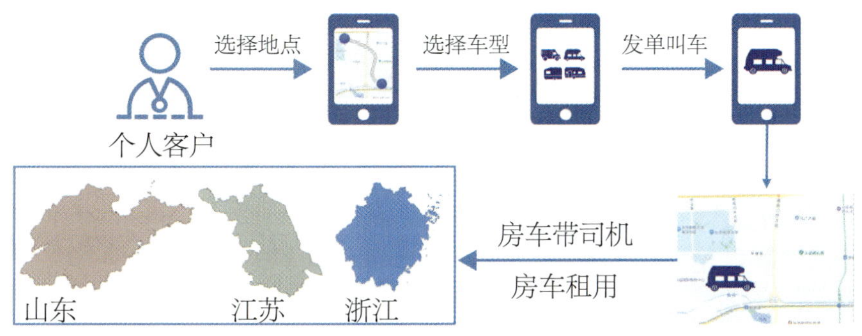

图 7-7 “房车约车”中企业客户房车出行模式图

房车网约车是房车租车的另外一种形式。通过房车约车，可以将房车租车的模式简化，以非常简单和人性化的形式实现房车租车行为，并且可以降低房车租车的使用成本和学习成本。

跟房车出行模式的差别在于，房车租车不需要房车司机，也就是房车约车的用户自己驾驶房车出行，可以更全面、更完整地感受到房车特点，而且与房车出行方式相比，房车租车的过程中房车用户的感受也更自由。

房车租车的使用流程如图 7-8 所示。

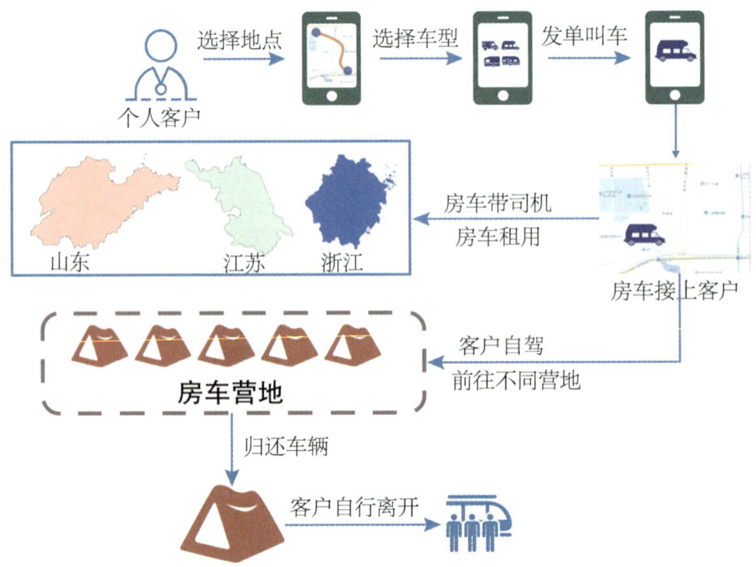

图 7-8 “房车约车”中个人客户租车业务模式图

7.3.6 二手交易

（1）二手车收车

二手车交易主要内容包括二手车评估前期工作、技术状况鉴定、寄卖、置换业务、价格评估、交易实务。主要手续包括车务手续、车辆保养维修手续、税费手续。

（2）二手车的回厂重置

客户交付给房车银行的二手房车，会根据房车的品牌和类型进行专门处理。

针对房车银行现有的二手车平台及类型，针对不同的房车品牌进行了分类处理。

表 7-1 不同品牌房车回厂方式

房车类型	处理方式	合作单位
国产品牌房车	联系厂商回厂	房车原生产商
合资品牌	联系厂商回厂	房车原生产商
进口品牌	联系厂商回厂	房车原生产商
无国内代理进口品牌	其他合作修理厂	合作修理厂

客户将二手房车交付给房车银行，房车银行会联系房车原生产厂或者房车银行合

作的房车改装企业，将房车进行回厂重置。

厂商会对房车的主要运行组件发动机、变速箱、空调等部分进行检修，保证房车运行组件的正常使用。同时针对房车装饰及装修的流行趋势，对原有的房车结构进行合理化升级，尤其是对原有房车使用过程中造成的磨损进行修缮及翻新。保证二手房车的运行机械维持优良状况、设计格局更加合理、装修符合潮流，并维持最佳的设计状态。让二手房车维持新车的状态及使用状况。

（3）二手翻新车销售

经过原厂重置的二手房车，将在房车银行再次销售，并且以“原厂（副厂）翻新”的标签对外进行销售，跟同档次的房车维持一定的价格差异，增强二手房车的竞争力。

为了保证二手房车销量，打消购买二手房车客户的顾虑，房车银行会为二手房车的销售提供一个跟新车类似的质保期及三包政策，既打消消费者的顾虑，也通过这样的质保及三包证明房车银行对于二手翻新车的质量认可和信心。

7.4 营地服务

从单纯的房车露营，解决度假及住宿的需求，改变为倡导一种新的生活方式，淡化单纯房车或者单纯的营地为旅游核心项目的内容，突出房车和营地结合的概念。将整个概念中心从具象产品过渡到抽象的全新生活方式上来，从而让消费者在进行产品选择时，将房车从不可变化的固定形式，升级到四季不同的生活方式。

营地服务平台是“房车银行”对营地运营的主要抓手。营地服务平台是房车银行打通房车和营地运营链条的关键一环，也是服务房车露营的综合服务平台。“房车银行”要构建营地联盟，建设营地设计中心、活动中心、营地营销中心，搭建会员组织，集合各种先进的智能化技术，打造智能化营地。

7.4.1 营地服务内容

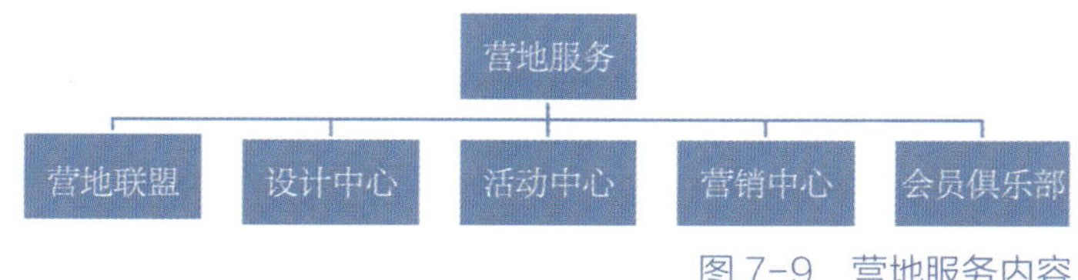

图 7-9　营地服务内容

7.4.2 营地联盟

营地运营的首要目标是打造一个具有一定规模甚至是能够全国推广的营地联盟，将各地分散的营地聚沙成塔、聚水成涓。营地联盟是全国营地的规范管理组织，也是房车营地的合作组织，对于纳入联盟的营地实行六个统一，即统一管理、统一运作、统一标准、统一服装、统一服务标准、统一结算形式。

在六个统一的基础之上，纳入联盟的营地也做到了四个独特：独特风景、独特美食、独特纪念品、独特体验。

“六个统一、四个独特”使得纳入联盟的营地既统一服务又能保持特色，针对房车游客的特点进行特色推广。

在营地联盟建立之后，对于未纳入营地联盟的新兴营地，或者待建营地，应该在营地联盟的要求下，进行标准的建设。

标准化规划设计。标准化建设第一步是进行标准化设计，按照营地联盟的规划准则和设计规范，各类待建、改建营地应该重新进行规划和设计，形成独具地方特色又充满统一风格的营地组织。

标准化建筑主体建设。按照星级档次定位，根据营地的具体形式和投资方式，量化、细化营地建设的设计标准、建筑材料及室内装饰风格，对于各类营地主体进行标准化建设，并对接待展示区进行标准化装修，根据具体的服务标准提高服务的类型和服务的范围。

标准化营地附属设施。对营地周边的附属设施，包含标识标牌、家具电器、园林绿化、营地围挡、营地运维等纳入标准化建设范畴，将标准化建设从主体到范围都纳入统一的范畴之中，保障营地从内到外的标准化建设和标准化运营及实施。

建立营地联盟，应该分清主次先后，由点带面，逐步发展。以房车运动兴盛的北京、上海、广州为第一层发展重点。在重点城市与当地的成熟营地合作，吸收他们的先进经验，形成统一的管理规范和行动标准，做成营地规范和管理的标准作业程序（Standard Operating Procedure，SOP），同时以这样的 SOP 进行全面推广。

针对途居营地这样的营地联盟组织，与他们进行充分互动和信息共享、收益共担，消除与这些营地联盟的信息壁垒，建立沟通无障碍的交流链路，在营地联盟建设初期借助他们已有的营地，迅速扩大营地联盟的营地数量和布局范围。在营地联盟已经初具规模之后，按照营地联盟的 SOP 进行教育指导、规范管理，全面纳入营地联盟的建设标准体系之中。

7.4.3 设计中心

设计中心，是“房车银行”搭建的营地设计服务中心，为房车营地的统一规划、统一建设设立标准，形成房车营地的独特形象，并建设房车营地的 VI 系统，以标准设计搭建房车营地的特色集中标准。设计中心可以通过顶层设计、产品设计、场景设计、设施设计等为营地赋能。

顶层设计的核心是商业模式设计，重点解决资本问题、定位问题和路径问题，是项目的总体方案，也是项目操作的管理工具。面向产品市场、服务市场、要素市场，以系统思维、战略思维、项目思维为指导，制定系统性、前瞻性和实操性相结合的经济作战地图，统筹考虑项目发展的各层次、各要素、各阶段的诉求，寻求营地建设、运营的系统解决之道。项目管理全流程梳理，分析其落地实施的操作体系，通过规划引领、模式创新，提高项目计划性、操作性、盈利性，实现资源、资产、资金、资本的有效结合，重点还包括产品、营销、场景、设施等设计内容。

产品设计是连接供给与消费最核心的内容，是面对需求的服务内容、旅游资源、价格体系的组合。房车旅游产品设计中包括旅游线路、活动内容、相关服务、其他保障及后续反馈等设计内容，在设计中需要把握准确的定位、内容、服务特点与质量，以及投入、产出等要素统筹协同，使之具有吸引力、性价比、满意度及回味感等多种竞争力。在互联网时代，产品即营销，在同样的资源与市场要素的条件下，通过旅游产品设计的创新与研发，打造更丰富、多元的综合业态以满足未来消费需求。产品设计差异化，需要情感温度。没有文化的营地是苍白的，未来营地不仅提供体验式消费，更是精神、社交场景打造。文化认同，粉丝拥护，实现单次实体消费到网络持续消费。

场景设计是提升旅游体验的一种手段，从营位到餐厅、露天剧场等都需要一个个场景情境组合串联，从而形成一个感官、思维、情感的多方面体验。场景设计重在营造“气氛美学”，通过物境、情境、意境三个层次营造，搭建流行文化场所，营造场景氛围，连接幻想与现实、历史与虚构、实体与虚拟，丰富旅游者体验。场景设计中不只需要硬件设施建设，更重要的是服务人员的角色融入，对此需要不断的专业交流与培训。例如，美国营地组织会定期对营地相关人员进行专业培训，系统化、体系化学习，并结合营地功能、业态、周边环境，进行全年不间断活动策划，通过预测未来市场需求，科学有效改善营地设施，提供相应的服务。

设施设计重点在于安全性。营地既是停靠休憩场所，又是旅游目的地，人流、车流大量聚集，其安全性十分重要。营地需要按照相应的消防标准配备消防设施，同时设置具有基本外伤处理能力的医疗急救室，具备紧急救援的条件。营地夜间休闲活动较为丰富，需要加强夜间照明和安保工作。

旅游线路设计包括外部交通组织和内部游线交通组织。外部交通组织以风景道、公路沿线为主，注意营地规划与外部交通的衔接，引导标识设施设计等。大交通游线组织最好结合沿线景观风貌提升，重点地段风貌修补、沿线村镇风貌整治和生态保护等。内部游线交通组织除了车行有序管理，包括入口停车区设计，营位导航等，更需要挖掘慢行道、步道线路的价值，增加线路的趣味性，同时与活动空间、休闲空间、观赏空间巧妙衔接。

7.4.4 活动中心

房车营地的特性，除了坐落位置不同、周边环境不同、背靠资源差异外，营地所依托的文脉资源、历史脉络、地域基底以及历史文化也各有不同，房车营地以各地特异性的文化、历史、艺术、饮食、生活习惯、特色形象、著名人物、传说、演义等代表形象，作为各个营地的独特品牌。加入联盟的不同营地不仅保持了联盟营地的统一形象、统一管理和统一服务，又各自挖掘独特资源，打造各个营地的 IP，形成独特吸引力。在挖掘 IP 的基础上，对特色 IP 进行形象设计，将 IP 形象由抽象转化为具象，将 IP 对于历史文脉的引领和风土人情的代表作用发挥到淋漓尽致。

作为 IP 设计的重点，IP 形象化是非常重要的。人类是视觉动物，而且外出旅游的游客更是爱美的群体，出外的游客每个人都带着一双“寻找美的眼睛”。只有形象鲜明、美好的 IP 形象，才能吸引游客的注意力，并且将这种 IP 形象牢牢记在脑海，并且通过 IP 形象来记忆独特的房车营地。完成了 IP 设计，要以能够被人接近并且体验的形式被记住、被消费，IP 活动设计就显得至关重要。活动要能够充分体现 IP 的特点，如农耕 IP 就应该是以农耕活动方式让人体验 IP 特点，饮食类 IP 就应该以采摘、亲手加工的形式让游客体会 IP 特点，而且历史人物类 IP 可以用让游人阅读、讲述历史人物形象故事的活动来穿插……对于常规的各类营地活动、旅游类的体验行为，都可以通过旅游 IP 的形象对这类活动赋能。

作为 IP 活动设计的一个要点是对于 IP 的多种解读，打造营地内的 IP 产品矩阵，塑造 IP 产业的综合生态系统。对于单一的 IP 形象，如果仅仅停留在表面的 IP 阐释，那么对于游客来说只是有了表层印象。通过 IP 的各类活动形式，对 IP 进行多层次、全方位解读，使得 IP 形象立体而丰满，游客对于 IP 的感受全面深刻，IP 才能够突破表现的浅层理解，直抵游客内心的深层感受。而且，IP 活动设计形成 IP 活动的有机系统，形成多重 IP 体验、多层 IP 感受，手、眼、耳结合，听到、看到、摸到、踩到、尝到、闻到……由“六到”为游客打造 IP 全程体验系统。最后是让游客将 IP 与营地建立紧密联系，由 IP 引导营地，让游客看到 IP 就能够“想到”特色营地，形成营地的特色产品形象。

营地挖掘、设计 IP 形象，除了让营地有独特的感受外。最重要的是让 IP 可以消费，IP 由文化“创意品”到了文创产品，让消费品协助“IP”进行拓展和推广。文创产品创意和研发要在通过对 IP 形象的深入理解和解读的基础上进行，对于文创产品的特色来说，文创产品的理念必须先进，要积极吸收国内其他文创产品设计和创意的思路，如“故宫文创”，将故宫文化与生活中常见的产品进行结合，如官帽茶杯、宫廷文化贴纸、宫廷文化摆件等各类产品，让宫廷文化能够走入寻常百姓家。

营地的文创产品研发，应该采用类似的思路，研发文创产品应该是对于生活中的常用品或者露营自驾中的必需品入手，将 IP 文化与人们生活结合起来，让文创产品成为房车客出行中的伙伴与助手，这样的必需品和生活品的文创产品研发，才能激发各类游客的购买兴趣，将 IP 产品—文创产品—消费品的转化链条夯实，打造 IP 到消费的产业闭环。

7.4.5 营销中心

在营地产品设计之初，就需要兼顾营销设计，尤其是在媒体和流量成本越来越高的情况下，内容营销更加重要。好的营销内容会自带流量、积累客户，目前成为新消费时代的统一选择。内容营销需要线上 + 线下融合，体验满意度是真正的口碑营销。

营销设计需要构建媒体矩阵，如覆盖微博、微信、抖音等多渠道媒体，形成私域导流路径，进行精准营销和社群维护，提升营地持续复购。营地联盟对自驾、房车游进行市场规划和市场总结。规划以汽车营地为中心，把附近的城市和可能出现的自驾游的乡镇罗列出来，进行规划预测，比如，自驾游客大概人数、自驾游客旅游时间周期等，作出市场研判。市场规划调研将是汽车营地对于自驾游接受量的重要途径，是汽车营地规划前期的必需条件。

营地联盟根据营地推广目标，做好营销策划方案，提出具体宣传 Slogn。定位、Slogn 和知名度是房车营地的营销重点，除了响亮的名称，朗朗上口的 Slogn 能够提高知名度，吸引更多的自驾游客来到这里。营地应建立完善、全面的市场推广制度。需要建立完善的宣传途径，在网页、微博、短视频、电视广告、标志标牌等多途径宣传，并针对自驾游群体加大宣传力度。完善的市场推广是自驾游客认知营地的重要途径。

房车营地可以开展针对房车游客的促销政策，如自驾游客可以免费获得帐篷使用，房车游客可以获得打折券、营地使用免费、折扣门票，超过 1 天的停车费免费等各种促销手段来促进房车游客的出行及复游。促销手段是营地提高自驾游客数量的重要手段。

7.4.6 房车会

“房车银行”推行科学管理的半自发性会员组织“房车会”，搭建一个房车用户、房车爱好者的共通、共融的合作组织。“房车银行”如何能够服务更多房车用户、房车爱好者，“房车银行”如何能够代表房车用户和房车爱好者与房车制造企业、房车生产商、房车交易商沟通信息，更加服务消费者，满足其需求，都要通过“房车会”来实现。

房车会将采用 C2B 概念，打造房车会的线上线下共通平台，并创造会员权益体系，打通“C”端与“B”端的直联，让消费者可以真正当家做主。也真正让用户说了算，使用户在选车、购车、用车的过程中获得满意体验与丰富权益。

以房车会为基础，“房车银行”会打造一个生动活泼、凝聚力强的房车会员体系，这个体系中不仅有“房车银行”的业主和会员，还会在会员中发掘出很多的潜在购买者。这些潜在购买者对房车提出各项要求，也会成为房车会与厂家沟通的一个信息来源，使厂家对房车做到按需定产。

“房车会”不仅创造了汽车行业少有的会员权益体系，不断加强企业与用户之间持续沟通的交互关系，并且可以坚持以用户为核心，整合优势资源为用户打造独一无二的综合体验。

“房车银行”会充分发挥 C2B 的优势，围绕用户这一中心，以满足用户需求为核心理念，带动研发、制造、维修、改装等整个体系，充分联系行业内上下游的企业，贯通整个生产流通体系，并充分与用户沟通，实现对房车产品个性化需求的满足，既实现客户对产品的充分关注，又便于房车生产、制造企业充分了解客户的具体需求，协助他们根据市场要求改善生产模式，提供更符合市场需求的房车产品。

“房车会”搭建了会员权益体系，致力于用户的引流、留存与激活，为建立和增进“房车银行”与车主、粉丝之间的关系提升效果。用户会员权益体系带有用户增长属性，引导用户在平台上持续活跃，深度参与和互动，甚至自发向身边的人推荐品牌和产品。

表 7-2　房车会会员权益分类

房车会会员等级	成长值数量	房车宝兑换比例	会员享受专属权益		
青铜级	1～1000	200:1	售后折扣	洗车服务	基础服务
			酒店折扣	健康体检	
白银级	1000～3000	150:1	售后折扣	洗车服务	一次保养
			酒店折扣	健康体检	品牌折扣
			代驾服务		
黄金级	3000～10000	100:1	商城折扣	售后折扣	定期保养
			酒店折扣	健康体检	品牌折扣
			代驾服务	租车券	
钻石级	≥ 10001	50:1	商城折扣	售后折扣	定期保养
			酒店折扣	健康体检	品牌折扣
			代驾服务	租车券	机场接送机
			机场贵宾厅		

不管是不是“房车银行”的用户，只要是在房车银行的网站或者微信 App 上注册，均可以成为“房车会”的会员，获得专属的入会礼及会员卡号，并获得房车会员的初级会员资格。会员可以参加“房车银行”组织的各类房车试乘试驾活动，并可以参与房车银行组织的各类房车及营地的科普和体验活动。

如果会员在后续购买房车后，或者经过验证是房车银行的业主，则可以将房车会员的资格升级，升级后的会员拥有更多的权益，如房车的专业外观清洗、房车配件的品牌折扣、市内的代驾券以及各大视频网站的月度 VIP 服务折扣等。房车会将实惠真正传递给消费者。

房车会会员以成长值作为获取各个等级的唯一依据。成长值可以通过消费、参与活动以及分享及转介绍等方式来获取，成长值达到一定数量可以提高会员等级。而且，成长值也可以跟“房车银行”的会员返券以一定的比例进行转换，也可以在会员购买房车、维修房车、改造房车等业务中直接折扣现金使用。

即使并非房车车主，在“房车银行”的各项权益享受之后，也可以通过各种活动，享受各种房车金融平台带来的大量会员权益。

7.4.7 智慧化营地

“房车银行”发展的营地服务，并不仅仅是对于现有营地的整合和提升，更大的目标是将智能化技术、智能化设施引入现有营地，对营地进行整合和提升，在房车营地的建设过程中充分应用 5G、物联网、大数据、云计算等先进技术，不仅实现了网络全覆盖，而且在营地管理中实现全程监控、实时响应和准确定位，针对入营车辆的各方面需求进行全过程配合、分需求满足。

（1）智能监控设备

智能营地的各种监控设备可以说是营地的眼睛，营地各个关键位置的监控摄像头 24 小时捕捉营地各种信息，后台视觉处理平台根据这些图像信息进行汇总分析，在 AI 协助下，形成营地规律监控记录。

除了各个摄像头监控，在营地的出入口、智能营地的营位以及营地的照明灯杆内，还设置了车辆探测器，可以对车辆从入营到在营地的各个行动轨迹摸排，如果房车在营地出现了各种机械故障或者电子故障，营地管理者可以第一时间定位房车，并进行房车的维修或者救援。

（2）智能水电桩

智能水电桩是智能营地的“四肢”，作为营地必需的配套设施，既体现了智能营地的智能方便，又将引导智能营地发展为“无人化”营地。传统的露营地的供水、取电、排水设施需要由专人看管、收费，既增加了营地的管理成本，又降低了露营者在营地的体验感。智能水电桩可以很好地解决这个问题，配有适于户外使用的三防（防水、防冻、防尘）插座、三防水龙头，还设置了插卡取电的区域，类似于酒店使用的插卡取电的功能，游客可以在营地或线上购买记时或计费的水电卡使用，远程抄报，也可运用二维码付费系统，易于操作。

智能水电桩也可以作为信息采集设备。对营地内的水电使用的数量自动采集、自动处理、自动控制。采集的信息一般均为实时产生的数据，而这些数据即时通过网络层传输至用户控制终端，通过对这些采集数据进行分析，可以了解用户的需求，对于水电桩在营地内的使用范围进行规划，在使用频率较高的地区，增加水电桩的数量分配和地域分布。如果水电桩出现故障，也可以第一时间反馈，安排人员进行维修。智能水电桩可以极大提升营地的使用和运营效率。

（3）智能灯杆

智能灯杆是营地能够采集各类信息的触角。智能化营地要实现信息互联，不仅要铺装各类智能化设备，还要为未来的更多智能设备提供接口。多种智能设备要使用各自的数据通信协议、数据传输线路，要采集和共享多样的信息，如果任由这类设备在营地内随意布置，不仅会使大量的信息充斥营地的网络链路，过多的信息堵塞营地后台控制系统，也会占用营地过多的空间，造成营地空间的巨大浪费，影响营地的整个景观。智能灯杆就是为解决这个问题而产生的，智能灯杆，被称为“多杆合一”，是集城市照明、数据采集、信息发布、信息传输、气象预报、智能感应、地理定位于一体的综合信息设备。

智能灯杆包含太阳能供电路灯，通过智能灯杆上的储能设施，将太阳能作为夜间照明的能量来源；灯杆上集成了 5G 的微型基站、Wi-Fi 中继器，为智能营地内的网络使用保留充分的带宽，避免营地内的信息堵塞；智能灯杆上还集成了温度湿度感应器，采集营地的温度湿度变化数据，结合后台的地区天气信息，对于营地的雨雪情况进行预报，避免各类天气状况对房车游客产生影响；灯杆上还包含小型扬声器和LED显示屏，作为营地各类信息发布平台，除了营地的管理信息对外发布，还可以承接外部的商业广告、政府信息、重要信息的发布需求；另外，智能灯杆还集成了充电设备，既有为新能源房车、新能源汽车进行充电的接口，还有便于各类移动设备使用USB充电的接口等。

（4）智能管理中枢

智能管理中枢，是智能营地的“大脑”，是智能营地的后台综合信息处理系统。这套系统充分展现了智能营地的现代思维和成熟的运营系统，使用现代的智慧化技术，对房车和营地进行深入剖析和创新解构，充分体现了智能营地的操作理念，并为后续智能营地的升级及优化预留了解决方案和充分的接口。

智能管理系统包含营地管理系统、会员管理系统、订单管理系统、营销管理系统、营员管理系统、出入营管理系统、营位管理系统和数据分析系统等。从营前的报名到营中管理到营后的信息反馈，将营地管理的混乱及繁杂的无序化及管理系统的烦琐化等问题，通过一套功能复合、有机统一的管理系统一次性解决。

系统不仅方便营地运营者对营地的全方位管理，还建立起入营游客与营地管理者之间的紧密联系，在游客寻找信息、寻求帮助的时候能够及时有效地联系后台客服或者在线呼叫系统，将他们遇到的问题及时反馈给营地管理者。系统还设有直播和展示平台，支持营地运营者或者营地游客上传活动照片、文字、短视频，并可以与微博、微信、抖音、快手、微视等外部营销平台合作，将营地的合作信息及时传递给外部。同时将游客对营地的评价及反馈及时向外展示，提高营地的知名度和美誉度。

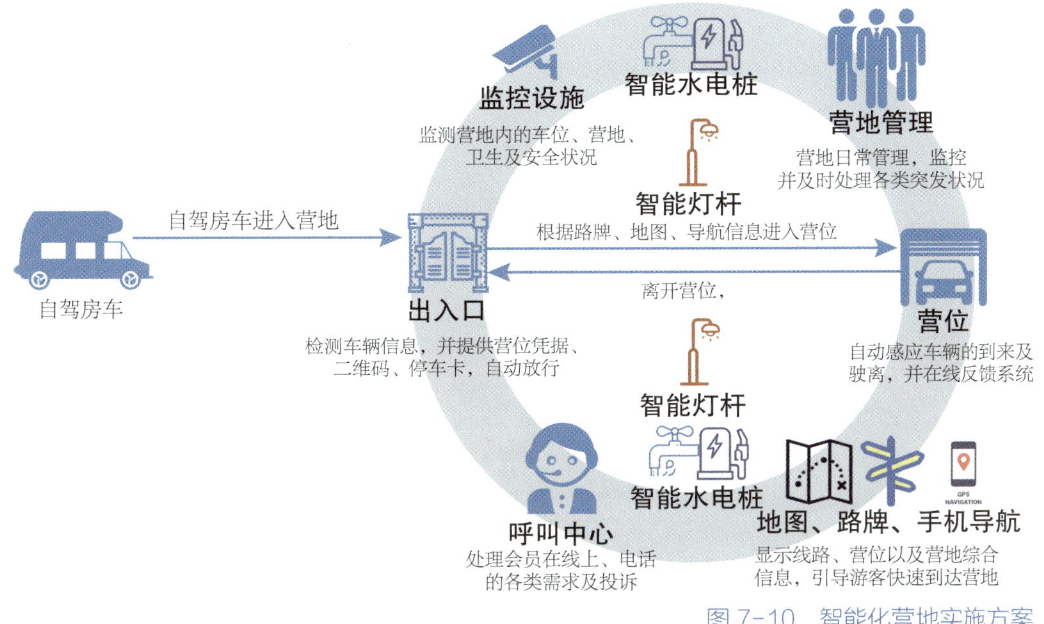

图 7-10 智能化营地实施方案

7.5 金融服务

“房车银行”虽然以“银行”为名，但是“房车银行”服务的是房车业主和房车产业的需求，“房车银行”的金融业务是为了房车业主的资金需求和房车产业的金融服务建立一个新的窗口和媒介。通过为传统金融机构、互联网金融机构等提供参与接口，让金融能够进入房车领域，以金融之力助力房车发展，解决房车行业的金融欠缺。金融服务平台包含消费金融的消费贷、融资租赁，还包含产业金融的库存车融资及供应链金融。金融服务平台还创新性地将互联网金融引入房车领域，并且构建了房车众筹的业务形式，金融服务平台集结传统与现代，目标是眼下并延伸至未来金融的发展。

7.5.1 消费金融

（1）消费贷款

贷款购车是我国汽车销售领域应用较为广泛的销售方式。分为经销商主导型贷款购车模式和银行主导型贷款购车模式。

经销商主导贷款购车模式。消费者先向特定品牌的经销商咨询并选定具体车型，提出分期付款申请；经销商对客户进行信用评价完成初审，进行保险申请和登记，并向银行递交资料为客户办理贷款手续，银行再次审查资料，若通过贷款申请则消费者完成首付，三方签订贷款合同，客户提车，经销商代替银行收缴贷款本息。

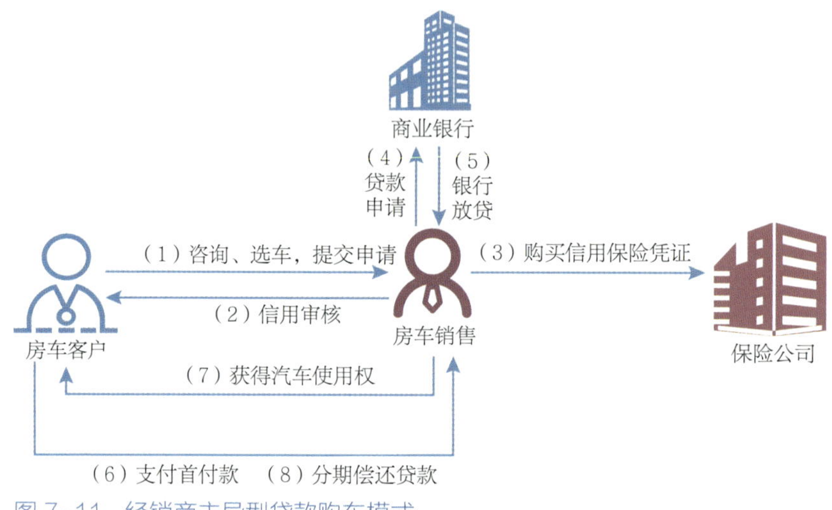

图 7-11　经销商主导型贷款购车模式

银行主导型贷款购车模式。由商业银行、汽车经销商、保险公司三方组成。与经销商主导的模式不同，房车终端消费者也可直接向银行提出贷款申请，完成购车流程，这种方式的优点是：减少了中间环节，强化了信贷控制，银行可以运用长年经营积累下来的客户信用信息对购车者进行信用评估，从而最大限度规避客户违约风险。

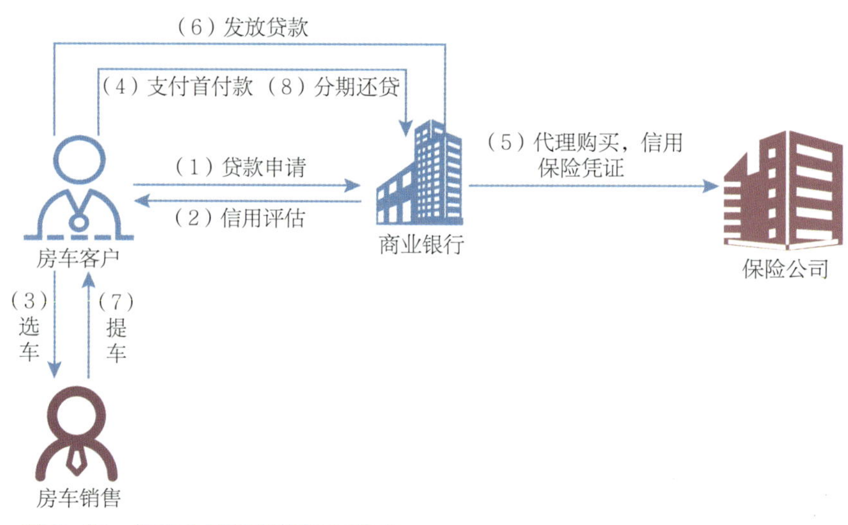

图 7-12　银行主导型贷款购车模式

随着我国汽车金融行业的逐渐发展，尤其是房车金融未来发展逐渐的成熟规范，汽车金融专业化公司会占据主导地位。“房车银行”会作为房车金融的专业化服务企业，对接各类银行及非银机构，从房车销售端嫁接金融服务，为房车顾客提供范围广泛的房车消费贷服务。

（2）装修贷款

装修贷款是房车领域的特殊贷款形式。房车兼有车辆的交通属性和家庭的居住属性，那么把家里面装修得更漂亮、更舒适就是每一个房车业主必然的想法。“房车银行”为房车业主提供满足其独特需求的装修贷款产品。

装修贷款并不需要使用房车作为抵押，可以选用其他的抵押物，而且装修贷款的贷款期也更灵活。

针对那些购车后再来房车银行进行装修，或者要求一年左右的长期装修贷款客户，房车银行联系合作的各类金融机构，协助他们提供特色装修小额信贷。为了提高信贷产品的利用率，同时也便于顾客活动，装修贷款的使用和利用都更为方便，装修贷款会直接打给房车银行，作为特定房车装修使用，专款专用，减轻了客户资金转移压力，也降低了贷款挪用的风险。

7.5.2 产业金融

（1）房车库存车融资

库存车融资从大类上来说，有两种模式。一是由银行主导的库存车融资，车商融资额都是来自银行，优势是银行利率相对较低；二是“房车银行”这样的汽车金融公司主导的库存车融资，汽车金融公司的融资额度与银行相比更为宽泛，融资的利率可能略高于银行。

不管是银行主导还是金融公司发放的汽车贷款，资金的提供方必须是房车厂家指定的，因为这样厂家比较便于管理，而且进入了厂家名录才能享受低息贷款政策，甚至是免息政策。

作为房车银行的库存车融资系统，一般与房车生产商家的供货系统联动，并且可以自动交换数据。房车银行要进货时，经过系统确认，会自动发放贷款，该贷款落实到具体车辆（一车一贷款），专款专用。

（2）供应链金融

供应链金融模式分为应收账款的融资模式——销售阶段，预付账款融资模式——采购阶段和动产质押模式——运营阶段三个阶段。

考虑到房车企业的特点，房车银行设计的供应链金融融资模式，主要集中在房车的销售阶段，“房车银行”采用创新的房车销售阶段，针对应收账款的供应链金融融资模式。

应收账款的融资模式是指房车主机厂，把房车销售商，或者是“房车银行”参与借贷的房车购买款，转让给外部的金融机构，并由外部的金融机构为房车主机厂提供融资的形式。主要服务的阶段是给房车的主机厂提供融资的服务。

以房车销售商为主的中小企业、以房车主机厂为主的核心企业以及“房车银行”联系的外部金融机构，都参与这个融资过程。核心企业在供应链金融的运作过程中起着反担保的作用。一旦房车销售商这类中小企业出现了问题，房车主机厂将承担弥补银行等金融机构的资金损失的责任；房车银行、外部银行等金融机构需要对房车销售商这类的中小企业进行风险评估，然后才可以考虑向他们放款。只不过风险评估关注的重点在于房车销售商的还款能力、交易风险以及整个供应链的运行情况，对这些条件的评估权重高于对中小企业的资信能力评估。

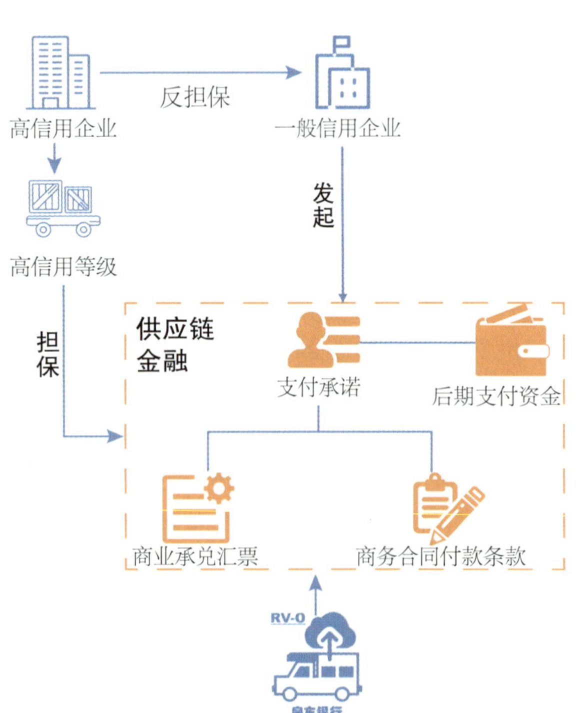

图 7-13　应收账款融资模式

在这种模式中，房车主机厂这类核心大企业是债务企业，而且有非常好的资信实力，并且与银行之间存在着长期稳定的信贷合作关系，在与中小企业融资过程中起着反担保的作用，承担了银行一部分的贷款风险，如果房车销售商这类的中小企业一旦无法偿还贷款，房车主机厂就要承担相应的贷款偿还责任，这种模式降低了银行的贷款风险。

总体来说，应收账款融资模式还款来源有四层：应付账款方（央企或大型国企）、融资人／应收账款方（上游企业）、产品增信机构和保理机构。

（3）房车融资租赁

房车融资租赁，俗称为“以租代购”，可以成为房车融资贷款的另外一种形式。房车融资租赁模式中，房车消费者选择“房车银行”这类可以提供融资租赁业务的经销商或者融资租赁公司来合作，消费者作为承租人，“房车银行”作为出租人，卖车的经销商作为供货人，租赁公司与经销商签订买卖合同，出钱买下选定的房车，然后与消费者签订一定期限的租赁合同，消费者获得了汽车的使用权，每个月向租赁公司支付一定的租金。

房车融资租赁有两种形式：直接租赁或者售后回租。

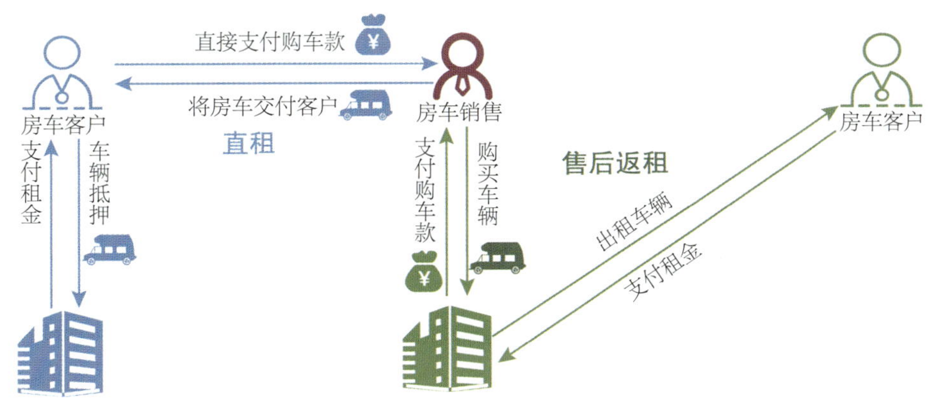

图 7-14　房车融资租赁两种模式

直接租赁，是房车银行或者其他融资租赁公司按照消费者的需求，向用户指定的经销商、房车银行下属的房车经销商购买车辆，并出租给用户或企业的业务。

直租就是“购进租出”。融资租赁公司购买房车，车辆在融资租赁公司或者房车银行名下，然后租赁给消费者使用。

售后回租，是指房车出售人就是房车承租人，或者是房车出售单位——房车银行，直接承担房车出租商。房车银行或者其他融资租赁公司，作为卖方，客户作为买方，把房车作为核心交易产品，进行买卖及所有权的转移。与此同时，融资租赁公司作为出租人，与承租人客户或企业签订融资租赁合同。

7.5.3 互联网金融

房车行业的蓬勃发展，带动了房车相关产业的发展和壮大，互联网金融行业也逐渐对房车金融行业产生了巨大的兴趣，从房车银行扩大业务领域、降低业务交易成本、加快业务流通速度入手，互联网金融也会成为房车银行将来发展业务的一个方向。虽然国家对于互联网金融的行业监管不断加强，但是国家并没有完全禁止互联网金融业务。国家相关部门依然认可互联网金融的产业模式和创新性，对于互联网金融在创新金融服务模式、加快金融普及速度、降低金融使用成本等方面的作用，对于中小企业短期融资有非常积极的作用，可有效激励传统金融模式提高服务水平、改善服务质量、扩大服务范围，我国这些年金融产业的改革和变化、整体服务水平的提升，与互联网金融行业的改善有着密不可分的关系。房车银行凭借自身独特的金融和运营背景、广泛的房车消费者背景，利用互联网金融的行业优势，为消费者购买和使用房车提供各种金融便利。

互联网金融参与房车金融主要是采用互联网金融车贷形式，主要形式体现在房车质押 / 抵押、房车消费贷款、房车车商贷款、融资租赁、房车垫资这五种形式。

（1）房车质押 / 抵押

采用房车质押 / 抵押，房车消费者在购买房车之后，以房车作为抵押物担保，以消费者的个人信誉为基础，通过互联网金融平台融资。如果消费者直接将房车抵押给互联网金融平台或者房车银行，这类车贷业务属于平台自营型。

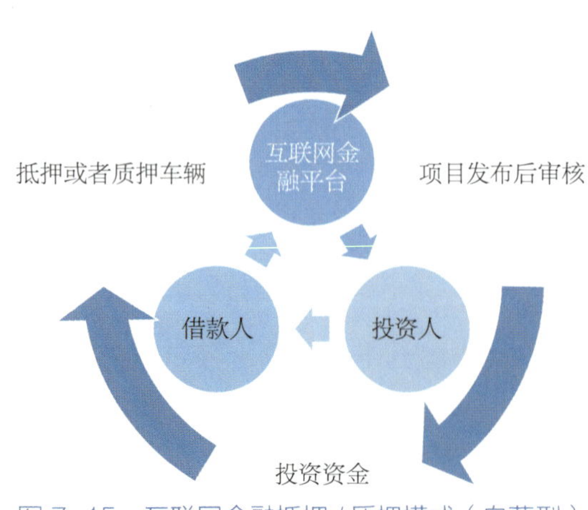

图 7-15 互联网金融抵押 / 质押模式（自营型）

“房车银行”承担房车的评估、抵押等级等针对房车的实体业务，而互联网金融平台在“房车银行”业务的基础上，完成其他业务。通过“房车银行”和互联网金融平台合作的房车抵押及质押业务，因为有“房车银行”的参与和评估以及对房车消费者的个人信誉评定，这种贷款业务的审批流程比较短、放款速度相对较快。

若房车质押（抵押）权归属于“房车

银行”或者和“房车银行”合作的小微金融合作机构,“房车银行”可以将所持债权转让给互联网金融平台或者平台上的投资人，则为转让模式。互联网金融平台一般不对借款人的借款资质进行一一评估，大多数依赖“房车银行”对于消费者的资格认证和大数据估算及支持作为标准，金融机构一般只对“房车银行”进行尽调或者要求房车银行对贷款人进行一定的关联担保。这种模式有利于互联网金融快速扩张，可以有效降低互联网金融平台放贷的风险。

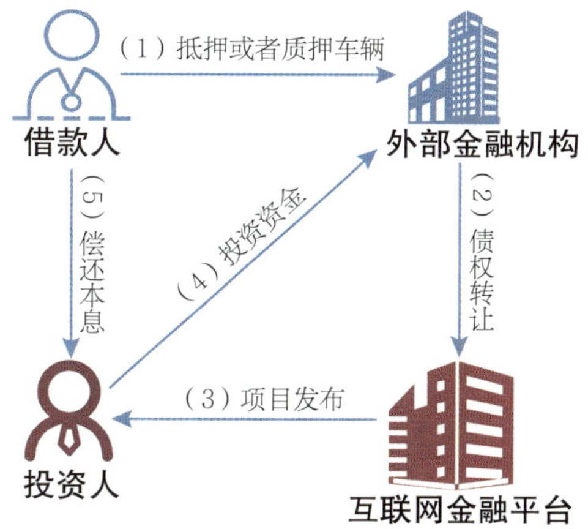

图 7-16 互联网金融抵押 / 质押模式（转让型）

（2）房车消费贷款

房车消费贷款即房车购车人为购车申请的贷款，按照申请和获批的流程不同，可以分为以下两类：

①购车人自发向互联网金融发起贷款申请，除融资目的为购买汽车外，与互联网金融个人信贷并无显著区别，互联网金融平台不对该类人群和项目进行主动筛选，项目分布零散。

②互联网金融平台与汽车消费金融公司合作，由互联网金融平台投资人受让债权的贷款模式。汽车经销商或“房车银行”作为购车人提供贷款服务后，将该笔债权转让给互联网金融平台投资人；平台审批项目后发布给投资人投资，资金通过专用支付通道进入经销商或者汽车金融公司账户；购车人偿还本息通过互联网金融专用通道支付给平台上的投资人。

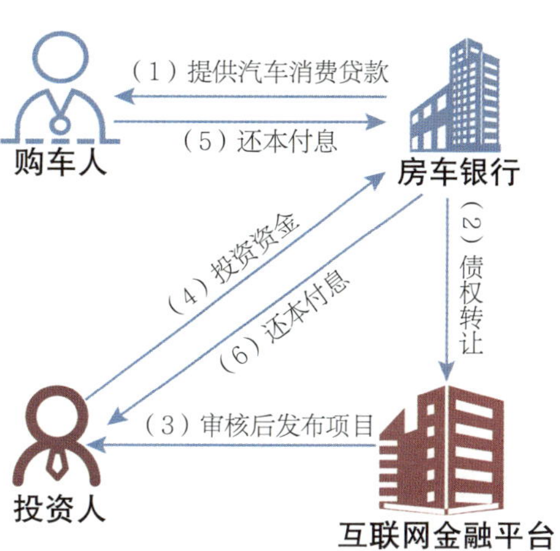

图 7-17 互联网金融房车消费贷款模式（转让型）

这种互联网金融的房车消费贷款模式比较简单，也不需要什么担保措施，直接由互联网金融机构与消费者联系，房车银行只是有一个项目介绍和搭桥工作，不会承担额外的成本和费用。

（3）房车车商贷款

车商贷款主要是针对房车生产、改装企业，针对企业生产过程中的资金需求，通过“房车银行”联合互联网金融机构，为房车车商提供合理、灵活的贷款方式，解决车商的中短期贷款需求。

车商贷款的操作路径是车商以抵（质）押汽车或者质押车辆登记作为担保，在“房车银行”的协助下，通过互联网金融平台发起借款，互联网金融平台联合房车银行进行申请并完成相关程序后，在线上发布借款标的，出借人可以直接在线上投资，最终由车商通过互联网金融专有支付通道向投资人偿还本息。

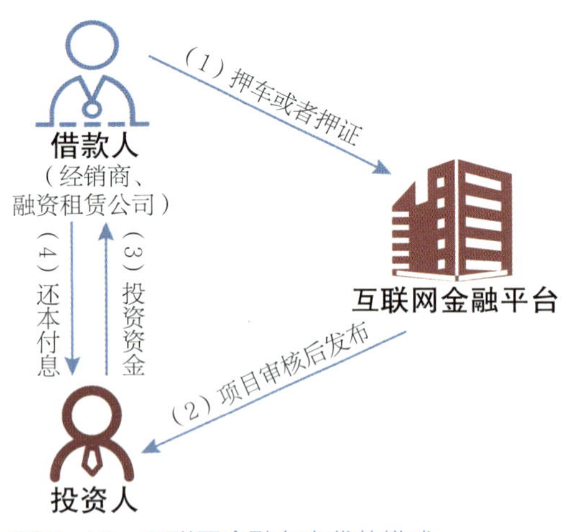

图 7-18　互联网金融车商贷款模式

这种贷款模式中的车商一般是汽车经营商和汽车融资租赁公司，而且多为中小企业，他们借款的目的大多数是属于短期资金周转，因此，相较于其他融资模式，车商贷款虽然每笔贷款的额度较高，但是由于客群比较小、整体的贷款笔数少，所以车商贷款的整体规模远不如房车抵押 / 质押的模式普及。多数互联网金融平台针对这种业务模式，多作为一种次要的业务经营。

（4）融资租赁

互联网金融公司的融资租赁通常采用的是以租代购的形式，承租方与汽车融资租赁公司达成相关融资租赁协议，汽车融资租赁公司在将收益权转让给互联网金融平台，这种形式与传统的房车融资租赁公司形式基本一致。

（5）房车垫资

与房产垫资类似，互联网金融开展房车垫资业务，垫资业务周期短，一般多在 30 天以内。一般流程如图 7-19 所示。汽车金融公司对购车人进行资质审核后，先行垫付按揭款，随后向银行申请按揭贷款业务。

在使用时，“房车银行”代表房车金融公司向互联网金融申请转让其所持债权，平台审核通过后线上发布标的，供投资人进行投资。投资人资金通过专业支付通道支付给汽车金融公司，银行审批放贷后，将放贷给购车人的资金以受托支付的方式转账到“房车银行”，同时投资人收回本息。

互联网金融平台通常与几家汽车金融服务公司保持长期合作，以保持业务稳定。“房车银行”会联合其合作单位，或其在各地不同的房车代理机构，与互联网金融机构进行分别合作。对汽车金融公司而言，快速回笼资金是其主要目的，互联网金融平台的审核速度尤为重要。与房车银行等房车金融公司有稳定的合作关系、投资活跃度高、资金端来源充足是开展房车垫资贷款的必要条件，对互联网金融而言，入门门槛和竞争壁垒较高。以往，国内互联网金融平台公司汽车垫资贷款累计规模较小，随着房车行业的发展和房车用户的增多，将来房车金融公司的垫资需求会日益增加。

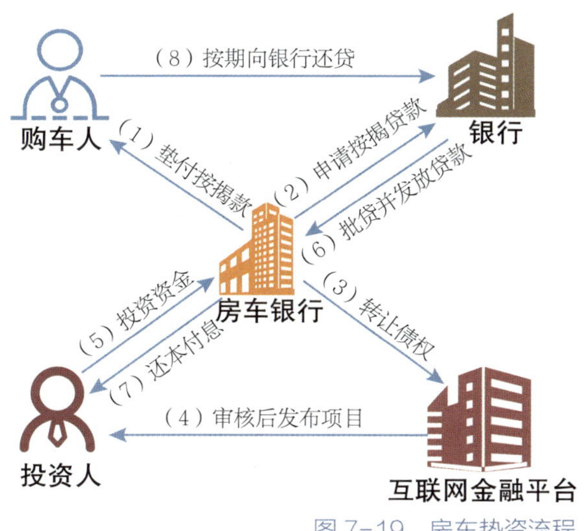

图 7-19　房车垫资流程

7.5.4　房车众筹

（1）房车众筹意义及类型

众筹从诞生至今，在我国发展已经有了一段时间并日趋成熟，尤其是 2019 年至今，众筹模式已经成为了大家非常熟悉的一种经济现象。国内著名的网站平台，如京东、淘宝、天猫、小米有品、网易严选都已经有单独的众筹平台，贡献了非常多科技企业、创新企业的产品，为新兴产品、新型模式的研发试水集聚力量。

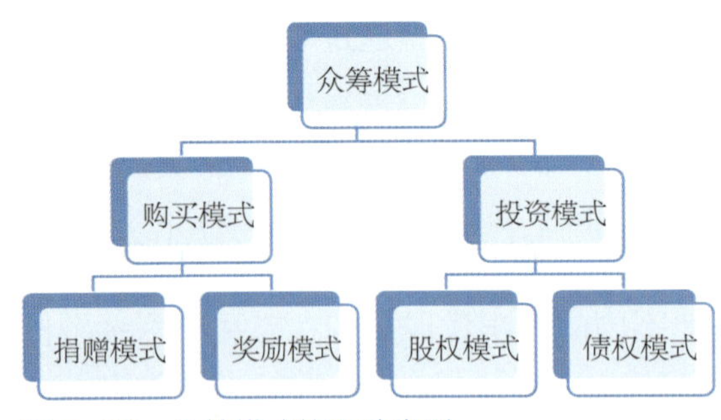

图 7-20　众筹模式的几种类型

（2）众筹模式有四种主要的模式

从广泛的意义来说，众筹模式可以分为两大类型四种模式。两大类指购买和投资两种模式，购买模式又分为捐赠和奖励模式，投资模式又分为股权和债权模式。

国内的政策与国外的政策不同，国内外对于众筹允许的范畴有比较大的差异，国外股权众筹和债权众筹都是广泛存在的，在我国，众筹模式只允许债权众筹模式，也就是捐赠众筹和回报众筹。

（3）众筹房车主要流程

众筹房车是“房车银行”发起的一项具有创新性的平台业务。“房车银行”作为众筹房车的平台方，负责与房车生产的主机厂进行联系，针对众筹的特性设计、生产标准化的自行式和拖挂式房车，以方便房车业主的使用。

在确定房车选型基础上，“房车银行”在下属的服务网点和自己的官方网站及手机App上推送房车众筹的模式消息，扩大众筹的宣传界面，提升众筹模式的可行性。官方网站上同时展示众筹房车的相关信息，征集众筹模式的参与群体，并根据参与群体的众筹额确定不同额度的众筹权益，从分享车辆使用权到只能分享车辆使用收益不等。

众筹房车会有大量的参与者，因为属于共同购买，所以房车的所有权和使用权界定就非常关键。在“房车银行”推行的众筹房车模式中，对使用权和收益权进行了仔细的界定。

使用权界定，按照参与人员的数量和需求不同，将众筹房车的使用权按照时间进行划分，具体的划分标准由参与者共同协商，由“房车银行”作为第三方监督执行。如参与者的时间发生冲突，可以将使用时间按照权重进行划分或者补偿，这种划分方式由使用者自己进行协商，房车银行代为监督。

房车的空余时间可以由“房车银行”代为管理，并向外出借、出租，获得的收益按照固定比例分成，保证房车使用者的收益。

由房车平台发起众筹，房车爱好者和房车用户参与，众筹集资结束后，作为众筹平台，房车银行将购车款汇总后支付给房车的主机厂，由主机厂按需生产房车。主机厂按时交付房车，将房车送至“房车银行”。收到房车之后，“房车银行”按照众筹参与者的需求和制定的标准，将房车在众筹参与者之间进行分配使用。

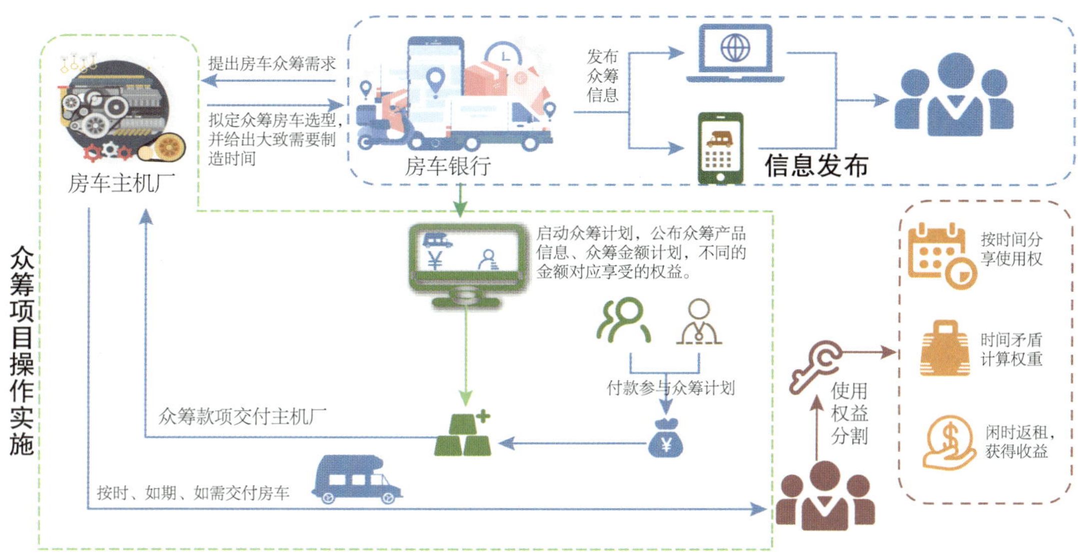

图 7-21　房车众筹模式操作流程图

08 营地规划

8.1 理念原则

特色化。围绕地方特色产业，以特色文化为魂，以特色文旅产品、特色美食、特色土特产为依托，打造具有浓郁区域特点的文化消费新引擎。以用户为中心，以体验为核心，以时尚为先，以文化创意为魂，以科技为本，以产业为载体，融合一、二、三产协同发展，形成区域经济的创新型旅游文化集散中心。

智慧化。通过智慧设施、智慧管理、智慧产品、智慧营销全面提升营地的智慧化建设，增强游客在营地的体验感，创新消费场景，促进消费升级。整合区域资源、平衡产业要素、打破薄弱环节的制约，以智慧设施为基础、智慧管理为抓手、智慧产品为新载体、智慧营销为新引擎打造智能化、感知化的智慧新营地。

网络化。以国家公园体系、公路交通体系、城镇发展体系三大网络为构架，综合考虑区域供需平衡，结合营地多种形态，打造具有地域特色、差异化的营地布局空间，形成营地多结构、多层次的空间发展格局。实现营地功能复合化、设施景观化、服务精细化、承载弹性化，构建“房车—营地—运营”全要素一体化网络体系，最终打造“共生、共赢”的营地生态系统。

精细化。从消费端、营地端两个方面进行精细化服务管理体系构建。消费端以客户为中心，建立专属营地的客户服务体系，精准把握客户需求，提高客户的满意度。营地端要求营地管理做到精细分明，严格管控服务流程，制定精细化的营地管理服务规程，建立规范化、标准化、流程化、制度化的营地管理体系。

生态化。可持续发展理念指导下，秉承生态环境导向的开发模式，在经济全球化与区域经济一体化视角下，将生态文明理念和原则全面融入营地建设全过程中，走集约、智慧、绿色、低碳道路，建设和运营生态优先、绿色发展的营地。

8.2 选址策略

8.2.1 选址因素

营地选址的五个主要因素：社会经济、产业基础、市场竞争、区位交通和资源环境。

社会经济主要包括经济总量、城市规模、人口规模、服务设施水平、地方政府政策及态度（土地性质、土地审批）。产业基础包括区域内一、二、三产的发展现状，产业结构，产业优势。市场竞争考虑城市经济发展水平与消费能力，通过城市经济发展水平、国内旅游收入、市场规模、竞争合作者等进行潜在市场规模和消费力分析，现有旅游流的流向、流量、流速和流质，目标市场的消费习惯和偏好，目标市场的消费者行为规律等（例如，出游范围、出游组合、出游方式等）。区位交通以公共交通状况、外部交通状况、交通服务、停车场规划、轨道交通等要素对区域内道路、公共交通、停车场地等交通设施进行现状评价，确保大交通综合连通性及小交通便捷性。资源环境是对区域内资源环境进行评测（评测因素包括生态环境质量、水源条件、气候条件、植被状况、地形地貌条件、地质灾害情况等），确保生态良好的条件下，通过独特的不可复制的文化资源、自然景观和山水等资源禀赋，打造具备浓厚地域特色的营地系统。

8.2.2 驿站选址

驿站型营地的选址最重要的因素是区位交通。驿站型营地借助便捷、高效的交通网络优势，沿高速公路、旅游公路等主要干道和自驾车旅游热点线路、旅游风景道、生态观光走廊等布置营地。驿站型营地具有短时性、便捷性、灵活性的优点，主要是过路式的需求。

表 8-1　驿站选址因素关注度

选址因素	社会经济	产业基础	市场竞争	区位交通	资源环境
关注度	★★	★★	★★	★★★★★	★★

表格说明：五颗星为关注度最高级别。如果五颗星为 10 分满分，四颗星为 8 分，三颗星为 6 分，两颗星为 4 分。

8.2.3　露营地选址

露营地拥有丰富的娱乐活动，营地本身需要有明显特征，自带吸引力，因此，露营地选址最重要的因素是资源环境，其次是社会经济、市场竞争及区位交通。

露营地更多是目的地型，其基地条件，尤其是自然环境、生态条件最为关键。如在名山大川、河湖林草等风景优美之地最为适宜，同时加强与地方特色文化资源的联系，包括历史文脉、乡风乡俗、节庆赛事、峰会论坛等。

露营地选址需要考察社会经济情况，既要看本地市场需求是否旺盛，能否保障日常营地入住率，也要看市场发育情况和对营地生活的质量要求程度。未来周末度假需求会更多，短途高频是趋势，因此都市圈及城市近郊将成为露营地的大多数选择。一般在重要城市群 2～3 小时车行范围内是重要的选址区域。露营地的丰富活动需要专业化指导，以及活动的更新迭代也需要外部资源支撑，因此城市相关服务业发展情况、人才丰富程度也影响着露营地的实际经营。

表 8-2　露营地选址因素关注度

选址因素	社会经济	产业基础	市场竞争	区位交通	资源环境
关注度	★★★	★★	★★★	★★★	★★★★★

表格说明：五颗星为关注度最高级别。如果五颗星为 10 分满分，四颗星为 8 分，三颗星为 6 分，两颗星为 4 分。

8.2.4 小镇选址

小镇的类型分为以生产型为主导和以消费型为主导的两大类。

产业基础是生产型为主导的小镇最关注的因素，具有相应产业基础且初步形成产业集群效应的区域内，基于一个产业范围内同类企业的集聚，形成外部经济的共享，在小镇形成生产环节上的分工，促使生产要素便捷流动，达成合作关系动态稳定，最终构建完整的房车制造及房车相关产业生产制造的生态体系。房车产业形成地区性竞争优势，降低企业的生产成本，实现规模经济效益，同时建立有利于促进房车产业的人才、市场、资金、技术等要素交会的创新平台，提升整个区域的竞争力和形成区域发展优势，奠定可持续的良性发展机制。

例如，美国的阿尔卡特郡（Elkhart），它位于美国第三大城市芝加哥与汽车工业基础良好、被誉为“汽车城”的底特律中间，突出的产业基础和良好的社会经济及市场竞争等因素导致房车生产的人才、企业、资金、技术向它汇聚，成为了享誉全球的世界房车生产中心。

表 8-3 生产型小镇选址因素关注度

选址因素	社会经济	产业基础	市场竞争	区位交通	资源环境
关注度	★★★	★★★★★	★★★	★★★	★★

表格说明：五颗星为关注度最高级别。如果五颗星为 10 分满分，四颗星为 8 分，三颗星为 6 分，两颗星为 4 分。

消费型为主导的小镇主要以人的需求和美好生活为核心，围绕消费场景创新及消费升级衍生以房车 + 文旅、房车 + 大健康、房车 + 体育运动、房车 + 文化艺术、房车 + 乡村振兴、房车 + 会展及商务会议、房车 + 教育等一系列的业态空间场景。社会经济及市场竞争是消费型小镇选址的重要关注因素。小镇选址一般位于经济发展水平良好的城市群周边，包含在城市 1 小时、2 小时、3 小时出行圈内，交通的便利性和可达性是保障特色小镇人气、产业集聚和市场进入的基础条件。消费主要目标客群是满足大城市或超大城市周末、节假日的短途游及亲子游的人群，借助项目区域自身旅游资源，满足区域内生产、生活、生态的休闲度假房车小镇。

表 8-4 消费型小镇选址因素关注度

选址因素	社会经济	产业基础	市场竞争	区位交通	资源环境
关注度	★★★★★	★★★	★★★★★	★★★	★★

表格说明：五颗星为关注度最高级别。如果五颗星为 10 分满分，四颗星为 8 分，三颗星为 6 分，两颗星为 4 分。

8.3 业态策划

业态策划是根据房车营地的特征、现状，结合特点、区位、目标市场、文化、资源等方面要素进行品牌策划。主要包括主题定位、业态选择、业态结构、业态组合和业态特色等方面内容，为营地的业态选择、业态组合、经营模式等工作做好前期准备。

营地的业态策划更多考虑环境、文化、娱乐等因素，从传统的吃喝玩乐进阶为主题 IP 的打造，不断提升商业的“体验式消费”水平，从业态主题构建的分析、静态的符号设计和动态的活动组织等多方面打造综合的体验规划。同时将大数据分析融入营地业态策划，在不涉及顾客隐私的情况下，对消费者消费模式、消费状态、人员数量、消费能力等行为进行数据采集和分析。营地管理者通过大数据的分析和研究，选择性或着重关注消费者的消费习惯及变化趋势，得出消费者的喜好，进而为精准化营销和经营决策提供数据支撑。

8.3.1 主题定位

营地的主题定位是引领营地项目全局发展的灵魂，可以为后期营地的开发指明方向，提供指导性要素。精准的营地定位主要是基于对营地的自身基础、竞合优势、地区发展需求等各项条件的综合分析，加上创新性的思维得来的，能够引领营地整体的规划，指导功能、空间、业态等合理布局，同时能够增强营地的内生发展动力和可持续发展的能力，带动营地关联地区产业经济的转型发展。

（1）目标客群分析

客群定位主要是营地的经营管理者通过对客群吸引力、客群线上线下行为的多维画像等多方面进行分析，通过旅游和露营行业的主流客群结构、年龄分布、性别特征、出游人数、婚恋状态、收入水平等要素进行定位。

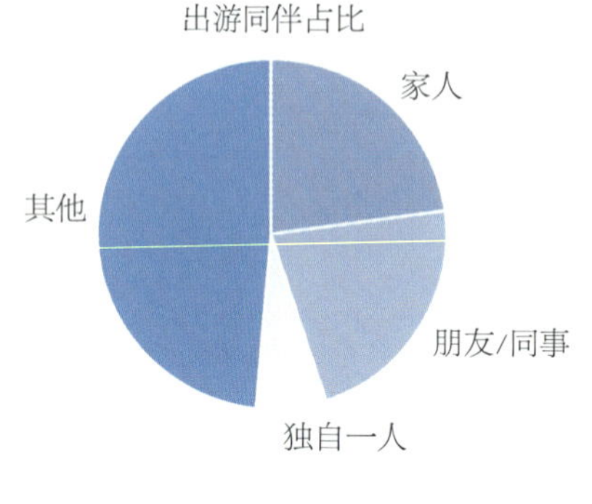

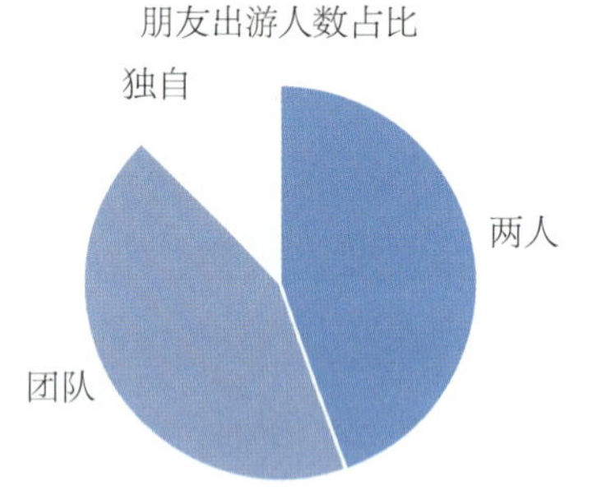

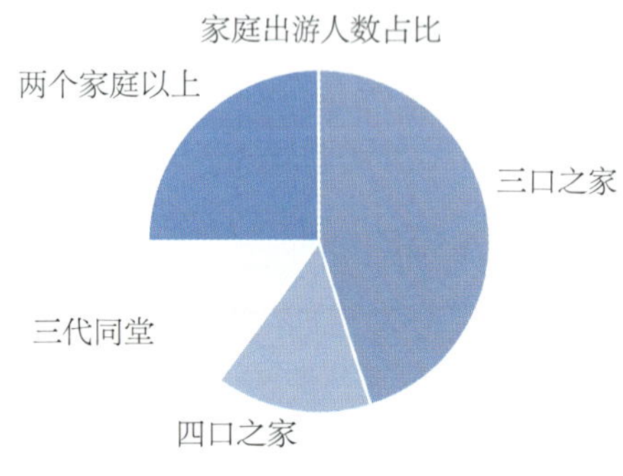

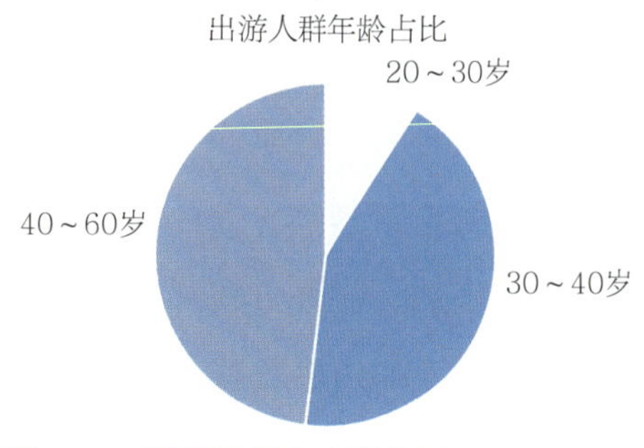

图 8-1 露营地目标客群分析

根据公开数据分析可以看出，旅游行业客群结构中家人、朋友、同事一起出游的占比较高，超 80%，出游人数中三口之家出游的占比近 50%，朋友出游中两人或团队出行占比近 90%，年龄分布上 40～60 岁人群占出游人群的近半数。

有关报告指出，2020 年平台亲子住宿需求中，家庭房占比 94.5%，除了常规酒店的家庭房、儿童房外，小木屋、房车、各类帐篷、树屋、泡泡屋等非标准住宿不断成为亲子家庭住宿的热门选择。与 2019 年相比，相关数据显示上海及周边露营人数增长超 80%，亲子露营订单量增长超两倍。营地数量方面，一线、二线城市周边的营地数量占全国营地数量的半数以上。在露营亲子客群中，70% 以上的父母每年带孩子露营超过两次。

根据以上数据分析，未来营地的客群定位应重点关注亲子家庭、朋友、同事和其他两人及以上团体人群，年龄和收入方面重点偏向 20～50 岁的城市中等收入人群。

未来营地的发展以中高端消费市场为主体，充分发挥海外游客、商务度假游客、白领休闲度假游客、自驾车游客的示范和带动作用。加强针对远程目标客源地游客的宣传营销力度，以创意营销发展创意旅游，吸引高端旅游消费者，形成示范效应，带动口碑营销。扩大中低端消费市场，开发适应不同消费人群的多样化旅游产品，营造更加适合中低端消费游客的消费环境，增强旅游吸引力，促进消费水平的提高。

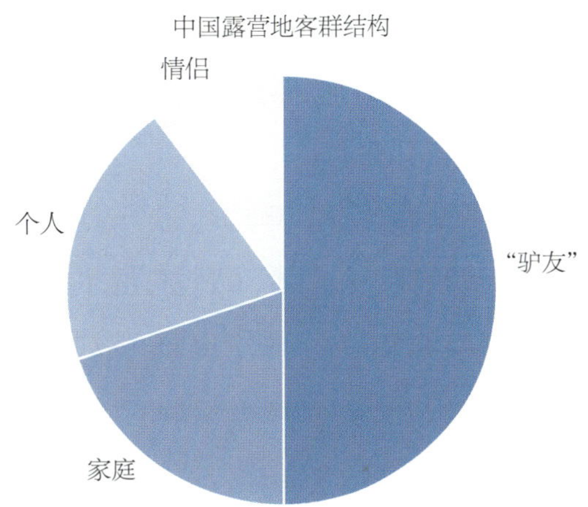

图 8-2　露营地目标客群结构

（2）客群喜好分析

客群定位确定后，要针对目标客群的出游时间、出行方式、住宿方式的选择以及消费水平等内容进行分析，研究客群喜好，从而策划与之相匹配的业态类型，进行节庆活动策划、主题形象设计等，实现营地的精准营销。

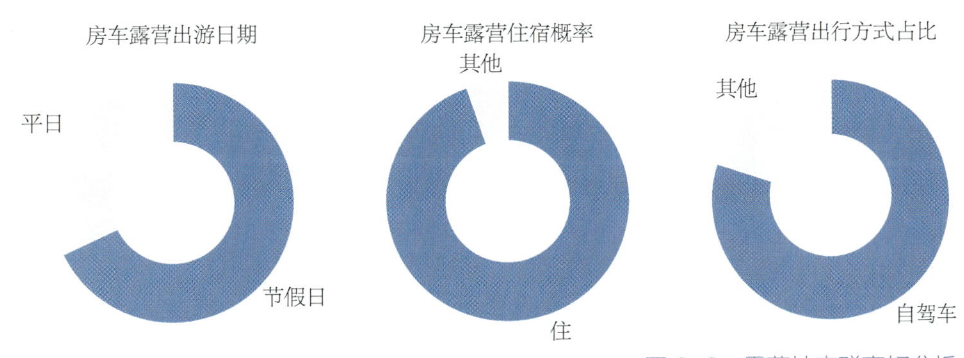

图 8-3　露营地客群喜好分析

根据公开数据分析，近年来，平日房车消费占比较小，近七成的房车露营消费发生在节假日期间，八成消费者自驾前往享受露营生活，且越来越多的游客会选择在房车营地住宿一晚。

（3）主题 IP 孵化

结合营地客群定位、客群喜好分析以及营地自身基底，通过本地特色、地区优势、文化载体等多角度进行 IP 孵化，多维度赋予 IP 生命力，塑造营地特色 IP 价值，提高营地吸引力。

挖掘本地特色。围绕音乐、民族风俗、当地建筑特色、特殊动植物等多方面进行挖掘、提炼、塑造，打造不同主题的营地空间，同时在营地内进行品质化、特色化、要素化的产品创新。

紧抓地区优势。营地的发展一定与周边区域有着密切关系，依托周边地区足够好的资源，紧抓热点和潮流，经过打造才会有足够好的市场，营地的竞争强度才会不断提升。

融入文化载体。围绕电影、戏曲、书画等载体，将房车产业与之相融合，打造富有文化气息和内涵的房车营地。

8.3.2 业态选择

创新“营地 +”模式，以休闲度假、自驾出游需求为向导，以假日经济为契机，顺应疫后旅游个性化、多样化、特色化、品质化发展新趋势，推出品类丰富的露营活动，运用互联网思维“改造”传统营地模式，业态组合实行“线上 + 线下”一体化，不断适应消费者追求体验式消费和社交化消费的趋势，实现支付方式、交易平台以及售后服务的不断迭代更新，从一次消费到三次消费全程实现沉浸式体验。

营地包括驿站、露营地、房车小镇，在诸多业态集合下，将生产研发、商业、商务、住宿、餐饮、娱乐、教育七大类业态组合融入营地系统内，不断丰富营地内容。同时，业态选择注重主题化、体验化、复合化。

主题化业态。营地内形成各具特色的主题区，发挥营地自身优势，充分挖掘所在地文化特色，通过植入不同类型及主题突出的业态类型，融入特色 IP，为营地注入文化魂，以特色业态形成差异性竞争优势，塑造营地的核心吸引力和品牌形象。

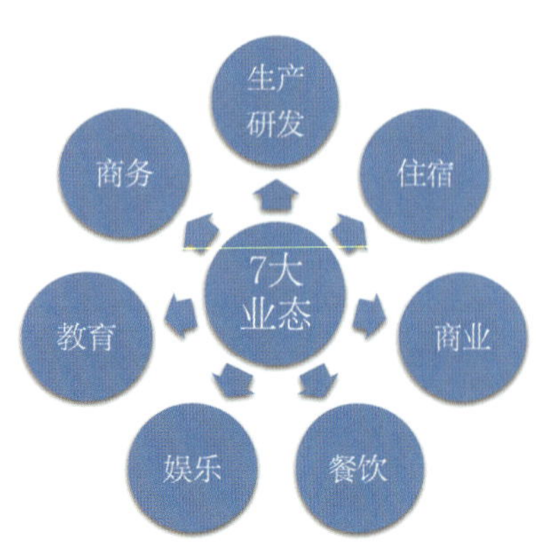

图 8-4 七大业态组合

体验化业态。针对游客对个性化、差异化休闲方式的追求，营地业态打造不断深入客群需求，促进游客露营消费的升级，注重营地各类业态的体验性、参与性，引入文化体验、特色美食、餐饮休闲、特色运动等体验性商业业态。

复合化业态。构建业态类型丰富多样、档次错落，集露营、特色餐饮、购物、住宿、休闲娱乐、运动体验等于一体的丰富的消费体验场所，兼顾本土及外来游客的需求，构建主客共享的多元化营地业态集群。

8.3.3 生产研发类业态

生产研发类业态包括生产制造、研发、试验等功能，主要为相关制造企业、研究院所和平台机构提供服务。其产品以房车及户外露营设施的生产、研发为主，其他商品、农产品等的生产为辅。具体的建设需求是车间厂房、商务办公楼、试验场所、研发基地等，需要建设用地，容积率一般为 1.0～1.2。

表 8-5 营地生产研发类业态主要特征

生产研发类业态	
目标客群	制造企业、研究院所、平台机构等
核心功能	办公会议、试验演示、生产制造、维修保养
物业形态	车间厂房、商务办公楼、试验场所等
用地需求	需要建设用地，容积率 1.0～1.2

8.3.4 商务类业态

商务类业态包括商务会议、展览展示、商贸物流等，主要为各类生产企业、营销机构或者地方政府服务。产品涵盖商务及会展类业态，主要包括商务会议中心、会展中心、地方特色展示中心、物流配送中心等。具体的建设需求是各类规模的会议室、会客厅、展厅、仓库等，需要建设用地，容积率一般为 1.0～2.0。

表 8-6 营地商务类业态主要特征

商务类业态	
目标客群	生产企业、营销机构、地区政府等
核心功能	商务会议、展览展示、商贸物流
物业形态	会议室、会客厅、展厅、仓库等
用地需求	需要建设用地，容积率 1.0～2.0

8.3.5 商业类业态

商业类业态包括两类，一类是为小镇本地人口服务，另一类是为消费人口服务。本书主要讲的是针对消费人口服务的商业，主要包括房车、文创产品、农产品等各类商品的销售功能。具体的建设需求是特色市集、销售中心、商店、便利店、超市等，需要建设用地，一般容积率为 1.0～2.0。

根据需求在营地内部进行特色商业空间打造，对露营空间和服务空间形成强化和补充，提升新鲜感，增加消费者的黏性。随着夜间经济成为营地消费的新热点，深耕营地夜间生活场景，通过数字技术推进夜间经济产业在营地发展应用，还原文化本色与创造未来空间，提升文化认同、归属感和幸福感。

表 8-7 营地商业类业态主要特征

商业类业态	
目标客群	消费者
核心功能	商品销售
物业形态	市集、销售中心、商店、超市、便利店等
用地需求	需要建设用地，容积率 1.0～2.0

图 8-5 房车上的餐饮店

8.3.6 住宿类业态

住宿类业态包括配套住宅和露营住宿两类，作为营地业态的主要构成，结合营地条件按照不同比例进行设置，提高游客体验需求和露营舒适度。

住宿类业态主要指营地的住宿功能，主要为消费者服务。其产品主要包括住宅、酒店、民宿、房车、别墅、帐篷、木屋、集装箱、泡泡屋、树屋等，其中，住宅、酒店、民宿、别墅需要建设用地，容积率一般不小于 1.0，房车、帐篷、木屋、集装箱、泡泡屋、树屋等不需要建设用地。

表 8-8　营地住宿类业态主要特征

住宿类业态	
目标客群	消费者
核心功能	居住
物业形态	住宅、酒店、民宿、房车、别墅、帐篷、木屋、集装箱、泡泡屋、树屋等
用地需求	需要建设用地，容积率≥ 1.0

图 8-6　营地中的住宿类型

8.3.7 餐饮类业态

餐饮类业态为消费者提供吃饭、聚餐场所，导入当地文化，向主题化、精致化方向发展。其产品以小吃街、特色餐厅、露天烧烤吧、营员食堂、会员厨房等为主，进行餐饮复合化经营，提高游客停留时间。其建设需要建设用地，容积率一般不小于 1.0。

表 8-9 营地餐饮类业态主要特征

餐饮类业态	
目标客群	消费者
核心功能	吃饭、聚餐等
物业形态	小吃街、特色餐厅、露天烧烤吧、营员食堂、会员厨房等
用地需求	需要建设用地，容积率≥ 1.0

8.3.8 娱乐类业态

娱乐类业态主要包括节庆活动、体育赛事、水上运动、户外探险、休闲体验、农事体验等项目，主要为营地的消费者服务。其主要建设需求为各类娱乐设施，不需要建设用地。

策划各类体育运动和娱乐活动，达到种类多、有特色。滨水建设的营地可以设置各类水上运动，如水上摩托车、游艇、垂钓等，打造丰富的水上运动空间；依山建设的营地可以设置丰富的户外活动，如攀岩、徒步、山地自行车等；依托村庄建设的营地可以设置特色的农事活动，如采摘、农田认养、有机食品 DIY 等；依托其他主题，打造主题节庆活动。

表 8-10 营地娱乐类业态主要特征

娱乐类业态	
目标客群	消费者
核心功能	节庆活动、体育赛事、水上运动、户外探险、休闲体验、农事体验等
物业形态	各类娱乐设施
用地需求	不需要建设用地

图 8-7　房车营地中的露营活动

8.3.9　教育类业态

教育类业态包括职业培训、研学教育、拓展训练等功能，主要为消费者、企业员工、专业人员等服务。其产品有职业技能培训中心、研学基地、拓展训练基地等。具体的建设需求有培训室、教室，需要建设用地，容积率一般不小于 1.0，其他产品不需要建设用地，结合现状灵活建设。

表 8-11　营地教育类业态主要特征

教育类业态	
目标客群	消费者、企业员工、服务人员等
核心功能	职业培训、研学教育、拓展训练等
物业形态	培训室、教室等
用地需求	部分需要建设用地，容积率≥ 1.0

8.4 功能布局

结合地形特征、规模大小、功能丰富度、业态类型等要素的不同，营地所建设的承载空间不尽相同，布局形态也不尽相同。

8.4.1 驿站功能布局

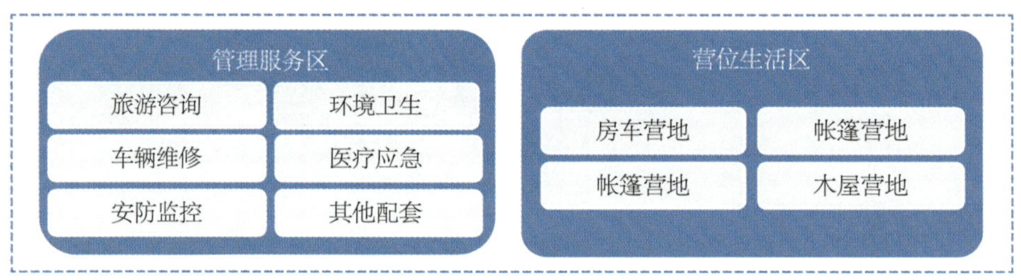

图 8-8 驿站的功能

驿站的主要功能有管理服务和营位生活两大功能。管理服务区主要包括营地管理、服务中心，是营地的基本功能单元。规模较大的一般布置在营地中心位置，保证其与其他功能区的便利联系，较小营地一般建设在入口处并设有标志。游客接待服务中心提供旅游咨询、环境卫生、车辆维修、医疗应急、安防监控及其他配套服务。

营位生活区主要提供宿营服务等其他生活服务，布置在通风、排水、光照良好的位置，房车营位区确保每个营位都设置营车设备专用接口。

本书根据营位布置形式将驿站的功能布局分为圆环式、直线式、斜线式、组合式四类。

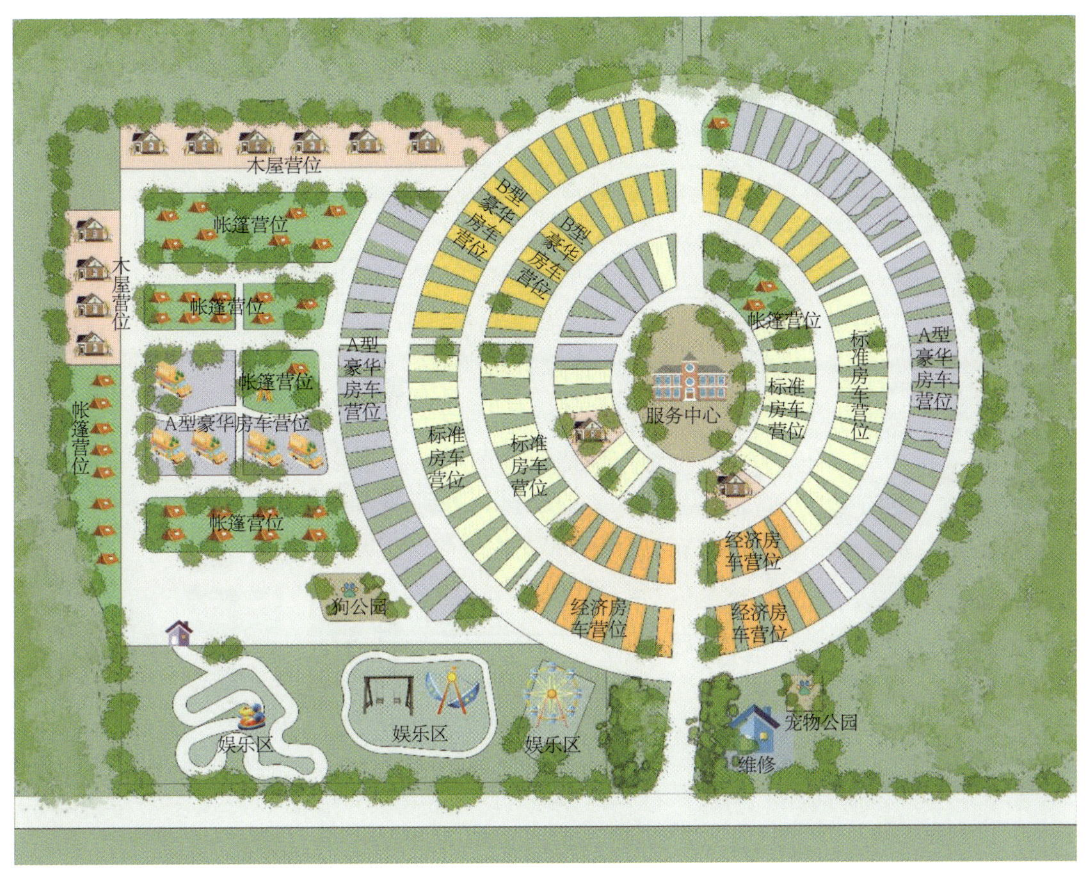

图 8-9　圆环式功能布局示意

（1）圆环式布局

圆环式布局形式中，管理服务位于中心区域，以服务功能区为主线，营位及各类设施呈扩散式布置，典型为圆环式，也可根据地形条件和规模大小适当变形布置。

营位功能区内各类房车营位根据私密程度均匀布置，帐篷、木屋等私密需求更强的营位类型布置在交通流量较小的区域。该布局形式的优势是服务功能形成有效聚集、服务距离均等，且各个功能区之间联系便捷，导向性较为明确，布置形式也更具趣味性。

图 8-10 直线式功能布局示意

(2) 直线式布局

直线式布局的驿站整体形状基本呈规则方形，服务中心和娱乐活动区域位于入口处，内部道路与外部主干道路平行或垂直设置，不同营位区排列分布整齐。

营位生活区不同营位可分类集中布置，也可交叉错落布置，但整体依据私密性和活动空间的大小进行规划。

该布局形式的优势是驿站内交通流线顺畅，各区域道路交通压力均等，游客进出快速、灵活，且土地利用率较高。

图 8-11　斜线式功能布局示意

（3）斜线式布局

斜线式布局的驿站主要是根据地形限制条件，驿站内营位倾斜布置，提升营地整体规则感和视觉顺畅感，服务中心、维修站和自驾车停车位均位于入口处，活动空间均匀分散布置。

营位活动区布置主要遵循沿地形和景色优先的原则进行，如有水域的地区，近水区域景观环境优美，宜设置舒适度高、视野好的特色营位，增强营位与景观环境的互动性；在山地，依据山体等高线倾斜布置，保证大部分营位均可保持较好的视野范围，实现与山体风光的融合。

该布局形式的优势是营位布置灵活性更强，与景观资源互动性更强，营地整体布局流线简单清晰，便于游客抵达露营区域。

图 8-12 组合式功能布局示意

（4）组合式布局

组合式布局的驿站相对上述几种类型的布局方式来说规模相对大一些，采用多种形式灵活布置营位。营位生活区布置可依据采光程度、视野范围、环境资源、地形特征等多种条件进行布置。

该布局形式优势是对场地形状限制小，营地内部游线灵活性和自由度更高。

8.4.2 露营地功能布局

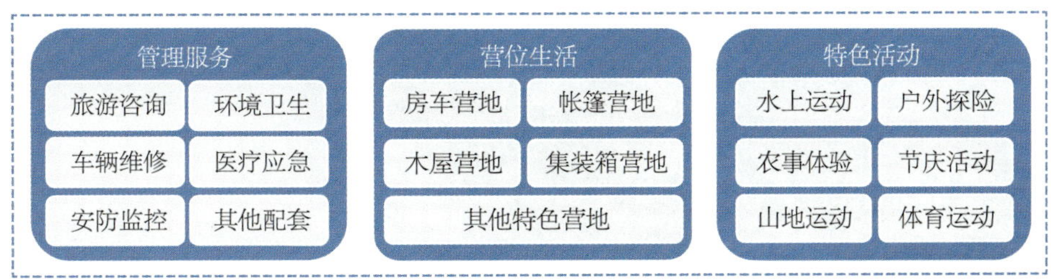

图 8-13 露营地的功能

露营地相比较驿站，除了基本的管理服务和住宿营位功能，主要增加了特色活动功能。特色活动功能空间提供营地独具特色的休闲娱乐活动服务。结合基地特征和地域文化资源，合理动静分区，避免活动之间干扰。根据场地环境分为点状和片状布置模式，点状布局一般适用于森林、山地不规则场地，片状布局适用于海滨、草原开敞场地，可以开展特色运动、特色运动培训教育等。

本书根据露营地三大功能区的布置形式，结合地形特征，将露营地的功能布局形式分为山地串珠式、山地组团式、滨水纵深式、滨水延展式、平地自由式和融入乡村式六类。

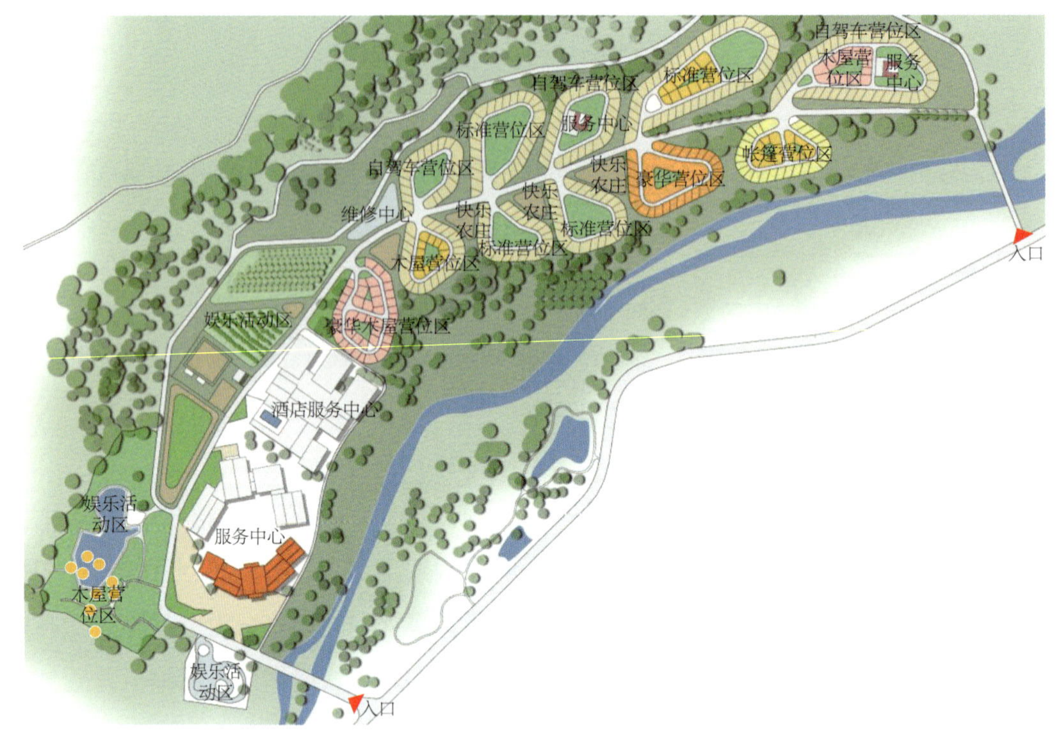

图 8-14　山地串珠式露营地布局示意

（1）山地串珠式布局

山地串珠式布局的露营地因地形限制各露营区相对独立，服务中心位于入口处，活动区域和各营位区沿主干道依次呈组团式环抱分布，可结合所处地的自然环境特点开发风格不同的特色区域，也更易于周边生态环境的保护；但露营区分布较为分散，管理难度较大，服务设施布局较为困难，每个独立露营区均需布置服务设施，且相距较远的组团之间联系困难，整体建设成本相对较高。

该布局形式主要适应于依托风景游览线路较长的大型风景旅游区建设，如山谷地带。

图 8-15　山地组团式露营地布局示意

（2）山地组团式布局

山地组团式布局的露营地服务中心位于入口处，娱乐区域、房车营位、木屋营位、帐篷营位、自驾车营位等各个功能区独立分布，干扰较小。根据各地块环境特征、地形特点等因素灵活安排多种娱乐活动，营造形式多样、趣味性高的游憩空间，对零散土地的使用率较高。

该布局形式主要适用于地形条件相对复杂、适宜利用的场地较分散、对游憩环境要求较高的场地。

图 8-16　滨水纵深式露营地布局示意

(3) 滨水纵深式布局

滨水纵深式布局的露营地一般情况下与地域资源的融合度高，结合滨水地区地形高差，通过水体、植被等手段，逐层递进式展开功能布局，通过高差变化，满足露营地不同空间层次需求，提供丰富的空间选择。但露营地内特色活动条状布置，部分项目距离较远。

该布局形式主要适用于滨水场地且向内地延伸较远，利于沿水岸线设置特色功能。

图 8-17　滨水延展式露营地布局示意

（4）滨水延展式布局

滨水延展式布局的露营地场地形成半封闭式近水小岛，各功能区布局呈组团式分布，用地布局紧凑，设施布局集中，土地使用效率高；但组团内部各功能区空间间隔较小，娱乐活动对营位区的干扰较大，尤其是营位区的营位分布密度大，私密性也相对较低，功能空间的布置形式比较单一、缺少变化。

该布局形式主要适用于向陆地延伸距离较短，场地呈组团状分布的滨水场地。

图 8-18　平地自由式露营地布局示意

（5）平地自由式布局

平地自由式布局的露营地各功能区的布置可以根据地块环境特征灵活安排，各空间富有变化，独立布局且各具特色，也可以通过道路进行有机连接，对用地规模要求较低。但由于各区域分散布置、距离不等，露营地各类设施建设难度和维护成本较高，管理难度大，同时对环境打造也要求高。

该布局形式主要适用于景点比较分散的山地或沙漠、草原环境。

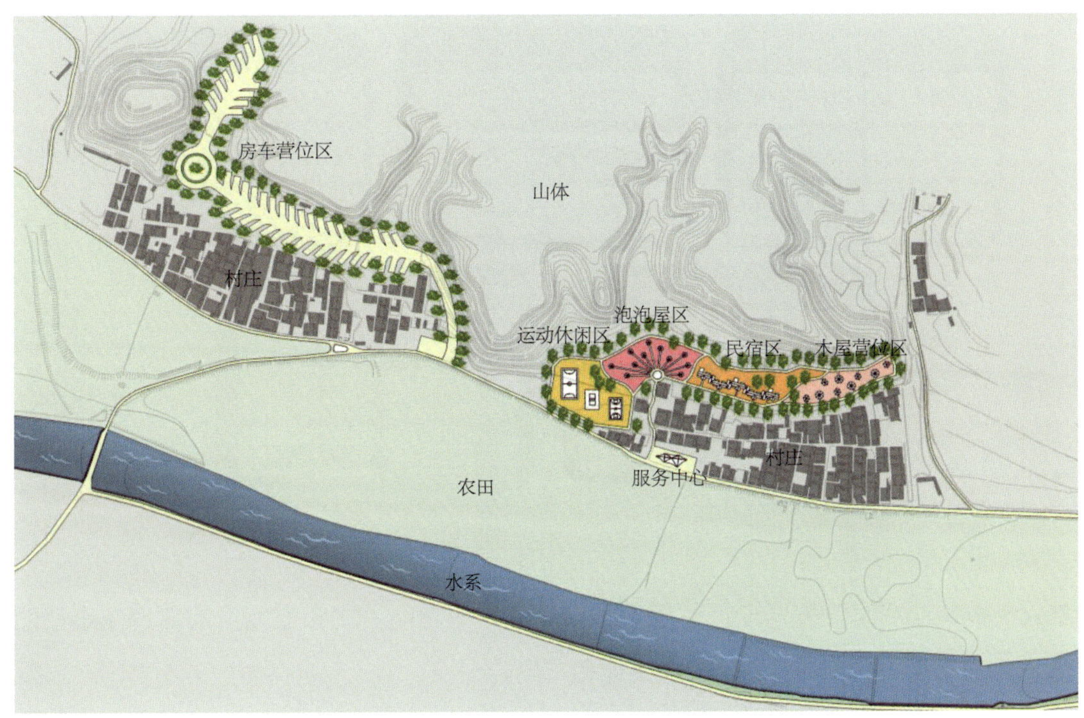

图 8-19 融入乡村式露营地布局示意

（6）融入乡村式布局

融入乡村式布局的露营地各功能区散落式布置，结合村庄空地、宅院、场院、公共活动场所等村内用地布置，提升村庄空间利用率、功能的多样性和产业丰富度，助力乡村振兴的发展。但此类布局方式无明确边界围护，与村庄功能交叉，存在干扰村民活动的情况。

该布局形式主要适用于具有一定产业资源或生态环境资源的村庄，且村内有闲置民房或可供盘活的空闲用地。

8.4.3 房车小镇功能布局

房车小镇相比较露营地和驿站，除了管理服务功能、住宿营位功能、特色服务功能，主要增加生产研发、商务会展等功能。

房车小镇是一个房车及相关产业的集合体，本书根据各产业的关联性将功能布局进行布置，主要设置商务会展、休闲娱乐、科创研发、生产制造、商贸物流和配套服

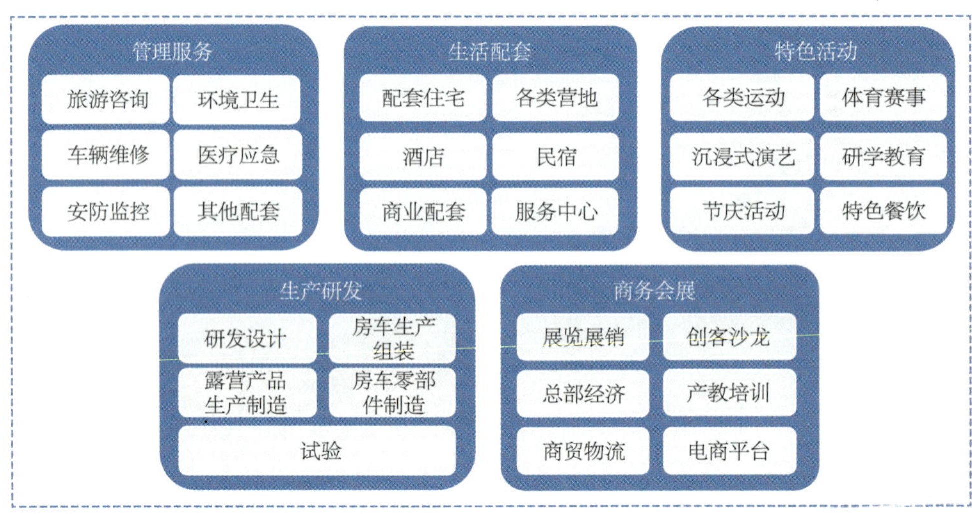

图 8-20　房车小镇的功能

务六大板块，在实际规划设计过程中，根据各产业功能占比和空间形态对房车小镇的功能板块内容和功能布局灵活合理设计和布局。

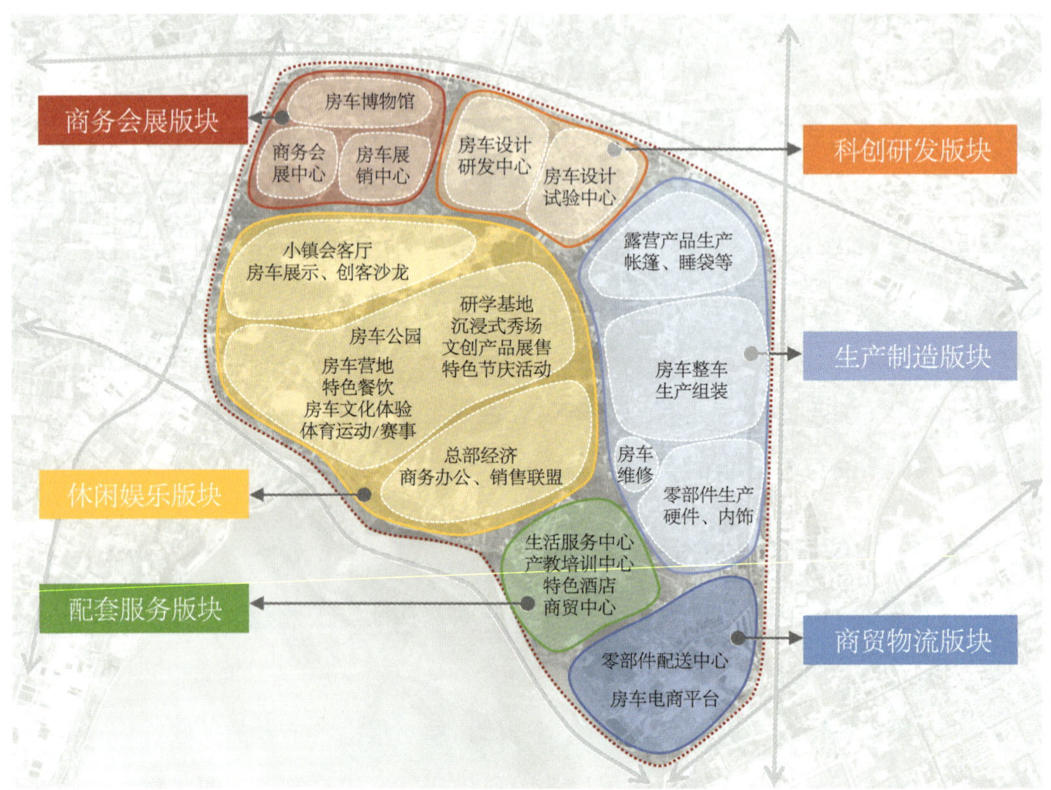

图 8-21　房车小镇功能布局示意

8.5 营位规划

常见的营位类型有房车营位、自驾车营位、木屋营位、帐篷营位、集装箱营位和一些其他特色营位。不同营地根据营地自身土地概况、所依托的资源、营地定位、业态设置、投资成本、盈利水平等条件，可有机组合一类或几类不同形式的营位类型和比例，科学合理搭配，满足营地游客的露营需求、营地的持续经营需求以及适应营地节假日与平日、淡季与旺季之间的经营差异。

8.5.1 房车营位

综合考虑不同房车车型对房车营地露营营位的长度要求、不同房车车型在国内的市场销售情况，设计不同规模的房车营位。房车营位的设计主要参考自行式房车和拖挂式房车各车型的长、宽、高等参数，根据需求功能的多样性，匹配不同占地规模的营位。本书结合上述条件将营位分为经济型营位、标准型营位和豪华型营位三类。

表 8-12 营位标准分类

	经济型营位	标准型营位	豪华型营位
营位面积	20～30 ㎡	60～90 ㎡	100～120 ㎡
基本形态	营位区	营位区 + 活动区	营位区 + 活动区 + 隔离带
形式	营位区	营位区　活动区	营位区　活动区　隔离带

（1）经济型营位

经济型营位一般仅为房车短时间停靠、补给的地方，不超过 3 天（72 小时），季节性的停靠是不允许的，也不允许搭帐篷甚至使用汽车遮阳篷。经济型营位主要针对6米以下的房车临时停放，参考我国机动车小型车辆停车位设计规范，综合考虑房车停放所需设置的水、电、排污等基础设施占地空间，经济型营位可设置为：长6米，宽3～3.5米。

（2）标准型营位

标准型营位分为两部分：一部分是房车停车位，尺寸参考经济型营位规模，地面可硬化或采用生态停车形式；另一部分是活动区，根据常规天幕可伸缩尺寸设置，一般宽度为2～3米，地面以草坪或户外木地板为最佳。标准型营位需要具有一定的私密性，在经济型营位的基础上进行围合布置，选择性设置适当宽度的隔离带，以体现营位的私密性。

（3）豪华型营位

豪华型营位在设计上可采用大面积隔离带，保证露营环境的私密性和围合感，营位间甚至可以隔开。也可采用大面积草地与其他营位连通，房车的停靠使每个营位产生界限，既提供了静谧、宽敞的休闲环境，又有利于空间的交流。营位的布置清晰明了，硬化的停车区用以停车接驳，大面积活动区用来进行休闲娱乐等，还设置有基本的水电排污等设施和不同类型的休闲娱乐设施。由于豪华型营位占地面积较多，在房车营地经营过程中，主要针对商务团建、家庭聚会等业务开展，对配套设施及服务水平要求较高。

图 8-23　帐篷营位内部空间

（4）房车营位布置方式

房车的外部尺寸差别较大，不同的倒车方式和停靠方式带来的便捷性和隐私性不同，营位不同的排列方式也会使营地建设和管理难易程度有所不同，根据场地条件进行合理的营位布置至关重要。

房车营位的布置方式主要分为平行式、垂直倒入式、斜列倒入式、垂直贯通式和斜列贯通式五种类型。

表 8-13　房车营位的布置方式及示意

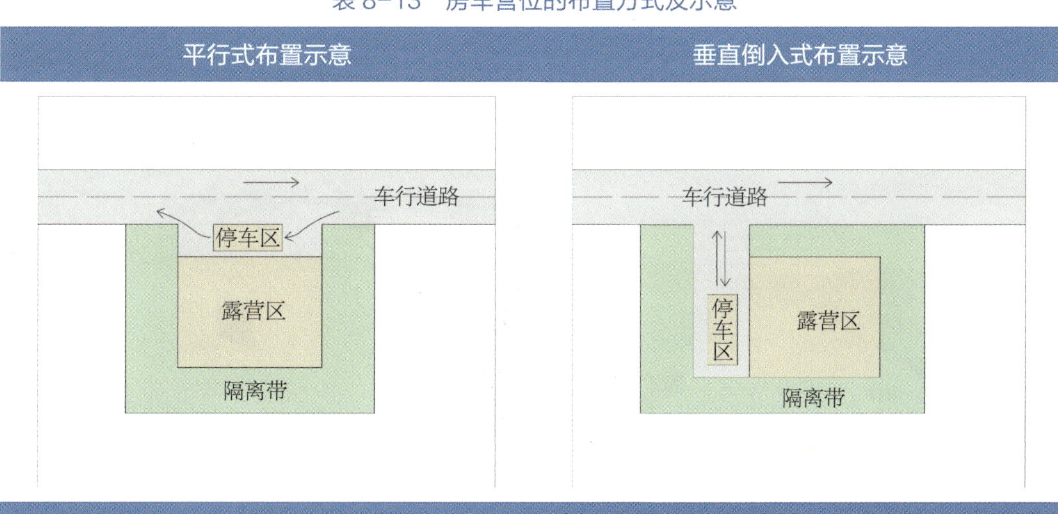

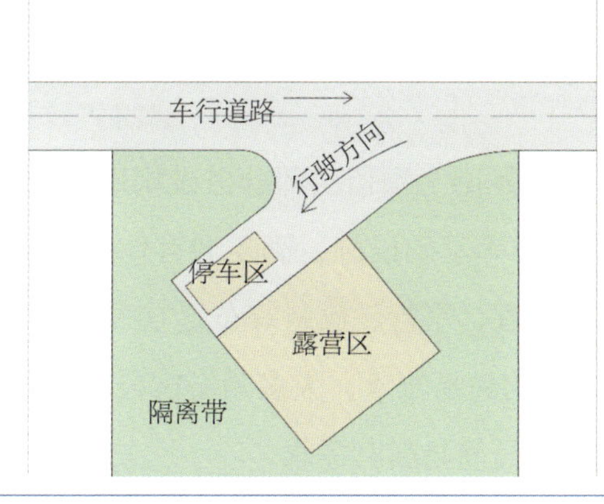

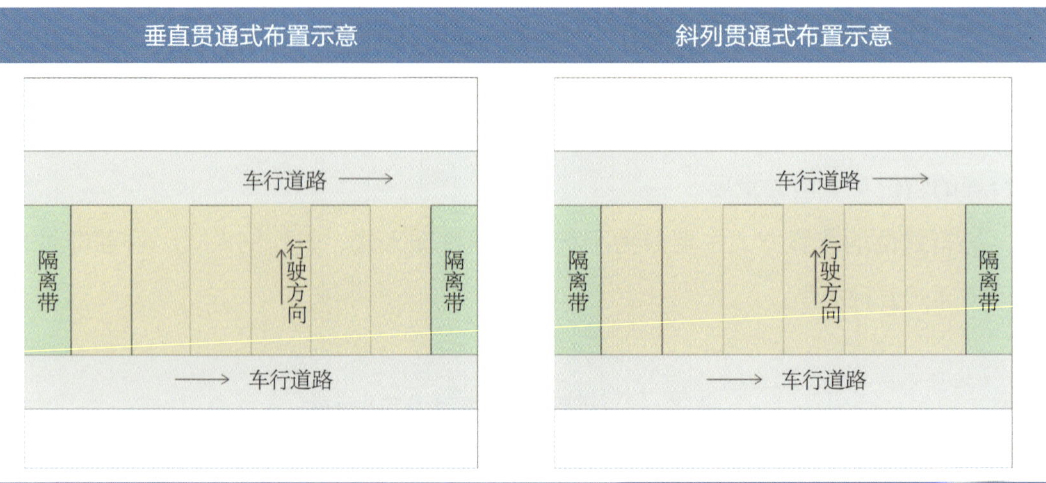

图 8-22　房车营位及相关设施

8.5.2　帐篷营位

（1）自驾车帐篷营位

自驾车帐篷营位的规模在普通小汽车停车位的基础上预留出部分搭设帐篷的空间，类似标准型房车营位，但不需要设置专门的水电桩等基础设施，满足游客休憩停靠和简单露营即可。营位形式根据地形可采用与道路垂直、平行、倾斜等布置方式。

自驾车帐篷营位的帐篷大小多为容纳 1～2 人的简易帐篷，大多为游客自带在营地进行驻扎，占地面积约 5 平方米，可满足外出探险及简易露营需求。

（2）精致帐篷营位

精致帐篷营位除了自驾车停靠区域外还应有帐篷搭设和露营生活空间，帐篷搭设区建有专门的帐篷搭设台供露营者搭设帐篷，提高露营体验水平，生活区提供野餐桌凳、篝火圈、灶台等户外生活用品和水源、电源、排污口等基础设施，提高露营活动质量。根据帐篷的功能和样式主要分为家庭帐篷、帐篷式体验房和豪华野奢帐篷三类。

家庭帐篷可容纳 3～4 人，大多为三口或四口之家出行装备，占地面积 15～20 平方米，有部分户外活动空间，满足家庭外出休闲度假的需求。

帐篷体验房可容纳 2～3 人，多为营地规划设置，满足有体验需求的游客入住，占地面积约 10 平方米，一般可设置在森林营地、草原、山谷等环境中。

豪华野奢帐篷一般可满足 5 人以上的团体入住，占地面积 40～50 平方米，配套床位较多、较灵活，设有卫生间、室外露台等空间，属轻野奢体验风格。

8.5.3 木屋营位

木屋营位是以木质材料为主的建筑，营造以家庭为单位的标准居住空间，内部设施主要有寝具、炊事设备、卫生间、洗漱间、桌椅等必要的生活设备。木屋营位的搭建应根据地形地势灵活设置，在进行生态保护的基础上，地面应垫高最少 30 厘米。

可移动简易木屋长度在6米以下，占地面积15～20平方米，内部设置床位、厨房、卫生间等设施，可容纳 2～3 人入住。

舒适型木屋长度 8 米左右，占地面积 25～35 平方米，内部设置床位、厨房、卫生间等设施，可容纳 5～7 人入住。

豪华型木屋长度约 10 米，占地面积 50～60 平方米，内部设置不同类型床位（上下铺、大床）、厨房、卫生间、室外休闲空间、娱乐活动空间，功能齐全，可容纳 8 人以上团体使用。

图 8-24 木屋营位内部空间

8.5.4 集装箱营位

集装箱营位由集装箱拼接、排列自由组合形成。由于集装箱装卸、运输便捷，活动性强，模块组合轻松多样，甚至可以 DIY 创意造型，可以满足营地的多种露营方式设置。将集装箱通过不同数量、角度和高度的拼接，搭建出阳台、走廊、活动场地等空间，通过平面的并联、错位、对角等营造空间。同时，集装箱营地的建设、运营和维护等所需的人力、物力也相对更少，运营之后产生的经济效益也更好。

单体集装箱营位每间 20 平方米，含有露台、宽敞的落地玻璃窗，室内设有大床、卫生间，容纳人数在 2～3 人。

组合集装箱营位每间 20～40 平方米不等，可设置成多层或横向拼接成套房，设置卫生间、公共活动空间和室外露台等，容纳人数在 5～10 人。

图 8-25 集装箱营位

8.5.5 其他特色营位

特色异形的营位可以带给人独特的吸引力和体验感，如星空下的泡泡屋、树屋、吊舱、特色窑洞、石屋、架在树上的鸟巢屋、木船旅馆、茅草居、航天舱等，这些特色营位都可以为营地露营的丰富性提供支撑。

图 8-26　树屋

发展保障

9.1 加强宣传，普及房车文化

露营并不是高消费和吃苦的代名词，户外露营也不专属于年轻人……

房车并不是奢侈品……

专业才是更多玩法的必由之路……

只有真正了解，才能少走弯路。

通过多种营销宣传手段，创新宣传形式，精心制作宣传内容，才能不断提高房车旅游的认知度、美誉度和吸引力。

9.1.1 加强宣传推介

（1）通过举办展会等活动，提升社会各界对房车的认知

大型专业展会一直都是业内信息交流的平台，通过同业者的观摩、交流和沟通，促进某一行业的发展，所以房车产业的发展首先离不开大型房车展会的举办。

房车展会可以反映房车行业的发展动向，是房车产业发展的风向标，展会上所展出的产品，从整车到零部件，从设备到衍生产品，无一不是房车产业的最新趋势。展会还是快速集中展现房车产品的窗口，通过展会可以为业界同人提供房车创新、发展、展望的各方面信息，也为房车制造商、营地等各个领域的公司提供一个展示创新产品和服务的平台。

很多大型的展会现在已经成为世界公认的房车盛会，展会中的论坛也会请来业界的大咖，一同研讨房车的各种国际资讯及行业动态，这在传播推广房车产业方面，更具有权威性。如创始于 1962 年的“杜塞尔多夫房车展”，是代表世界房车最高水平的国际房车行业盛典，它的举办为全球的业界同人提供了专业化的交流平台。另外，已经举办了 22 届的“中国（北京）国际房车露营展览会”，结合“中国国际房车露营大会”，推动了房车的现场交易，也引起了政府高层领导的重视，大大助力了国内房车产业的高速发展。

（2）积极开展宣传推介，针对不同需求进行精准营销

房车旅游市场健康高速的发展，更多的人追求心性的自由，通过垂钓、溯溪、漂流、滑雪、露营、野餐、烧烤等丰富多彩的项目来吸引更多的露营爱好者。今天的露营文化，更多的是在周末，和家人、朋友开着车，在水边、山下、乡野扎营、生火、野炊，吹着淡淡的清风，品尝自制的美食，谈人生、聊理想、数星星……

所以，房车旅游的营销需要因人而异，针对不同的群体进行精准营销。房车旅游如果与乡村休闲游结合，就要强调乡村生活的体验，在活动策划和体验过程中下功夫，在田间地头、林地草场强化乡村旅游的体验营销；房车旅游如果与家庭亲子游结合，就要深度研究“80 后”“90 后”消费主体家庭的结构和消费方式，要借助夏令营、户外研学、科普等形式进行活动策划。只有针对性精准营销，才能有的放矢地宣传和推介。

青少年研学团体、青睐大自然的年轻族群、银发族等都是未来露营旅游市场可引导和开发的消费群体，推广房车旅游，应该面向他们加强露营活动的推广力度，大力开发房车露营的客源市场，形成多元化的客源体系、多层次的消费者市场，真正扩大房车露营文化的影响。

（3）全方位营销推广，加大房车文化宣传力度

房车营销宣传，要融合线上线下、融合传统媒体与新媒体，从宣传品到媒体传播，从节庆造势到智慧营销，进行全方位的推广。

首先，要构建内容丰富、信息全面的旅游形象载体和支撑，做好形象宣传品，包括旅游纪念品、宣传画册、手绘版导览图、玩乐指南、吉祥物等产品的设计，还有房车专题的网站、专题片等，提高房车产品的推广层级，普及房车文化。

其次，抓住“互联网 +”的时代新机遇，结合线上线下营销方式，有效利用媒体传播进行渠道拓展。深化传统旅游营销渠道，利用政府、景区等直接渠道进行推广，旅行社、酒店、旅游集散中心、景区专营店等中间商都是进行渠道营销的重要途径。以“大整合、有针对”为原则，选择线上网络、线下杂志等优质媒体资源，多项联合全方位传播保证宣传效果。

再次，利用节庆造势，策划四季不同的丰富多彩的活动，引爆全年。例如，可以打造奢华采青、夏季戏水、秋高气爽、冬天赏雪的四级营销主题，借助传统节日吸引中老年人，借助新兴节假日吸引青少年和上班族，让更多的人关注和参与，采取“线下演艺 + 线上直播 + 实时互动”的形式，借助网络直播、网红带货等全网强大的影响力扩大房车的行业影响。

最后，也少不了智慧营销手段，构建覆盖主要客源市场的智慧营销系统，达到新媒体终端搜索推广加网络平台互动推广和搜索引擎全网营销的全面提升。

（4）举办房车大赛，利用专业化赛事提升房车的影响力

为推动房车的创新技术或设计、挖掘房车方面的人才及提升房车产业的影响力，举办专业化的大赛也是一种重要的宣传推介手段。

为推进房车的创新设计水平，挖掘新一代优秀房车设计人才，可以举办“房车设计大赛”；为推动房车对年轻人的吸引力，可以举办房车涂鸦大赛；为提升房车改装技能，可以组织房车改装技术比赛……通过比赛，不仅能使专业人士深入沟通，也能使普罗大众更深入了解房车行业，还促进房车相关产业之间的创新经验交流。美国房车工业协会下属的房车技术研究所就曾经举办房车技术挑战赛，很多创新技术及工艺脱颖而出，为房车的技术进步推广贡献了力量。

9.1.2 倡导文明出行

随着房车产业的发展，房车不规范停放、乱扔废弃物等不文明现象也影响了房车文化的普及和推广。作为一个比较新的事物，在有些地方，房车还没有被大众欢迎就遭到了驱赶，这不仅会影响后面无数房车车友的旅行，也阻碍了房车文化的宣传和房车产业的发展。所以，倡导房车文明出行，才能树立房车的友好形象，促进房车产业的健康发展。

在欧美的房车发展史上，也出现了很多不文明的社会问题，诸如乱停乱放、不守交规、随便排污、肆意遮挡等问题。后来，经过房车俱乐部、露营者大量的游说活动，他们呼吁废除相关禁止的法案，同时制定了房车自律性质的《睦邻政策》，让房车露营者自我约束，才得到了大多数部门和组织的认可，最终双方达成一定的妥协，规范了房车的文明出行行为。

《睦邻政策》的具体内容是：

- 只住一晚。
- 获得停放和过夜的许可。
- 遵守停放地规定。
- 不使用遮阳篷、桌椅、烧烤架。
- 不在没有排污管道的地方排水。
- 不在柔软的地面（包括沥青）上使用液压千斤顶。
- 离开时一定要清洁停车区域。
- 尽可能在停放地购买汽油、食物或补给品以示感谢。

图 9-1 《睦邻政策》内容概要

在我国，目前还存在着开遮阳棚挤占车位、在露营地大声喧哗、停车做饭垃圾多、晾衣服侵占公共资源、占用公用卫生间洗漱接水甚至驻车偷电等不文明行为。我们要杜绝这些不文明行为，就要向房车车友以及广大房车旅游者提出倡议，只有不断规范房车的文明出行，树立房车的友好形象，才能推进房车文化的普及推广，提升广大旅游出行者对房车旅游的认可。

我国房车车友提出的倡议：

- 不影响交通，不影响市容市貌，不随地排灰水黑水，不随意扔垃圾，随时保持房车周边地面干净。
- 在人口密集区景区，不宜房车外大摆筵席，不宜使用煤气或柴火当众洗菜做饭。
- 公共区域不宜洗衣、洗车，随意排放污水；不宜晾晒内衣内裤。
- 公共场所不大声喧哗，不制造噪声影响他人。
- 节约用水用电，和谐与当地民众相处。

做文明房车车友，我们不仅仅代表自己，也代表全体房车爱好者。

图 9-2 我国房车车友倡议内容

9.2 要素保障，加快体系建设

9.2.1 健全出行制度保障

由于我国政策法规不明确，在政策操作过程中存在着差异性，房车在很多方面还存在着需要协调解决的问题。我国房车产业发展需要认真贯彻落实国家的法律法规、管理条例和制度标准，并加快制定地方管理办法和服务标准体系，完善各项管理规章，为房车产业的发展提供必要的政策支撑和保障。

（1）增加新的房车准驾车型

关于驾驶房车，根据目前我国法律法规相关规定，大多数消费者能够驾驶的房车难以满足舒适性旅游的出行需求，在房车准驾方面，还需要调整相关规定，来促进房车旅游业的发展。

拖挂式房车到底是 A2 还是 C1 驾照呢？现在并没有统一的明确规定。A2 驾照，房车可以定义为汽车列车，是小型客车与拖挂房车的组合，列车的总长限制为 14.5 米，挂车长度不超过 8 米，前车作为牵引车，准驾为 A2。但是在《道路交通管理机动车类型 GA 802—2019》中规定的牵引车属于载货汽车，拖挂式旅游房车的情况又比较特殊，并不完全符合此规定。依据《中华人民共和国道路交通安全法实施条例》第五十六条规定，C1 驾照准驾的是小型载客汽车，但是小型载客汽车只允许牵引旅居挂车或者总质量 700 千克以下的挂车。规定里所指的挂车却是不得载人的，这些规定之间还存在着一些矛盾之处。

今后，在房车准驾方面，基于拖挂式房车与小型客车的众多差异，还可以借鉴国外的经验，来优化我国的标准。例如，我国目前准驾车型可以学习欧盟的准驾体系，为拖挂房车组合增加新的准驾车型，如 B+E\C+E 等，E 驾照就是专为房车准驾增添的。

（2）进一步规范房车上路通行管理

随着近几年我国房车出游的兴起，房车上路通行中也遇到了各种各样的问题，房车车友与交通执法管理人员在房车上路通行管理上也出现诸多摩擦。为了促进房车产业的发展，解决房车上路难问题，交通部出台了相关条例与规定，调整了在以往管理过程中的一些做法。规定中允许有合法手续、功能齐全的房车在高速公路上行驶，支持服务区设置房车专用停车位，并且制定了明确的收费标准。这些规定不仅保障了房车的通行权利，也规范了相关政策措施，从而促进了我国房车旅游业健康有序的发展。

在房车出行方面，各地区结合本地道路交通状况制定相关细则尤为重要，在制定相关通行规定时要结合房车的通行需求，有助于房车旅游业的健康发展。例如，新疆的独库公路，是一条非常特殊的公路，曾被《中国国家地理》评选为“纵贯天山脊梁的景观大道”，号称天山旅游必经之路，其旅游价值不言而喻。但恰恰是这样一条与房车旅游如此合拍的风景大道，房车上路却也风险重重。类似的案例还有很多，这些都应该引起制定规章制度的部门高度重视，只有结合房车实际需求来制定细则，才能更深层次地助力房车旅游业的快速发展。

（3）依法办理旅居车登记

房车上牌照困难也是影响广大房车车友买房车的一大问题所在，尤其是在很多有着限购政策的大城市，房车上牌更是难上加难。有时候在买到房车上牌照时也会遇到很多阻碍，由于存在着地方法规与国家通用法规的不一致，验车过程中也出现了很多难题，这样就会大大影响房车车友的买车意愿，进而影响房车产业的发展。

为指导各地公安交通管理部门按照规定办理房车登记，公安部也积极会同相关部门完善了旅居车技术标准，健全了房车在登记、检验和准驾方面的制度，完善了《道路交通管理机动车类型》等政策，对房车的类型、登记和道路通行管理等基本制度作出了明确规定。

（4）细化旅居车安全标准

在房车安全方面，我国也出台了相应的规定来保证房车出行的安全，涉及改装、老人驾驶及强检类标准等各个方面。

根据《机动车登记规定》，小型车、微型车等是允许在符合规定的前提下加装拖车钩的，但加装的拖车钩不能超过原车的外观和结构，否则便是违法改装。

关于 60 岁老人驾照级别问题方面，规定拥有 C 级以上驾驶证的驾驶人员年龄到 60 岁以上（含 60 岁），都需要降级到 C 级的驾驶证，当年龄达到 70 岁时每年需要参加体检，体检合格后才可以继续持有C级的驾驶证驾驶准车型的汽车。

工业和信息化部、公安部、全国汽车标准化技术委员会等政府机构和行业协会等在持续完善房车的相关标准体系，并且细化到专用标准体系，这也有效促进了我国房车行业的规范发展。

9.2.2 营地用地政策保障

中国房车营地的发展过程中，营地用地政策的不合理成为了一个很大的隐患，也制约着房车产业在中国的发展，所以加强营地用地的政策保障势在必行。

（1）积极对接现有用地政策

我国现存土地政策在营地的用地方面存在着三个方面的制约因素，影响新建营地的投资建设。一是中国特色的公有制土地政策，使得城乡居民对土地的使用有承租年限；二是风景区内适合建设房车营地的土地都受到严格的控制，景区内所有的建设都可能会受限，而在风景区外部，土地基本上都在村、乡一级的政府管辖内，各方面的政策又与城市不同，营地用地又需与农村土地政策相衔接；三是我国对营地用地政策的相关规定“选址在土地利用总体规划外的营地，其自驾车营区、旅居车营区、商务俱乐部、木屋住宿区、休闲娱乐区等应依法使用集体建设用地，确需新供的，按照旅馆用地管理（宜以招标方式实行长期租赁或者先租后让）。其他功能区在不改变土地用途、不固化地面的前提下，按照原地类管理；选址在总体规划内的土地，依法办理转用、征收、供应手续”。以上三条主要的露营地用地政策在实施落地中直接或间接导致了新建营地的投资成本过高，相对收紧的政策出台，也使得之前建设的露营地被拆除，新的营地难以落地实施。

房车营地的建设要积极对接现有用地政策，找到政策的突破口，积极发展土地、农宅、资金、资产的多方形式股份合作，让营地的经营建设更加灵活和可持续。

（2）合理调控土地供应

推动房车营地健康快速发展，要合理规划营地，保障营地的核心区用地供应，优化产业配套用地与其他用地的配比，保障营地的土地供应。营地和传统旅游地产最大的区别是营地设施是对土地破坏最小的，如房车、木屋、帐篷和集装箱，这些设施都不是固定的建筑，还能最大限度满足游客住宿的需求。但我国现有的露营地用地政策将露营地用地规定为“建设用地”或者是“旅馆用地”，如果继续推行和强化这一政策，近两三年内可能会对露营地的增建有所影响，从而导致投资者对这个行业望而却步。

（3）优化土地利用结构

推动营地健康快速发展还需要优化土地利用结构，在营地用地上单独分类，细化用地特征。细分指标包括永久性设施用地、临时性设施用地、用地年限、绿化率、硬化率等；在用地政策上，要适当地区分公益性与非公益性营地，制定不同的价格，在营地的规划标准上提出具体要求。例如，永久性设施的用地面积不得超过营地面积的10%，住宿设施不得超过营位总数量的20%等。

以上要求可以归入自驾车及房车露营地管理机构按照原地类进行管理，只要满足规定的营地，管理部门应当给予用地优惠政策，如果不满足规定要求的营地，可给予相应惩罚。

按照原地类进行管理，是因为露营地是最接近自然环境，可以保持自然原貌，并对土地的硬化破坏最小的方式。不但可以很好地管理和接纳更多的房车和自驾车，还可以为游客最大限度提供户外露营的体验，对生态环境加以保护和再利用。我们希望露营地的分类和管理能够更加完善和可操作，这样对露营地的发展和房车产业的发展更有益。

（4）提高土地利用效率

自然资源部负责推进全国各级政府的国土空间规划编制工作，房车营地用地要与国土空间规划相协调，提升国土空间品质和利用效率。利用房车营地也可以盘活存量用地、优化产业布局，进而提高土地利用效率。

房车营地在规划中还应积极对接政府相关部门，争取相关用地政策扶持，并且在营地审批手续简化、配套公共基础设施等方面给予新的政策支撑，完善房车营地的相关配套服务。

9.2.3 建立房车人才培养体系

房车产业要发展，房车人才不可少。在房车人才的培养上要实行外部引进与内部培养同步走，培养房车产业立体人才库，建立专业化房车人才培养体系。

（1）外部引进高端专业人才

建立高端房车旅游人才库。面向社会广泛征集房车相关高端旅游人才，建立高端房车旅游人才库。

成立专家咨询顾问会。邀请来自全国乃至全世界房车相关方面专家成立房车旅游专家咨询顾问会，相关领域可包括营地规划、酒店、旅游管理等方方面面。

引进紧缺技能人才。引入通信技术维护、旅游行业管理、房车制造人才等紧缺技能人才。

每年举办房车相关领域比赛。推动房车产业的创新发展之余，还能挖掘一批优秀的房车相关领域人才。

（2）内部培训提升专业化水平

高端人才的国际化培育方式。实施国际间校企双向人员交流，实施国际化的人才素质培训。

构建“高校 + 企业 + 政府”的房车人才培养模式，吸引更多适合现代房车发展的知识型、专业型、应用型技术人才；加大培训力度，以公开招聘、优惠政策吸引旅游中高级人才；以校企结合、定向委培和优惠待遇吸引高校毕业生。

常态化培训机制。实施从业人员常态化专业培训机制，把持续培训作为提高房车旅游整体水平的长期任务。采取聘请专家短期讲学、开办专训班等方式，加强从业人员培训。重点抓好房车旅游管理业务骨干、房车旅游专业管理人员、房车旅游导游队伍、房车旅游环境保护等人才的培养。采取定期考核、持证上岗等管理手段，结合短训、岗训、轮训相衔接的多种措施，采用实操评分、培训积分、上岗计分等多种方式，逐步提升房车旅游人才的整体水平。

建立教育培训机制。建立一套科学灵活的教育培训机制，在中专、高职等学校设立房车旅游管理专业，结合市场需求培养初中级房车旅游专业人才，并与用人单位形成供需衔接。采用高校联合办学、委托培养的方式培养房车旅游相关专业的人才，有计划、有步骤地对房车管理、经营人员进行培训，培养旅游行业管理骨干，由旅游相关部门建立专门的培训机构，聘请高校教师或具有实践经验的业内人士担任讲师，抓好各类房车旅游专业证书的培训、房车从业人员的在职培训、职称晋升等从业资格培训等。

9.3 多措并举，推进项目落地

9.3.1 建设房车信息系统

（1）搭建房车行业信息化服务平台

推进信息化和工业化融合，以信息共享与协同服务、科技成果转化与推广为重点，制订房车和营地企业的信息资源目录，建立信息共享与协调机制，推进房车产品信息采集、处理和发布的一体化战略。

建立共享资源数据库。调动政府和房车企业的信息资源，推动房车产业的社会化应用，共同建设房车行业的信息化服务平台，共享资源数据库。重点建设企业产销量、特色产品、各地需求和政策信息数据库。

建立科技成果转化与推广的信息平台。充分发挥科技示范企业、科技中介服务机构和科技活动的引导作用，依托房车科技信息网建立“成果推介”“成果在线提交”“专利信息”等栏目，积极推动科技成果的转化和推广。

（2）加强房车旅游信息系统的建设

有效整合各类房车旅游产品资源，实现线上线下一体化。通过微信、App、门户官网等途径，助力房车旅游信息系统的建设，打造更具影响力的房车旅游目的地，增加房车旅游品牌影响力和美誉度。

通过房车旅游智慧化信息系统促进旅游者和营地线上线下的互动，如网上预约、私人订制房车旅游产品、安排旅游日程等房车旅游相关咨询服务，都可以通过智慧化信息平台解决。让房车营地的智慧化促进房车营地形成多元化、个性化服务体系。旅游者能够根据自己的需要选择性消费，旅游者与智慧房车营地不断进行信息互动，进而使营地服务形式和消费内容不断创新，每次的不同旅游体验和感受促进房车旅游者的重复消费。

（3）建立智慧房车旅游云计算服务中心

智慧房车旅游云计算服务中心是房车智慧化旅游一站式综合服务平台，其中包括面向管理部门的智慧办公系统、面向房车营地的智慧旅游营地系统、面向大众游客的智慧公共服务系统及面向旅游企业的旅游行业管理系统。

中心的功能包括：营地监控、数据统计、自动化办公、电子商务、安全监管、智能租赁、智慧导游、电子门票、停车管理、智能护理、呼叫中心等。

服务中心还有一大重要功能就是旅游安全救援智慧调度中心，能够连接应急救援点，是营地与救援中心的联系点，是房车旅游的安全保障。

9.3.2 推进示范营地试点工作

习近平总书记在中央全面深化改革领导小组第三十五次会议上指出，抓好试点对改革全局意义重大。在房车露营地的建设中也要推进示范营地的试点工作，试点能否迈开步子、蹚出路子，直接关系到房车旅游产业的发展成效。

（1）探索房车创新发展模式

在试点中积极探索建立更具活力的房车旅游管理体制、运行机制和新模式。鼓励各地政府结合自身实际，以改革房车旅游管理体制为抓手，以创新旅游开发经营机制为突破，以创新房车旅游投融资机制、提升房车市场竞争力、推进房车旅游开放合作、促进产业融合发展、优化房车旅游发展环境、实行财税扶持政策为主要内容，抓紧制定配套落实的具体措施。

试点项目要探索新途径、积累新经验，要将探索出来的路径推广示范，要做到在其他地区的可复制、可推广，价值在于能够指导全局。很多新的政策要在试点基础上扩大，逐步全面推开，促进房车露营地的稳步发展。

（2）相关优惠政策的扶持

在文化和旅游部等相关部门的指导下，积极探索房车营地的投入机制，以政府为引导，利用引导性投资带动房车营地的基础配套建设；积极争取税费优惠政策来推动房车产业的绿色发展；积极探索资源税，用于营地环境保护和基础设施建设；积极探索建立房车旅游生态环境补偿基金机制，推动房车旅游产业的可持续发展和改革创新。

各级政府应加快制定促进房车旅游业发展的实施意见，运用资源、资产、资本、市场的纽带关系，采取多种激励措施和手段，实行更加开放和灵活的房车产业促进政策。加大财政对房车旅游业发展的投入力度，搭建房车旅游投融资平台，拓宽投融资渠道。加大招商引资力度，积极培育房车旅游大企业、大品牌、大项目和战略投资者，参与房车旅游产业开发经营，增强房车产业发展活力。

（3）落实房车营地与线路，打造房车旅游示范区，促进房车消费

房车营地与线路的设计是房车旅游发展中的重要部分，其中房车线路设计是促进房车旅游消费的基础设施配套建设，线路的等级与布局是体现规模化的前提；房车营地设计布局是发展房车旅游的关键环节，营地的建设与运营是建立完善的房车休闲旅游产业体系的基础，是实现规模经济效益的前提。在设计房车营地与线路时，应注重生态与环保，在营地开发中体现主题化原则，突出差异化，丰富房车旅游产品，满足游客的休闲需求和精神文化诉求。

9.3.3 统筹规划高品质房车营地

（1）制定房车专项发展规划

制定房车专项发展规划，对房车产业的规范发展意义重大，要以国际化标准确保房车规划先行。一个地区要发展房车产业，首先取决于科学合理的房车专项发展规划，并以此为依据，指导露营地的开发、建设和管理及房车制造业的合理发展。

房车产业的有序发展必须建立在科学合理的预测和规划的前提下。应明确露营地的规模、发展方向及发展格局，分阶段实施。随着房车产业的逐步发展，房车露营旅游规模的扩大和旅游形态的复杂化对房车旅游的专项规划要求也会不断提高，专项规划的必要性也会更加突出。

在规划中需要细化房车产业的优化调整思路，提出房车产业发展的各项保障措施和有效的实施手段。要重视资源和环境的承载问题，有效寻求适合本地区房车发展的道路，有效解决房车发展过程中存在的问题和矛盾。

规划中需要制定不同层级的房车营地标准、营地布局规划和绿色环保标准，加强房车营地规划，开发房车旅游产品和线路，建设房车旅游示范区。

（2）加强房车配套相关建设

充分考虑房车出行的各种需要，合理配置各类空间资源要素，加强房车旅游的相关配套。要在配套服务建设、安全保障、营地管理建设等方面下功夫，制定一系列高标准、高要求的统一规范，指导房车营地的建设，统筹安排房车旅游线路和交通设施建设用地布局，提升国土空间的品质和利用效率。

（3）推出高品质自驾游产品

随着人民群众生活水平的提高，只有推出更高品质的自驾游营地和线路，才能更大限度满足房车旅游爱好者出行的需求。自驾车旅居车营地的等级认定工作，也必须围绕人民群众自驾游出行的需求，切实可行推动相关产品品质提升，提高自驾游的社会认知。

根据各地不同的独特资源、不同人群的旅游消费偏好，考虑资源分布组合、景观特色吸引度、交通安全通达性、生态舒适度、服务配套成熟度等多种因素，突出主题和景观资源的结合，加强与文化、体育赛事等的联动，依托城市节点和交通网络，开发设计丰富多样的旅游精品线路。只有不断创新房车旅游线路，才能够促进房车旅游的多元化发展，在现有旅游热线的基础上，不断挖掘新的内容和产品，丰富旅游内涵，促进体验性、综合型旅游消费与服务创新，逐步构建房车旅游产业链，带动房车产业健康发展。

9.3.4 加快房车租赁市场建设

（1）结合房车金融服务，推动房车销售与租赁

在房车产业的发展过程中，要时刻寻求金融服务的支撑，推动房车的销量与房车旅游的发展。未来，随着房车产业发展的不断扩大，应积极引入房车融资租赁销售、贷款购车销售、经营性租赁运营、资产证券化、“房车银行”租赁寄存、房车众筹等房车销售和租赁模式，在“房车银行”运营体系中联结房车销售信贷等金融支撑服务，加强与金融机构的对接，促进金融机构对房车金融的产品创新，推动房车产业发展。

（2）搭建营销服务平台，促进房车销售与租赁

抓紧房车产业发展机遇，重点发展“房车银行”平台业务，包括房车租赁、改装、存储、4S 保姆式服务，重点建设集房车交易、展示、物流、仓储、信息等多功能于一体的服务网络，发展智慧化管控、出行线上平台、共享房车、房车网约车、二手车销售等房车服务业，充分发挥“房车银行”在房车产业发展中的引领作用。

参考资料

[1] 宁文祥. 美国旅居车标准现状分析 [J]. 专用汽车，2013 (9).

[2] 赵衍平，杨志安. 谈谈我国旅居车的发展现状及趋势 [J]. 商用汽车，2018 (2).

[3] 陈哲，任雁，陈晓占. 我国房车行业标准化现状及建议 [J]. 标准实践，2020 (2).

[4] 黄雪飞. 生态视域下专用汽车设计产业链研究 [D]. 武汉：武汉理工大学，2012.

[5] 德勤. 中国汽车行业客户全生命周期价值分析报告 [R]. 北京：德勤会计师事务所，2019.

[6] 上海经信委. 上汽集团：面向下一代汽车产业的工业互联网平台及应用 [EB/OL]. 上海：上海经信委，2018.

[7] RVIA. The 2019 Economic Impact Study of the RV Industry [R]. New York：Recreation Vehicle Industry Association.2019.

[8] RVDA&CRVA. The 2020 Economic Impact of the Canadian Recreation Vehicle Industry [R]. OTTAWA：The Portage Group Inc.2020.

[9] 中德智能制造合作企业对话工作组 (AGU) 工业互联网专家组. 工业 4.0× 工业互联网：实践与启示 [R]. 北京：中国信通院，2020.

[10] 王聪，贾羲，项宇光，申志涛. 常州旅居车产业链优势资源整合发展研究 [J].

中国旅游评论，2020（3）.

[11] 兴业. 澳大利亚的全民房车时代［J］. 文体用品与科技，2013（3）.

[12] 中共中央办公厅，国务院办公厅. 关于建立以国家公园为主体的自然保护地体系的指导意见［EB/OL］. 北京：新华网，2019.

[13] 李一帆. 永恒与即逝的轮回——云南哈尼古村落的复兴暨"康藤·红河谷"帐篷营地项目设计［J］. 建筑学报，2020（3）.

[14] Hideo Nakazawa，Aged Newtown Problems on Greater Tokyo Outskirts：How Can Policymakers and Movements Cope with the compressed Cycle of urban Growth and Decline，[J]ISA-RC21 The Struggle to Belong，2011.

[15] 闵希莹，胡天新，杜澍，等. 公园城市与城市生活品质研究［J］. 公园城市，2019（1）.

[16] Johnwickersham. 房车改装快速入门［M］. 北京：机械工业出版社，2021.

[17] 谭玉梅. 美国汽车露营发展研究［M］. 四川：四川大学出版社，2015.

[18] 邓爱民，桂橙林. 汽车露营地规划与管理［M］. 北京：中国旅游出版社，2016.

[19] 上海市旅游局. 房车旅游理论与实务［M］. 上海：上海科学技术文献出版社，2015.

[20] 马聪玲. 自驾游：兴起、演化与产业机会探析［J］. 贵州社会科学，2014（11）.

[21] Loomis C W. Wilkins B T. A study of campground business in New York State [D]. Dept. of Natural Resources，Cornell University，1970.

[22] 吴卫星，魏丽. 消费金融创新与监管：欧美经验、教训与启示［J］. 金融论坛，2013（1）.

[23] 张永强. 中国商业银行汽车消费信贷发展研究［D］. 武汉：武汉大学，2013.

后　记

2021 年金秋时节，经过多轮调研、讨论，《房车产业规划与运营实务》书稿完成。本书对于房车这个细分领域进行专门论述，内容更加聚焦，更加注重实务，对于我们也是一种全新的尝试。

作为国内最早涉足房车领域的研究者之一，笔者对于欧美，特别是美国的房车发展印象极为深刻。笔者认为作为城镇化发展的规律性现象之一，房车在中国的发展具有广阔的空间。因此，从七八年前开始，我们就有意识地向国内多个城市及区域推介房车，并在北京、武汉、广东等地做了一些尝试。但一开始，各地对于房车这个当时在国内还算新生事物的领域缺乏了解，我们不自觉间承担了“房车产业布道者”的角色，开始了探索研究，形成了一些初步成果，对房车在中国的起步起到了一定的启蒙作用，取得了积极的成效。

随着中国新型城镇化进入下半场，我们欣喜地看到，房车研究的志同道合者越来越多，公路上已经不时闪现房车的身影，政府、车企、运营商对于房车的关注和参与也越来越多。特别是新冠肺炎疫情暴发以来，房车的发展到了一个向上的节点，市场开始呼唤出现一本研究房车如何作为区域经济发展载体的专著，因此才有了本书的诞生。

城镇化下半场，消费拉动经济增长成为大家的共识，其中住房和汽车为居民消费的两个主要消费大件。经过多年高速的发展，中国的房地产市场和汽车市场都需要探索新的转型方向与增长点。伴随国人对于美好生活的向往有更高要求，房车作为新文旅和体验性消费的载体，既是满足户外交通、临时居住的设施，又可满足消费者对于汽车生活方式的改善型需求，对于打通城乡、连接户内户外、满足个性化旅游需要、构建区域文旅品牌将起到不可替代的作用。

要实现上述功能，本书认为，房车产业发展也是一个复杂的系统工程，需要在房车制造、营地布局、智慧运营三个方面同时发力。

房车制造呼唤产业化品牌巨头。改革开放以来，中国的汽车产业随着国内汽车市场的扩大与成熟不断发展壮大，国产化与产业化是其中的主要成就。在本书的写作过程中，我们与汽车整车制造商、房车组装厂、零配件厂、汽车维修等大量从业者做了深入交流，主流车企已经将房车作为一个重要方向来布局。特别是房车从单个装配到智能制造、新能源化的升级、车联网等技术的应用，房车制造的市场也面临整合与迭代。可以预见，随着房车市场的不断成熟，在汽车工业的成熟产业基础上，中国房车制造产业将有巨头涌现，为中国和世界消费者提供全新的卓越体验。

房车的营地布局需要系统化思维。营地是房车停泊的目的地，是联动其他业态、形成产品经济的载体，也是彰显区域特色的窗口。前期房车发展缓慢的原因之一就是房车营地的制约。从目前在建和建成的房车营地来看，各地将房车营地作为配套基础设施来提供，各种类型的营地运营商还面临着一系列经营困境，缺乏有效盈利手段，对于如何突破抱有很大期待。

我国幅员辽阔，名山大川数不胜数，东、中、西部风光各有特色。随着我国交通设施大幅改善，居民收入进一步提升，户外运动方兴未艾；老龄化与家庭人口结构的变化，使观光、休闲、商务定制旅游路线需求大增。以旅游目的地为主要节点，通过房车营地串联次枝路网，打通旅游的毛细血管，房车营地可作为新基建的一部分，有望成为全域旅游、乡村振兴的标配。营地的发展与房车的数量不断提升并互为因果，在房车整体市场容量提升的前提下，房车营地在丰富内容、构建网络、形成品牌方面的发展空间巨大。

房车产业的核心在智慧化运营。当前数字化时代为房车的智慧化运营平台搭建提供了更多的工具和可能。房车作为高价、低频的交通工具，通过智慧化运营，使得房车兼具消费属性与资产属性，增加附加价值，从而向价值提升、高频复用方向提升。

秉持智慧化、平台化、物联网化理念，我们提出了“房车银行”的概念。通过房车打通消费互联网与产业互联网，并为汽车金融发展留出接口，与房车的智能制造、营地的智慧化运营充分衔接，为资本深入介入、赋能房车发展构建了发展模型。

房车作为智慧化移动场景，车载、车饰、车辆管控系统的互联互通、物联网化成为人工智能、大数据等新技术的应用场景。车联网作为数字平台经济重要方向，房车智慧运营价值无限。通过房车的智慧运营，将为服务预订、车况监控、紧急救援提供保障；同时为流量导流、游客疏导、体验提升提供了可能。总之，通过房车的智慧化运营，将构建公域流量与私域流量打通、交易结算为一体的平台，为全行业创造价值。

同时，房车在紧急救援、医疗卫生、视频直播、商品售卖等方面的场景应用更加广泛，本书内有详细描述，就不一一赘述。

本书写作期间，新冠肺炎疫情蔓延，各行各业面临冲击，而房车产业保持了快速发展势头。疫情的暴发催生了房车需求的释放。在疫情零星散发的状况下，房车高效、安全、溯源有效方面的价值得到了进一步的重视。在突发状况下，智慧房车作为可搭载各类专业装备的流动平台，在户外、广大生态地区及基建落后地区能提供有效的补充，解除消费者和运营者的后顾之忧。展望后疫情时代，房车将作为有效工具，同我国对疫情的有效管控经验一道走出国门，服务“一带一路”沿线国家及更广大的世界范围民众。

房车发展，欧美发达国家发展珠玉在前，国内庞大需求为基础，广大海外市场有待作为升级替代，是一个可以大有作为的新领域。展望未来，房车产业涵盖一、二、三产，为各地产业融合提供新的发展机遇。同时，房车产业的发展需要国家各部委进一步在行业管理等方面给予政策支持，需要各级政府在规划、布局、运营方面予以指导。

本书由泛华集团副总裁罗云兵主编，城市发展智库于小波、郝杰、李俊客负责终稿统筹，其中第一章到第五章主要由刘宇香统稿并撰写主要章节，王明主要编写第一章、第二章、第五章和第六章部分章节，郝杰、文磊编写第四章，第六章到第九章由郝杰统稿并撰写主要章节，任丹丹、徐诗卉主要编写第六章和第八章，文磊主要编写第七章，刘佳主要编写第九章，在这里向所有执笔人员表示感谢！同时，本书写作过程中，也得到了各级政府、行业协会、汽车产业、智慧化 IT 从业者、文旅运营机构等各方面领导与朋友的鼓励、指导与帮助，在此一并表示感谢！本书的出版，只是提供我们团队的一个研究视角，希望与广大房车从业者共享。敬请广大读者朋友不吝赐教，提出建议、意见，共同促进房车产业的健康有序发展，并在后续修订出版中提升改进。

2021 年 12 月

责任编辑： 王欣艳
责任印制： 冯冬青
封面设计： 中文天地

图书在版编目（CIP）数据

房车产业规划与运营实务 / 罗云兵主编 . -- 北京：中国旅游出版社，2021.12
ISBN 978-7-5032-6862-5

Ⅰ. ①房… Ⅱ. ①罗… Ⅲ. ①房车—产业经济—经济规划—研究 ②房车—运营管理—研究 Ⅳ. ① U469.1

中国版本图书馆 CIP 数据核字（2021）第 246031 号

书　　名：房车产业规划与运营实务

作　　者：罗云兵　主编
出版发行：中国旅游出版社
（北京静安东里 6 号　邮编：100028）
http://www.cttp.net.cn　E-mail: cttp@mct.gov.cn
营销中心电话：010-57377108，010-57377109
读者服务部电话：010-57377151
排　　版：北京中文天地文化艺术有限公司
印　　刷：北京金吉士印刷有限责任公司
版　　次：2021 年 12 月第 1 版　2021 年 12 月第 1 次印刷
开　　本：787 毫米 ×1092 毫米　1/16
印　　张：14.75
字　　数：250 千
定　　价：78.00 元
I S B N　978-7-5032-6862-5